W0264851

FEDERHERZ
VERLAG

KYLIE BELLEROSE

MEET *Me* IN THE *Dark*

ODETTE & DORIAN

MEET ME IN THE DARK
Odette & Dorian

Copyright: Kylie Bellerose, 2023, Deutschland
Bildmaterial: Shutterstock, Freepik, Rawpixel
Korrektorat: Anna Schlutter

Bestellung und Vertrieb: Nova MD GmbH, Vachendorf

ISBN: 978-3-98595-726-2

Druckerei Smilkov Print Ltd
Pokrovnishko shose
2700, Blagoevgrad

Alle Rechte vorbehalten.

Federherz Verlag
Süntelstraße 70
31848 Bad Münder
www.federherzshop.de
Instagram: @federherz.verlag

Für Lea und Rico – weil ich mich Monate lang nicht melden kann und ihr mir trotzdem nicht böse seid.

Triggerwarnung

Liebe Leser:innen,
dieses Buch enthält Elemente, die potenziell triggern können.
Eine konkrete Auflistung der Triggerthemen befindet sich im Anhang des Buches. Achtung: Diese können unter Umständen Spoiler für das gesamte Buch enthalten.
Kylie Bellerose und das gesamte Federherz Team wünschen euch viel Lesevergnügen.

Prolog

Odette

Ein bitterer Geschmack breitete sich in meinem Mund aus.

Es lag an der vorbeirauschenden Landschaft, welche aus einem Meer von schneebedeckten Bäumen und endloser, freier Fläche bestand.

»Odette? Hörst du mir eigentlich zu?«, fragte meine Mutter, die auf dem Beifahrersitz neben meinem Vater saß, sich aber gerade nach hinten zu mir gedreht hatte. Ihr süßes Parfum stieg mir stechend in die Nase.

»Tut mir leid, was hast du gesagt?«

Ich war derart in Gedanken versunken gewesen, dass nichts weiter in mein Ohr drang als das Knirschen des Schnees unter den Autoreifen. Die Kälte verschwand im Norden Russlands nie, somit auch nicht aus mir.

Die Frau, welcher ich wie aus dem Gesicht geschnitten war, seufzte tief und wandte sich wieder der engen Straße zu. »Was ist mit dir zurzeit los? Du hörst nicht mal mehr auf deinen eigenen Namen. Sag du bitte auch etwas dazu, Vladimir«, richtete sie sich an meinen Vater. Der aber konzentrierte sich auf den schneeverwehten Asphalt.

Kommentarlos sah ich erneut aus dem Fenster. Diese Diskussion wäre so oder so sinnlos gewesen. Schließlich bekam ich immer dasselbe zu hören.

Streng dich an! Wir glauben an dich. Du weißt nie, was die Zukunft bringt.

Doch ich wusste, was die Zukunft für mich bereithielt, was mit mir geschah, wenn meine Füße die Schwelle des Ballettinternats übertraten.

Mein Name würde nicht länger mir gehören, da ich nicht die Odette in Schwanensee spielte.

Eine Namenlose – mehr war ich nicht.

Kapitel Eins

Odette

Meine Fingernägel gruben sich in den sündhaft teuren Stoff der Reisetasche. An den Rändern meiner Augen stiegen kleine, schwarze Schwaden auf, die ich mit all meiner Kraft versuchte zu verdrängen.

Der Auslöser war ein kleiner Satz meines Vaters gewesen.

Du bist für das Moskauer Ballett-Ensemble geboren, Schwanenhälschen.

Nur weil er dazugehörte, hieß es nicht, dass ich diejenige wäre, die in ferner Zukunft – welche gar nicht mehr so fern war – nach Moskau reisen und dort eine Ballettkarriere beginnen würde. Um genau zu sein, hatte wahrscheinlich keiner das Glück, nicht einmal Sonja.

Nein, selbst sie, die beste Tänzerin des Internats, würde es ausschließlich in das Ensemble von Sankt Petersburg schaffen. Und das durchflutete meinen Vater mit einer Genugtuung, die selbst meine Schatten farblos erscheinen ließ.

Die Tür zu meinem spärlich bestückten Schlafzimmer schlug donnernd auf. Ein Zucken durchfuhr meine Glieder, welches die Dunkelheit aus meinem Sichtfeld verschwinden ließ. Diesen Platz nahm nun eine hochgewachsene, gertenschlanke Frau ein. Ihr braunes Haar war zu einem strengen Knoten gebunden und ihr Körper steckte in einem zartrosa Body mit dünnen Strumpfhosen. Ihre Ballettschuhe baumelten von ihren Händen.

»Du bist spät dran.«

Sonja war die perfekte Ballerina, darin bestand kein Zweifel.

»Wie lange bist du denn schon hier?«, fragte ich und riss mit einem Ruck den Reißverschluss auf. Ganz oben lagen meine Tanzschuhe. Sie waren weiß. Unbenutzt. Unbefleckt.

»Seit Mittwoch. Ich habe zwei Tage nicht trainieren können, das hat mich umgebracht.«

Wir hatten fünf Tage freibekommen und sie hatte freiwillig auf die Hälfte verzichtet? Deswegen spielte Sonja die Hauptrolle in Schwanensee. Eine Tänzerin, zwei Charaktere. Die Odette und die Odile. Das Gute und das Böse. Licht und Dunkelheit. Ein einzelner Mensch musste diese Dinge in einem Stück verkörpern, sonst wäre alles zunichte. Das war die Schwierigkeit an dieser Rolle. Dennoch war es ein klassisches Ballettstück, welches jede Seele in den Bann zog.

So sehr, dass meine Eltern sich dazu entschieden hatten, mich nach der Schwanenprinzessin zu benennen. Nach dem Guten.

Odette.

Jetzt aber gehörte mein Name ihr, und die grazile Frau leibte sich ihn ohne schlechtes Gewissen ein.

»Bist du aufgeregt?«

»Ja, noch drei Monate. Ich beherrsche die Odile noch immer nicht. Wenn die Schritte innerhalb der nächsten Wochen nicht sitzen, dann zerplatzt Sankt Petersburg für mich.« Zermürbt lehnte sie sich gegen die kleine Kommode und verschränkte die Hände vor der Brust.

Wollte sie Witze machen?

Ich strich mein honigblondes Haar über meine Schulter und sah ihr unverwandt in die moosgrünen Augen. »Du bist perfekt. Als Odette wie auch als Odile.«

Der schwarze Schwan machte Sonja zu schaffen, denn sie trug keinen abgrundtiefen, dunklen Teil in ihrer Seele, obwohl ihr Ehrgeiz stark war.

»Du wirst es nicht vermasseln.«

»Was wenn doch?«, fuhr sie mich an. Ihre Hände packten mein Handgelenk. »Das ist meine letzte Chance. Wir machen dieses Jahr unseren Abschluss. Wer bis dahin keinen Platz in einem Ensemble gefunden hat, sitzt auf der Straße.«

Innerlich lachte ich bitter auf. Sie hatte recht, wir waren neunzehn. Unser letztes Jahr im Ballettinternat. Sie hatte eine Chance, ich nicht. Sonja, der Star. Ich, nur eine von vielen.

Ich entzog mich ihrem Griff. Bevor meine Stimme eine feste Erwiderung fand, die nicht vor unterschwelliger Eifersucht triefte, wurde erneut die Tür aufgerissen.

Es war Nadia. Klein, kurze, beinahe graue Haare und ein Jahr unter uns. Sie blieb im Türrahmen stehen und blickte mir entgegen. Nein, nicht mir, sondern Sonja.

»Was ist?«, fragte ich entnervt und durchbohrte sie mit meinem Blick. Meine Laune war in den letzten Tagen in den Keller gerutscht, was ich nun an meinen

Mitmenschen ausließ. Immerhin besser, als würde die Schwärze direkt in mein Herz kriechen.

»Ihr sollt runter. In den Bühnensaal. Es gibt Neuigkeiten.« Mit diesen Worten verschwand Nadia auch schon wieder und ließ uns allein.

»Hast du eine Ahnung, was es sein kann, Sonja?« Ich war sichtlich verwirrt. Der Raum mit der Veranstaltungsbühne wurde nur bei Auftritten oder wichtigen Ankündigungen genutzt.

»Nein«, murmelte sie gelangweilt. »Zieh dich um, ich will mit dir danach ins Studio. Jeder Tag ohne Ballett ist ein verlorener.«

Ja, das war er selbst für mich. Der Unterschied zwischen mir und ihr war gravierend. Sonja kämpfte, während ich schon aufgegeben hatte.

Dennoch nahm ich den Body und die Strumpfhose und verschwand im Bad. Alles weiß wie die Schuhe. Der schwarze, fast unsichtbare Schemen, welcher stets präsent war, verschwand jedoch bei diesem Anblick auch nicht.

Dorian

Fuck, ist das kalt!

Jetzt wusste ich wieder, wieso ich Frankreich Russland vorzog. Hier war es arschkalt, zumindest im Norden. Doch genau dort war die Schule, an der ich unterrichten sollte.

Achtlos warf ich den Zigarettenstummel in den

Schnee und blickte an dem Backsteingebäude empor. Es war mir zuwider, meine Zeit damit zu verbringen, jungen Gören die korrekte Haltung beizubringen. Besonders, da keine von ihnen fickbar war.

Vielleicht würde ich mir trotzdem eine aus der Oberstufe aussuchen. Für eine unbedeutende Nacht, mehr war es mir nicht wert. Einmal gegen einen Spiegel gepresst, damit das kalte Glas ihre Nippel zum Brennen brachte, und so lange zustoßen, bis sie unter meinen Fingern winselte – mich anbettelte –, damit mein Schwanz sie zum Höhepunkt trieb. Danach würde ich sie liegen lassen, so wie jede andere vor ihnen. Alle waren jung, dumm und voller Hoffnung. Nichts, was mich in irgendeiner Weise geil machte. Ihre rosaroten Lebensvorstellungen ekelten mich an, doch würde ich es durchstehen müssen, bis ich nach Moskau zurückkehren konnte.

Und wer wusste schon, wann das wieder der Fall sein würde ... Bis dahin saß ich hier fest.

Eine weitere Zigarette landete zwischen meinen Lippen, wobei ich zum gut gefüllten Parkplatz starrte. Die Feiertage waren vorbei und nun wurden die Schüler von Mami und Papi hergebracht. Ein Mädchen, ich schätzte sie auf 10 Jahre, hüpfte mit ihren Eltern im Schlepptau in Richtung des großen Eingangstores.

Wenigstens durfte ich den Abschlussjahrgang beaufsichtigen. Kinder waren nicht mein Ding.

»Habe ich nicht gesagt, du sollst damit aufhören?«, dröhnte eine bekannte Stimme. Mir fiel der glühende Stängel aus dem Mund, welcher im Schnee ein kurzes Zischen verursachte, bevor das orangerote Glühen verschwand.

»Vladimir?«

Ich starrte meinem Lehrer – meinem Mentor – entgegen. Damals, als ich frisch in Moskau angekommen war, hatte er mich unter seine Fittiche genommen und mich zu einem noch besseren Balletttänzer geformt.

An seinem rechten Arm hing eine strahlende Frau, die in seinem Alter war und einen Fuchspelz um ihren Hals trug. Sein kantiges Gesicht wirkte hingegen kühl, das ergraute Haar trostlos.

»Dorian, was machst du denn hier?«, fragte er überrascht, musterte allerdings weiterhin die Zigarettenschachtel mit seinen Augen aus Stahl. Sie waren eiskalt und grau.

Langsam ließ ich das quadratische Pappstück in meine Jackentasche gleiten. Vladimirs Frau musterte mich dabei unverwandt. Ihre blonden Wellen wurden nicht mal vom tosenden Wind aus der Perfektion gebracht. Wie gemalt waren sie um ihr Gesicht mit den roten Lippen drapiert.

»Ich unterrichte eine Weile.«

Er wusste, dass ich an einer Schule lehren würde, doch er hatte keine Ahnung gehabt an welcher. Auch den Grund dafür kannte er. Die Frage war nur noch, was er hier machte.

»Wie geht es dir denn?« Sein Interesse war echt.

»Man muss damit leben. Wenn die Sache erledigt ist, kommt hoffentlich wieder Normalität zurück.«

Meine Worte waren undurchsichtig, da mir nicht klar war, inwieweit die Frau darin verstrickt war. Möglicherweise wusste sie mehr, als es den Anschein hatte. Immerhin hatten sie zusammen ein Kind. »Und du? Was treibt euch hierher?«

Ich wusste fast nichts von seiner Familie, da er sie stets im Privaten hielt. Keine Ahnung, ob sie jemals bei Auftritten waren, denn für das Publikum interessierte ich mich herzlich wenig.

»Meine Tochter geht in dieses Internat.«

War sie auch eines dieser Püppchen? Ein Blick auf seine Partnerin verriet mir alles. Wenn man aber genauer hinsah, spannte sich ein Schatten über ihr Gesicht.

Unbeeindruckt fuhr ich mir durch das braune Haar.

»Das freut mich.« Nein, mich interessierte es nicht wirklich. »Ich muss jetzt aber rein, meine neuen Schüler begrüßen. Sie wissen noch nichts von mir, also sollte ich sie nicht länger warten lassen.«

Die Frau, deren Name mir unbekannt war, meldete sich zu Wort. »Wir begleiten Sie, Dorian. Dann können wir Ihnen unsere Tochter vorstellen. Sie wird von dieser Nachricht begeistert sein. Sie können mich übrigens Magdalene nennen.«

Am liebsten hätte ich verneint. Mich mit einem Kind in ein Gespräch verwickeln zu lassen, war das Allerletzte, was ich wollte. Dennoch ließ ich mich mitziehen.

Vladimir hatte immerhin in Moskau – zu Hause, im Theater – einen hören Rang als ich.

Odette

Was auch immer die Neuigkeit war, es ließ auf sich warten. Jeder war hier, alle Jahrgänge. Die Kleinen saßen in der ersten Reihe, während wir uns in den hinteren Ecken herumtrieben.

»Hast du heute Nacht Lust zu mir zu kommen?«, flüsterte Iwan von hinten in mein Ohr. Sein schwarzes, lockiges Haar streifte meine Wange, was meinen Körper nach vorn zucken ließ.

Ich hätte mich nicht von ihm entjungfern lassen sollen, das hätte mir einige seiner lustvollen Blicke erspart. Außerdem war seine Überheblichkeit ins Unermessliche gestiegen, nachdem er erfahren hatte, dass er Prinz Siegfried – die männliche Hauptfigur in Schwanensee – spielen durfte. Alles an ihm wirkte seitdem unattraktiv.

»Um wieder keinen Orgasmus zu bekommen? Nein, danke.« Meine Stimme war leise, dennoch laut genug, dass es auch für Sonja hörbar war.

Schnaubend ließ sich Iwan zurück auf seinen samtbezogenen Sessel fallen, wofür ich dankbar war. Seit Monaten war es immer und immer wieder dasselbe Spiel. Er wollte mich, ich ihn aber nicht.

Langsam wurde es öde.

Er hatte seinen Schwanz größer geredet, als er wirklich war. Zudem war er nicht mein Typ, keiner in dieser dummen Schule. Die meisten beachteten mich glücklicherweise sowieso nicht.

»Hast du Frau Zwetkowa gesehen? Ich sehe sie nirgends«, sagte ich und ließ meine Augen über die Menge gleiten. Auf der Bühne waren bereits alle Betreuer der Jahrgänge versammelt, außer unsere.

Sonja war es nur möglich die Achseln zu zucken, denn keine Sekunde später begann Herr Bolschakow zu sprechen.

»Willkommen zurück meine Kinder«, sagte er und strich sich über den Dreitagebart, welcher bereits graue Stellen besaß. »Für unsere Älteren, die dieses Jahr noch unsere Schule verlassen werden, habe ich leider keine guten Neuigkeiten. Frau Zwetkowa kann für den Rest des Jahres nicht mehr zu uns kommen.«

Ein Raunen durchlief die Reihen. Sonja sah mit panischen Augen zu mir. Die ältere Dame war ihre größte Stütze gewesen – neben ihrem Talent natürlich.

»Keine Sorge«, dröhnte es aus den Lautsprechern. »Wir haben übergangsweise, zumindest bis zu den Sommermonaten, eine Vertretung, welche nicht besser sein könnte. Lasst mich ...«

Der Rest ging in weiteren überraschten Lauten unter. Sonja packte meine Hand und hielt den Atem an. Alle Blicke waren auf den Mann gerichtet, der die Treppen der kahlen Bühne hinaufschritt.

Seine Statur strotzte vor Eleganz und Hohn. Er war jung, zu jung, um ein Lehrer zu sein. Doch all diese Gedanken waren weggewischt, als er uns sein Gesicht zuwandte – die absolute Vollkommenheit seiner Erscheinung. Selbst von unserer Position strahlten seine Augen in einem dunklen Blau.

Sonja neben mir drohte von ihrem roten Sessel zu fallen. Aber dann hauchte sie einen Namen, der mir bekannt vorkam.

»Dorian Pécheur.«

Dieser Name war uns allen ein Begriff. Ein junger Mann, der mit 17 Jahren aus seiner Heimat in Frankreich nach Russland gezogen war, um dort dem Moskauer Ensemble beizutreten. Die Leute dort liebten ihn, er war der prädestinierteste Balletttänzer, den es seit langer Zeit gab. Mit gerade einmal 21 Jahren stand seine Gestalt vor uns und nahm uns allesamt in Betracht.

Was zum Teufel hatte er hier zu suchen?

Dorian trat ans Mikrofon. Auf seinen geschwungenen Lippen hatte sich mittlerweile ein Lächeln ausgebreitet, welches schemenhaft wirkte. Allein diese kleine Regung erweckte meine gesamten Nerven.

»Ich könnte euch jetzt mit unbedeutsamen Worten langweilen, mich hierherstellen und meine Geschichte erzählen. Das werde ich allerdings nicht tun. Es ist verschwendete Zeit, deswegen bitte ich meine Schüler in das Studio Nummer 1 zu kommen.«

Alle wirkten wie vom Blitz getroffen. Niemand hatte das erwartet, selbst die anderen Lehrer nicht. Keine Seele klatschte, keiner gab einen Ton von sich. Niemand bewegte sich, außer er. Dorian Pécheur ging erhobenen Hauptes die Stufen hinunter und verschwand in den dunklen Schatten des Saals.

Damit schien alles geklärt zu sein, da sich die Menge an Schülern auflöste. Ich blieb sitzen und wartete darauf, dass Sonja sich gesammelt hatte.

»Odette, ich werde mich vor ihm lächerlich machen. Moskau. Mehr muss ich doch nicht sagen«, murmelte sie und schlug die Hände vor das Gesicht.

Erst als auch die Letzten aus dem Raum traten, gingen auch wir. Weit führte uns der Weg nicht, denn plötzlich stand mein Vater samt meiner Mutter in einem engen Gang.

Wollten sie nicht schon längst losfahren?

»Kannst du bitte schon mal vorgehen? Ich muss mit meinem Vater reden.«

Diese Bitte schlug Sonja mir nicht ab. Mein Vater verunsicherte sie, genauso wie unser neuer Betreuer es bewirken würde. Jeder, der ihr nur ansatzweise überlegen war, setzte Sonja unter Druck. Deshalb bog ihr in Rosa gehüllter Körper ohne mich um die nächste Ecke.

»Wusstest du davon?« Keine Weise, wie man sein eigenes Fleisch und Blut begrüßen sollte. Mir war das aber egal, da ich seine nächsten Worte schon in meinem Ohr summen hörte.

»Das ist deine Chance, *Schwanenhälschen*. Ich kann dich nicht in das Ensemble bringen, das weißt du.« Denn man würde mich nicht ernst nehmen, da ich nur mithilfe der Familie diesen Platz erreicht hätte. Auf Dauer würde ich in der Versenkung landen und Hintergrundrollen spielen. Das war nicht der Plan meines Vaters. »Aber er—«

Ich schnitt ihm den Satz ab. Diese Diskussion wurde schon zu oft vom Zaun gebrochen. »Aber er, was? Vater, verstehst du nicht, dass ich vielleicht einfach zu schlecht bin? Selbst Gott kann mich nicht zu einer besseren Tänzerin machen.«

»Es steckt in dir, Kind«, mischte sich nun auch meine Mutter ein. Die Haarfarbe hatte ich von ihr geerbt, wohingegen die kalten Augen meines Vaters sich in mir widerspiegelten. »Du bist eine Petrova, vergiss das nicht. Ballett liegt dir im Blut.«

Meine Fingernägel schnitten tief in meine Haut. Der dunkle Schleier verwandelte sich erneut in kräftige Schlieren, welche der Schmerz in Schach hielt. Es kostete mich einiges, sie nicht die Überhand gewinnen zu lassen.

»Das ist also Ihre Tochter?«, stellte eine raue Stimme hinter mir fest.

In mir breitete sich ein Feuer aus, das sich einen Weg tief in meine Eingeweide brannte. Vorhin war ich derart auf sein Erscheinen fixiert gewesen, weshalb mir der Klang – der Ton – seiner Stimme vollkommen entgangen war. Meine Nackenhärchen, die durch meine offenen langen Haare versteckt wurden, stellten sich prompt auf.

Das Gesicht meines Vaters wurde gerissener, wohingegen meine Mutter ihr entzückendstes Lächeln präsentierte. Fassade, mehr nicht.

»Ja. Dorian, das ist meine Tochter Odette«, sagte mein Vater und zog ihn an seine Seite. Genau gegenüber von mir.

Mein Körper unterstand nun seinen glühenden Augen. Die Spur, welche er damit zog, prickelte aus unerklärlichem Grund auf meiner Haut. Selbst auf den

Stellen, die mit Stoff bedeckt waren. Ich verstand Sonja, dieser Blick brachte einen aus dem Konzept. Ihr machte nur sein Name zu schaffen, bei mir war es etwas anderes.

Etwas, das ich nicht verstand.

Mit kerzengerader Wirbelsäule ließ ich es über mich ergehen. Letztendlich blieb Dorian bei meinem Gesicht hängen. Seine Augenfarbe hatte nichts mit einem klaren Himmel zu tun, sondern mit einer sternbestückten Nacht. Dunkel. Glänzend.

»Welcher Jahrgang?« Keine Begrüßung. Kein Hallo. Doch das erwartete ich nicht, denn das beabsichtigte auch ich nicht. Damit würde das Flimmern brechen, welches zwischen uns zuckte.

Meine Brust hob sich schwer bei meinem nächsten Atemzug. »Letzter.« Es war nichts mehr als ein heißer Hauch.

Was ist los mit dir, Odette? Ein Mann, von dem jeder weiß, dass er Dreck am Stecken hat, sollte keine Reaktion in dir auslösen.

Mein Gegenüber war sicher keinem Märchen entsprungen. Niemand konnte erfolgreich und im selben Moment so verehrt sein.

Dorians Mundwinkel zuckten, während sich seine Hände in den Taschen seines Anzugs vergruben. Hose, Hemd, Krawatte – alles war schwarz. Erneut flackerten die Schwaden vor meinen Augen auf. Diesmal entsprangen sie aber nicht der Angst, Wut oder Eifersucht. Lag es an der lauernden Gefahr, die an ihm hing? Oder der …?

»Sag mir eins, Odette«, begann er und kam einen Schritt auf mich zu. »Spielst du sie denn auch?«

Eine Antwort blieb mir verwehrt, denn mein Vater meldete sich jetzt wieder zu Wort. Er hatte dieses

Schweigen zu Beginn hingenommen, meine Mutter hingegen beobachtete alles haargenau.

»Nein, obwohl sie das Talent dazu hätte. Es steckt in ihr, das sieht jeder Blinde.«

Dorians Kopf legte sich ein wenig schief, diesmal nahm er nichts Bestimmtes in Betracht. Sein Blick lag auf meiner Gesamtheit. »Das werden wir dann sehen. Odette, geh doch schon mal vor. Die anderen warten bestimmt schon auf dich.«

Wie von selbst drehte ich mich um und lief den dunklen Gang entlang. Nicht einmal zu einer Verabschiedung ließ ich mich hinreißen.

Nur weg von ihm, das war alles, was zählte.

Die Stimmen von Dorian Pécheur, meines Vaters und meiner Mutter wurden mit jedem Meter leiser. Als sie dann komplett durch das Schlagen meines Herzens untergingen, suchte ich klärende Kühle an einer der Steinwände.

Dieser Blick hatte sich in mein Innerstes gefressen. Ich wusste schon vorher, dass mir Tanzen nicht in die Wiege gelegt worden war. Aber jetzt war alles verloren. Diese Augen würden mich wochenlang der Musterung unterziehen. Und mir war mehr als bewusst, dass sie – dass er – mich mit Leib und Seele in Stücke zerfetzen würde.

Kapitel Zwei

Odette

Auf dem Boden sitzend band ich die Satinbänder der Ballettschuhe um meine Knöchel.

Obwohl erst wenige Wochen im Jahr vergangen waren, hatte ich den Überblick über die Anzahl von verbrauchten Paaren bereits verloren. Bei einer maximalen Lebensdauer von drei Tagen war das aber nicht verwunderlich.

Das Studio Nummer 1 entpuppte sich als ein weitläufiger Ballettsaal mit Stangen und endlosen Spiegeln an den Wänden. Egal wo man hinsah, sein eigenes Spiegelbild starrte einem entgegen. Es jagte einen, bis man sich selbst nicht mehr ertragen konnte.

Sonja legte eine kurze Pause bei ihrer Dehnung ein und sah dabei verdrossen drein.

»Wollen wir morgen neue Schuhe vorbereiten?«, fragte sie und knetete ihre Hände.

»Ja.«

Seufzend begab ich mich auf ihre Augenhöhe. In meinem Fach waren zwar noch zwei Paar, dennoch war es die einzige Möglichkeit, sie nicht verbissen zu erleben. Wir kannten uns kaum persönlich, dennoch war sie meine einzige Bezugsperson. Im Grunde genommen waren wir Konkurrentinnen, jeder von uns. ›Freundschaft‹ war also wahrscheinlich nicht der richtige Ausdruck zwischen uns.

»Er ist verdammt heiß«, mischte sich nun Ewa ein und stellte sich zu uns. Mit sich zog sie Faina und Ana. Die drei Mädchen würden mit mir das *Pas de Quatre* in der kommenden Aufführung tanzen. Eine von vier, das beschrieb meine Lage am besten. Nicht schlecht, aber nicht gut genug.

»Scheiß auf sein Aussehen. Er ist Dorian Pécheur. Da kann er meinetwegen aussehen wie ein Esel, dieselbe Person steckt trotzdem in ihm. Ein perfekter Balletttänzer«, sagte Sonja und strich die nicht vorhandenen Falten ihrer Kleidung glatt.

Der nächste Satz, der von mir stammte, war die größte Lüge. Wenn jemand von ihnen meine Reaktion von vorhin mitbekommen hätte, wüssten sie das auch. »Was soll an einem Mann, der Schnecken und Baguette frisst, heiß sein?«

Darauf gab es unzählige Antworten. Die unergründlichen Augen. Der Körper. Die verdammt raue Stimme, die selbst eine Jungfrau feucht werden ließe.

Und genau die ertönte jetzt.

»Hier, meine Lieben, sehen Sie die volle Kraft der Vorurteile.«

Mein Kopf schwang in Dorians Richtung. Er lehnte im Türrahmen und hatte uns beobachtet. Belauscht. Geschmeidig stieß er sich ab und kam wie eine Raubkatze auf mich zu.

Hinter mir kicherten Ewa und ihre Truppe, sogar Sonja ließ sich zu einem Lächeln hinreißen, während ich versuchte, nicht im Boden zu versinken.

»Was sagst du dazu, Odette?«, brummte er und blieb kurz vor mir stehen.

Jeder sah uns bei seinem Spielchen an. Das war mir mehr als bewusst, allerdings hatte ich nur Augen für ihn.

Mein Kinn hob sich ihm entgegen. »Hat nicht jeder gewisse Vorurteile – egal, welcher Natur?«

»Ja, aber meistens entsprechen sie nicht der Wahrheit. Sie sind auf alten Klischees aufgebaut, die schon lange nicht mehr der Wahrheit entsprechen. Arbeite an deiner Weltanschauung neben dem Tanzen, das würde dir guttun.«

Er trat einen Schritt zurück und wandte sich an unseren gesamten Jahrgang. Mich ließ er zitternd zurück. Vor allen anderen gedemütigt zu werden, war mir noch nie passiert. Ja, ich war vielleicht nicht die beste Tänzerin, dennoch hatte ich noch nie vor den Kopf gestoßen dagestanden.

Sonja riss mich zu sich, was mich aus der Starre löste. Ihre Tat glänzte allerdings nicht vor Hilfsbereitschaft, sondern vor Neugier.

»Woher kennt er deinen Namen?«, flüsterte sie und spähte zu Dorian, der seine Krawatte zurechtrückte.

»Wir sind uns kurz auf dem Gang über den Weg gelaufen.« Nicht die Wahrheit, aber auch keine Lüge. Zu mehr wäre ich aber überhaupt nicht gekommen, da unser neuer Lehrer jetzt endgültig das Wort ergriff.

»Die Odile beziehungsweise die Odette, Siegfried und die vier kleinen Schwäne, wer sind die?«

Sonja, Iwan, Ewa, Ana, Faina und ich traten vor.

Meinen kleinen Schritt quittierte er mit einem amüsierten Schnauben.

Was würde ich dafür geben, in seine Gedanken zu schauen?

Trotzig verschränkte ich meine Arme vor der Brust.

»Die anderen können gehen, die brauche ich nicht«, sagte er, sah dabei aber nur mir in die Augen, als würde er niemanden brauchen außer mich. Verdammt sollte ich sein, wenn mein Gleichgewicht jetzt ins Straucheln geriet. Also hielt ich die Luft an.

»Wie meinen Sie das?«, meldete sich Andrej zu Wort.

»Damit meine ich, dass der Rest verschwinden soll. Ich will euch nicht bei meinem Unterricht dabeihaben.«

»Aber wir haben ein Recht zu trainieren, immerhin müssen wir eine Einheit in Sankt Petersburg bilden!«

Worte, bei denen sich meine Augen verdrehten. Andrej war der beste Freund von Iwan und ein Arsch. Er scherte sich um nichts und niemanden außer sich selbst.

»Ich komme aber aus Moskau, also ist euer kleines Sankt Petersburg für euch alle abgeschrieben. Nur die sechs bekommen eine Chance.«

Ein anschwellendes Durcheinander von Stimmen füllte daraufhin den Raum aus. »Das ist nicht fair!« oder »Wie soll ich dann einen Platz in einem Ensemble bekommen!«, alles war dabei. Sonja wurde hingegen blass.

Moskau. Ihre Chance auf Größe und Ruhm.

»Ruhe!«, brüllte er. »Ihr hättet es sowieso nie in ein gutes Ensemble geschafft. Nicht mit einer solchen Einstellung. Geht jetzt, bevor ich meine Geduld verliere.«

Seine Brust hob sich bedrohlich, was mich sogar zur Flucht anregte. Doch blieb ich stehen und folgte gedanklich denen, die uns verließen. Einer nach dem anderen, bis nur wir übriggeblieben waren. Derweil hatte sich Dorian wieder unter Kontrolle gebracht.

»Was bedeutet das?«, fragte Iwan und ahmte meine defensive Position nach.

»Ich biete euch eine Chance, die ihr so schnell nicht wieder bekommt. Eine Schule ist bei dem geplanten Wettbewerb aus meinem Ensemble abgesprungen, weshalb ein paar Plätze offen sind.«

»Aber was heißt das?«, fragte Ewa, die neben mir stand, und ging einen weiteren Schritt auf den Mann zu. »Das Stück besteht immerhin nicht ausschließlich aus uns.« Ihr schwarzes, schulterlanges Haar löste sich bereits aus dem Knoten.

»Das Stück besteht aus den besten Tänzern aus verschiedenen Schulen der gesamten Welt. Ihr habt also nur eine kurze Zeit, um von euch zu überzeugen. Aus dem Stück bekommen meist nur ein oder zwei einen Vertrag, also strengt euch an.«

Innerlich gab ich auf. *Ein oder zwei* ... Für mich also eine Chance von null Prozent. Sonjas Augen hingegen funkelten vor Erregung, welche aber sogleich erstarb, denn er führte seinen Monolog fort.

»Odette und ihre Partnerinnen bleiben bei ihrer Rolle, doch ihr beide«, seine Hand deutete auf die Hauptfiguren, »werdet ausschließlich das *Pas de Deux* zwischen Odile und Siegfried tanzen. Und das Solo von Odile natürlich.«

Ich fühlte, wie Sonjas Herz stoppte. Ihre Lippen öffneten sich zu einem Widerwort, brachten aber keinen Ton heraus.

»Und jetzt macht euch bereit. Ich will sehen, womit ich es zu tun habe.«

Dorian

Ich konnte meine Augen nicht von ihr abwenden.

Nachdem sie sich als eine der vier kleinen Schwäne entpuppt hatte, stand ihr Schicksal bereits fest. Irgendwann – das war nicht mehr abzuwenden – würde sie meinen Namen stöhnen, während ihre gesamten Muskeln wegen ihres Orgasmus zuckten.

Es war der reinste Jagdinstinkt in mir. Darin bestand nur ein Problem ... Odette lief nicht wie ein verschrecktes Reh vor mir davon, sondern blickte mir mit einer geladenen Waffe entgegen. Im übertragenen Sinn natürlich, denn jetzt stand sie an der Stange und wärmte sich auf. Kein Anzeichen dafür, dass sie meine stetige Aufmerksamkeit bemerkte.

Trotzdem würde ich mich so gut wie möglich von ihr fernhalten müssen, da diese Frau niemand war, welche man nur einmal vögelte und danach in eine dreckige Ecke warf. Eine kleine Kostprobe von ihr und sie musste auf Dauer ihre Beine für mich öffnen.

Wenn ich mir etwas Einfacheres suchen wollte, bot sich weiterhin eine Ausweichmöglichkeit. Leider war die Schwarzhaarige, deren Augen in kurzen Abständen immer wieder meine suchten, im Gegensatz zu der goldenen Jägerin langweilig. Sie lief unschuldig auf mich zu. Ein leichtes Ziel, auf das ich zurückkommen musste, da die grauen Augen der anderen mich sonst in den Wahnsinn der Lust trieben. Der Fakt, dass ich das jetzt schon wusste, ließ mir beinahe die Zähne brechen.

»Die vier kleinen Schwäne, kommt her. Ich will sehen, was ihr könnt«, knurrte ich und hielt die Fernbedienung der Stereoanlage in der Hand.

Odette kam mit einer gelangweilten Miene in die Mitte des Studios. Ihre langen, spindeldürren Beine umhüllte ein Stoff, der ihre Haut durchscheinen ließ. Sie war wie aus Alabaster und hatte wahrscheinlich keine Schramme.

Verdammt, konzentrier dich, Mann!

»Wir haben es bis jetzt auf 80-prozentiger Geschwindigkeit geübt«, sagte das schwarzhaarige Reh und ergriff eine Hand von Odette.

»Bringt euch in Position.« Ohne Umschweife lief ich zu der Anlage und drückte auf den Knöpfen herum. Wo hatte mich Alexander nur hingebracht?

Alexander, der wahrscheinlich gerade in seinem Bürostuhl in Moskau saß, während ich mich hier – hunderte Kilometer entfernt – herumschlagen musste. Aber nicht nur ich, auch Konstantin, Alexanders Bruder, der wahrscheinlich in irgendeinem Busch hockte. Und natürlich eine Handvoll seiner Männer.

All das wegen mir.

Um mich zu schützen.

Um endlich eine Sache zu beenden, die seit Monaten offenstand. Deswegen war ich hier.

Wir wollten provozieren, gleichzeitig aber nicht sterben. Das ließ Alexander, der die gesamten Strippen in der Hand hielt, nicht zu.

Kopfschüttelnd lenkte ich meinen Fokus wieder in das Studio.

Ehe die Musik startete, ging ich nochmals auf die vier zu. Sie hielten sich an den Händen und warteten auf ihr Startsignal. Mein Finger drückte die bestimmte Taste noch nicht.

Die Haltung von allen war beschissen, jedoch ließ ich

mich nur dazu herab, Odette zu korrigieren. Ihr ging das sichtlich gegen den Strich, was mich im Gegenzug amüsierte.

Mein Körper tat endlich das, was mein Kopf ihm schon seit einigen Stunden befahl – sie berühren. Mit den Fingern umschloss ich ihr Kinn und drückte es weiter nach links, wobei mir ihr Geruch in die Nase stieg. Nicht zuckersüß und vanillig, sondern herb, nach Zitrone – eine Mischung, die mich an meine Heimat erinnerte.

»Nun wollen wir mal sehen, ob dein Vater recht hat, *mon petit cygne*«, raunte ich, wobei meine Lippen ihre Ohrmuschel streiften. Das quittierten ihre Augen mit einem zornigen Funkeln, was mich innerlich auflachen ließ.

»Wie haben Sie mich gerade genannt?«, presste sie hervor, doch da entfernte ich mich bereits von ihr.

Mein kleiner Schwan. Sie würde mir wahrscheinlich die Eier abreißen, wenn mir die Worte in ihrer Sprache herausgerutscht wären. So schätzte ich dieses Ding zumindest ein. Und das kam von jemandem, der eine gewisse Menschenkenntnis besaß.

Die Töne des klassischen Werkes drangen durch die Lautsprecher, woraufhin sie zu tanzen begannen. Obwohl es bedürftig war, hatte ich Schlimmeres erwartet. Odette war dennoch diejenige, die aus der Reihe fiel. Sie bewegte sich in ihrem eigenen Takt. Ob es nun wegen meiner hauchzarten Berührung war oder nicht, wusste ich nicht. So oder so war sie in diesem Teil des Ballettstückes fehl am Platz.

Ihre Ausstrahlung war die einer Solistin.

Als es ein Ende fand und alle vier außer Atem vor mir knieten, schluckte ich meine Gedanken herunter. Sie war Vladimirs Tochter und somit tabu für mich.

»Ihr habt letztes Jahr euren schulischen Abschluss gemacht. Die vergangenen Monate konntet ihr euch vollkommen auf das Tanzen konzentrieren, wovon ich leider nichts sehe. Wenn ihr den Hauch einer Chance haben wollt, dann erwarte ich mehr«, sagte ich kalt und nickte zu den anderen zwei. »Ihr seid dran.«

Odette beäugte mich mit einer Abscheu, die sich tief in mich grub. Etwas an ihr reizte mich. Nun war nur noch die Frage, was geschehen würde, wenn eine feine Linie meiner Geduld überschritten wurde. Oder ob sich ihre Haltung ändern würde. So oder so freute ich mich darauf. Irgendwie.

Sie war der Funke, der mich nach langer Zeit in die Realität gebracht hatte.

Die anderen beiden, deren Namen ich nicht kannte, waren besser. Allerdings war das Mädchen nicht wirklich bei der Sache. Immer wieder glitt ihr Blick zu mir, während der Junge seine Augen bei Odette und den anderen hatte.

»Konzentrieren!« Die Aufforderung schien sie aber umso mehr aus dem Konzept zu bringen.

Auch sie rangen nach Luft, als sie zum Stehen kamen. Und wieder ließ ich den Tanz unkommentiert. Eigentlich wollte ich mir noch das Solo ansehen, aber plötzlich breitete sich ein stechender Schmerz in meinem Kopf aus.

Ich war müde. Es war eine lange Fahrt von Moskau nach hier gewesen. Also handelte ich die ausstehenden Sachen schnell ab.

»Jeden Morgen, eine halbe Stunde vor dem Frühstück, seid ihr hier und wärmt euch auf. Auch an eurem freien Tag. Nach dem Abendessen habt ihr dann Freizeit. Natürlich wird es auch kleine Pausen zum Mittag und Nachmittag geben. Aber nicht lange.« Da sie mich weiterhin anstarrten, fügte ich hinzu: »Ihr könnt mich Dorian oder Monsieur Pécheur nennen. Das liegt bei euch. Wir sehen uns morgen.«

Odette

Ich hatte keine Ahnung, wie die nächsten Wochen mit ihm verlaufen würden. In mir brodelte, allein bei dem Gedanken an seine überhebliche Art, die Wut hoch. Dorian Pécheur hatte regelrecht Gefallen daran gefunden, mich ans Äußerste zu treiben. Seine Wirkung auf mich war ihm auch mehr als bewusst.

Gedankenverloren rührte ich in meinem Abendessen – Joghurt mit Blaubeeren – herum. Der Speisesaal war relativ leer, da alle anderen Jahrgänge noch beim Training waren. Ausschließlich kleine Trauben von Leuten waren über die einzelnen, runden Tische verstreut, wobei Ewa und ihre Truppe einen davon in Beschlag nahmen. Die Plätze neben mir waren leer, sodass ich die Ruhe ungestört genießen konnte.

Das währte aber nicht lange, denn Sonja kam mit einem vollgestopften Tablett auf mich zu und knallte es auf den Massivholztisch. Anscheinend war sie von irgendetwas gestresst.

»Was ist los?«, fragte ich, als sie wortlos an ihrem Brot knabberte.

»Das bringt alles nichts. Wie zur Hölle soll ich es mit meinem Auftritt als Odile nach Moskau schaffen? Dorian hat mich kritisiert. Kritisiert, Odette!«

»Das ist seine Arbeit.«

Geschlagen warf sie das Essen auf den Teller und vergrub das Gesicht in den Händen. Somit blieb mein Augenrollen versteckt.

»Ich brauche Moskau. Das ist die einzige Chance.«

»Oder du bewirbst dich zum Vortanzen bei einem anderen Ensemble, so wie jeder, der keinen Vertrag bekommen sollte.«

»Ich will zu den Besten gehören und das sofort.«

Bevor ich überhaupt zu einer Antwort ansetzen konnte, standen plötzlich Ewa und ihre Mädels vor uns. Genervt stützte ich meinen Kopf mit meiner Hand und beobachtete, wie sie sich zu uns setzten.

»Hier ist doch bestimmt noch frei«, sagte Ewa und nippte an ihrem Tee. Ihr schwarzes Haar lag offen auf ihren Schultern, während die anderen zwei so aussahen, als kämen sie gerade vom Training. Ihre Wangen waren gerötet und einzelne Strähnen lösten sich von den Knoten.

Jetzt schaltete ich wieder auf Durchzug. Alle drei redeten mit Sonja und erzählten irgendwas aus ihrem Leben. Manchmal ließ ich mich zu einem Nicken oder zu einem zustimmenden Laut hinreißen. Mehr nicht.

So war es schon immer gewesen. Und ich hatte kein Interesse, das in den letzten Monaten zu ändern.

Doch als ein neues Thema – eher gesagt ein Name – fiel, richtete sich meine volle Aufmerksamkeit auf Ewa, denn sie war diejenige, die damit begann.

»Denkt ihr, Dorian ist schwul?«

Wild schüttelte Faina ihren rotblonden Schopf. »Nein, wieso sollte er?«

Ein stechender Schmerz schoss mir bei diesem Gerede in den Kopf. Manchmal fragte ich mich wirklich, in welchem Universum sie lebten. *Wieso sollte er ...* Wie dämlich konnte man eigentlich sein?

»Was denkst du, Odette? Hat dein Vater irgendwas von ihm erzählt?«

»Nein. Ich sehe meinen Vater sowieso nicht oft.« Er hatte eine Wohnung in der Hauptstadt, während ich mit meiner Mutter im alten Anwesen ihrer Familie im Norden lebte. Dort herrschte das gesamte Jahr über Winter, sodass es hier manchmal warm erschien. »Aber falls Dorian schwul ist, wen kümmert's?«

»Ewa und er würden gut miteinander aussehen«, sagte Ana und spießte eine Fritte auf.

»Ja, würden sie«, stimmte Faina zu, was Ewa ein amüsiertes Augenverdrehen entlockte.

»Ich würde ihn zumindest nicht von der Bettkante stoßen, bei seinem Aussehen, kann er nur gut sein.« In meinem Kopf festigte sich ein Bild, das mir den Appetit verdarb. Ewa und er. Igitt. »Ach komm schon, Odette. Selbst du könntest ihm nicht widerstehen. Was sagst du dazu, Sonja?«

Mein Kopf schwang zu ihr. Ihre gesamte Aufmerksamkeit hing an der Tür, als würde sie auf etwas warten. Oder auf jemanden? Selbst als Faina mit dem Löffel gegen ihre Tasse schlug, verharrte sie in ihrer Trance.

»Sonja?«, fragte ich und tippte auf ihre Schulter.

»Was?« Ihr Ausdruck war überrascht – fast, als hätte sie uns vergessen.

»Vergiss es«, sagte Ewa und widmete sich wieder ihren Träumen von Dorian. Leider sprach sie die laut aus.

Also verabschiedete ich mich und ging in mein Zimmer. Sonja war weiterhin geistig nicht anwesend, weshalb es mir leichtfiel. Faina und Ana hingen währenddessen an Ewas Lippen und stimmten ihr bei jedem Wort zu.

Das war letztendlich zu viel für mich gewesen.

~

Mit kreisenden Gedanken ging ich zu den Gemeinschaftsduschen.

Wenn man bedachte, wie viel Geld meine Eltern zahlten, könnte man ein privates Badezimmer erwarten. Aber das Einzige, was jedes Zimmer besaß, war eine Toilette und ein Waschbecken.

Eigentlich wollte ich so früh wie möglich schlafen gehen, aber die überquellenden Ereignisse hielten mich davon ab. Es war einer der längsten Tage seit langem.

Bis unter das heiße Wasser schaffte ich es jedoch nicht. Obwohl ich ausschließlich mit einem Tuch bedeckt im Eingang des Bereichs stand, gefroren meine Gliedmaßen zu einer Salzsäule.

Mein Herz hämmerte wild, Hitze rauschte durch meinen gesamten Körper. Alles in mir schrie: *Hau ab!*

Doch blieb ich stehen und beobachtete die Szene vor mir.

Sonja und Nadia standen engumschlungen da und küssten sich. Wasser prasselte auf beide und lief in wilden Rinnsalen an ihnen hinab. Beide schien es nicht zu stören, denn die Jüngere bahnte sich bereits einen Weg mit ihren Lippen über Sonjas nackte Haut. Die hingegen lehnte ihren Kopf an die weißen Fliesen und genoss jede Berührung.

Als Nadia bei ihrer Mitte ankam und ihre Perle mit ihren Lippen umschloss, entfuhr ihrer Partnerin ein kehliges Stöhnen.

»Ja«, schrie Sonja, was mich aus meiner Schockstarre aufweckte.

Wie von selbst machte ich auf dem Absatz kehrt,

raffte meine Klamotten zusammen und stürmte auf den Gang. Sie sollten mich nicht dabei erwischen, wie ich ihnen dabei zugeschaut hatte.

Es ließ sich nicht leugnen, dass auch mich ein Dunst der Erregung befiel. Meine Klitoris sehnte sich nach Berührungen, die ich ihr heute Nacht unausweichlich geben musste.

Die Blicke, die die beiden ausgetauscht hatten, kamen mir in Erinnerung. Ich wusste nicht, was zwischen ihnen lief, geschweige denn wie lange schon. Aber eines war klar, das war nichts Offizielles, denn sonst hätte es schon längst die Runde gemacht.

Blind lief ich durch den Gang und prallte kurz darauf gegen jemanden. Sein Gesicht blieb mir zwar im ersten Moment verborgen, aber mir war trotzdem sofort klar, um wen es sich handelte.

Dorian.

Panisch krallten sich meine Hände um den weichen Stoff. Er hingegen umfasste meine Schultern und schob mich eine Handbreite von ihm weg.

»Stürmisch«, sagte er mit dunkler Stimme, während seine Augen mein Erscheinungsbild abtasteten. Feuer schoss durch meine Adern und tauchte meine Haut in ein verräterisches Rot. »Vielleicht solltest du dir etwas anziehen.«

Was sollte ich darauf sagen?

Mit leicht geöffnetem Mund starrte ich zu ihm empor und bemerkte erst jetzt, dass mir meine eigentlichen Klamotten aus der Hand geglitten waren.

»Sprachlos?« Ein süffisantes Grinsen umspielte seine Lippen, was mich zum Kochen brachte.

»Haben Sie nichts Besseres zu tun«, entgegnete ich schnippisch und ließ außer Acht, dass er derjenige war, der mich in den nächsten Wochen betreuen würde.

Das Hämmern meiner Mitte wurde dominanter, sodass es mir noch schwerer fiel, einen klaren Gedanken zu schöpfen. Während Sonja ihren Höhepunkt erlebte, stand ich hier.

Ausgehungert.

»Du bist in mich reingerannt, *mon petit cygne.*«

Wieder diese Bezeichnung. Es war Französisch, mehr wusste ich nicht.

»Was heißt das?«

Dorian schnalzte mit der Zunge und sah auf seine Armbanduhr. »Schon so spät. Wir wollen doch, dass du deinen Erholungsschlaf bekommst. Bis morgen also, Odette«, sagte er, sah mich ein letztes Mal eindringlich an und ging an mir vorbei.

Als er aus meinem Sichtfeld verschwand, war ich wieder in der Lage zu atmen. Ein süßer Geruch umgarnte meine Sinne, welcher nicht von dem Mann stammte, der mich bis eben noch seiner Musterung unterstellt hatte.

Wenn ich seinen Duft einordnen müsste, hätte es sich um pure Maskulinität gehandelt. Vielleicht sein Rasierwasser. Dieses schrie mir gerade zwei Wörter entgegen.

Harter Sex.

Kopfschüttelnd hob ich meine zu Boden gefallene Kleidung auf und huschte in mein Zimmer.

Die Dusche musste dann wohl bis morgen auf mich warten. Und auch meine Lust bekam heute sicher keine Befreiung, da meine Fantasie zu ihm abgeschweift wäre.

Kapitel Drei

Odette

Das Ticken der Uhr machte mich wahnsinnig. Mit jeder Sekunde wanderte mein Blick vom Zeiger zur Tür.

»Weißt du, wo sie ist?«, fragte Ewa und band sich die Schuhe um.

»Nein. Keine Ahnung, wo Sonja bleibt.«

Bei jedem anderen wäre es keine Überraschung, wenn er zu spät gekommen wäre, besonders um diese Uhrzeit. Doch sie stand eigentlich schon vor dem Frühstück an der Stange und dehnte sich.

»Aber sie kommt doch nie zu spät«, mischte sich nun auch Faina ein.

Unkommentiert rollte ich meine Yogamatte aus und setzte mich zur Tür gewandt darauf. Auch Dorian verspätete sich oder ließ uns einfach warten. Egal was es schließlich war, es gab mir noch einen Moment der Klarheit.

Bald holte mich jedoch der Wahnsinn ein, denn seine Gestalt stand kurz darauf im Türrahmen. Seine Augen schweiften über unsere Truppe, wobei sie einen kleinen Moment länger an mir haften blieben. Am liebsten hätte ich zu Boden geblickt, aber auch ich konnte mich nicht von ihm lösen.

Zu Sonjas Fehlen sagte er nichts, sondern lief zu der Anlage und schaltete sanfte Musik ein.

»Dehnt euch eine halbe Stunde, dann könnt ihr zum Essen gehen. Wenn ihr noch Fragen habt, wegen gestern oder allgemein, ist jetzt der richtige Zeitpunkt dafür«, sagte er, während er die Ärmel seines dunklen Pullovers richtete.

Ich hatte nichts zu sagen, weshalb mein Platz auf der Matte blieb. Es war auch nicht nötig mir eine Frage auszudenken, denn Ewa nahm ihn die gesamte Zeit in Beschlag. Ihr Lachen rollte in bestimmten Abständen durch das Studio, was mir den letzten Nerv raubte.

So war ich froh, als der Stundenzeiger endlich die Sieben erreichte. Sonja hatte es immer noch nicht für nötig gehalten aufzutauchen. Vielleicht war sie krank oder hatte verschlafen. Eine andere Möglichkeit stand nicht im Raum, denn mutwillig schwänzen war nicht in ihrer Bandbreite vertreten.

Sie ließ sich zum Frühstück nicht blicken und in den nächsten Stunden tauchte sie auch nicht auf.

Dorian sagte erst etwas, als er am Part der Odile und des Siegfrieds arbeiten wollte. Mich ließ er heute in Ruhe. Kein Wort wurde an mich verloren. An jedem verbesserte Dorian die Haltung oder lobte kleine Dinge – an jedem außer an mir.

»Odette, würdest du deine Freundin bitte holen?«, fragte er entnervt und fasste mich seit heute Morgen das erste Mal wieder ins Auge.

Überrascht zuckten meine Augenbrauen in die Höhe. »Es ist bald Mittagspause. Kann ich es nicht danach machen?«

»Nein. Sie soll sofort herkommen, immerhin sind wir hier nicht im Kindergarten.« Seine Laune schien im Keller zu sein, was mich komischerweise erfreute.

Ich machte mich auf den Weg, da er sonst vielleicht noch auf die Idee gekommen wäre, seinen Frust an mir auszulassen.

Die Gänge waren leer, sodass jeder meiner Schritte von den tristen Wänden hallte und sich einen Weg in mein Inneres suchte.

Obwohl jede Tür gleich aussah, wusste ich, dass ich an ihrem Zimmer angekommen war. Ihr Name hing neben dem hölzernen Rahmen. Sonja Kusnezowa.

Da ich aus meinen Fehlern gelernt hatte, klopfte ich zuerst. Die Szene von Nadia und ihr würde sich nicht so schnell aus meinem Kopf verabschieden, weshalb ich etwas länger wartete.

Als aber nichts auf der anderen Seite passierte, erhob sich meine Stimme. »Sonja, geht es dir gut? Alle fragen schon nach dir. Es ist Mittagszeit.«

Wieder nichts. Nicht mal ein Rascheln.

Mir wurde es langsam zu dumm. Ohne ein weiteres Wort griff ich nach der Türklinke und wollte in ihr Zimmer stürmen, doch ein Widerstand hinderte mich daran.

Verschlossen. Sie hatte ihre Zimmertür abgeschlossen? Das sah ihr gar nicht ähnlich. Allgemein sah das heutige Verhalten ihr fremd.

»Verdammt, Sonja, mach die Tür auf!«, schrie ich und hämmerte gegen das alte Holz.

»Ist alles in Ordnung?«

Ich fuhr herum und erkannte Herr Bolschakows Gestalt am anderen Ende des Gangs. Seine Expertise war nicht Ballett, sondern Russisch und Geschichte – meine absoluten Hassfächer.

»Nein. Sonja ist heute nicht zum Training gekommen und die Tür ist verschlossen. Ich habe keine Ahnung, wo sie ist.«

»Ich sperre auf«, sagte er und holte einen gut bestückten Schlüsselbund hervor. Als ich nicht beiseitetrat, gab er mir auf das Offensichtliche eine Erklärung. »Die Schlüssel habe ich von meiner Frau.« Die Leiterin des Internats, die aber gerade in Mutterschaftsurlaub war. »Ich suche gerade auch eine Schülerin. Nadia. Sie ist nicht zum Unterricht erschienen.«

Irgendetwas stimmte nicht. Das merkte auch der Lehrer vor mir, denn er schob mich grob zur Seite und steckte einen Universalschlüssel hinein. Mit einem Klick öffnete sich die Tür und machte uns die Sicht auf die zwei Mädchen frei.

Ein leichter Duft von Pfefferminz stieg mir in die Nase.

Es war wie bei einem Unfall. Man wollte nicht hinsehen, aber sich losreißen ging nicht. Obwohl mir die Galle hochstieg, regte ich mich nicht. Das wäre überhaupt nicht möglich gewesen, denn auf einen Schlag wurden meine Gliedmaßen taub.

Der Mann neben mir konnte sich im Gegensatz zu mir schneller aus der Starre lösen. Er machte einen Satz nach vorn, aber wusste nicht, was er nun tun sollte.

Ich machte ihm keinen Vorwurf. Jeder an seiner Stelle wäre ratlos gewesen.

Sie lagen nackt auf dem Bett und starrten an die Decke. Auf ihrer Haut war weißes Pulver verstreut, welches durch die offene Tür aufgewirbelt wurde, da das Fenster gekippt war. Nicht der eisige Durchzug bereitete mir Gänsehaut, sondern das Blut, welches beiden aus der Nase lief. Es war bereits getrocknet. Alt. Genauso wie das Leben in ihren Körpern.

Sonja und Nadia waren tot.

Ihre Brust hob sich nicht. Wenn man genauer hinsah, floss sogar die rote Flüssigkeit aus ihren Ohren.

Verschwinde!

Herr Bolschakows Lippen bewegten sich, doch nichts drang zu mir hindurch. Es war so, als würde man mit eingeschaltetem Radio durch einen Tunnel fahren. Mehr als ein Rauschen konnte mein Gehirn nicht mehr ausmachen.

Verschwinde!

Endlich tat ich das, was mein Instinkt von mir verlangte. Verschwinden.

Meine Beine bekamen plötzlich wieder ein Gefühl, sodass ich nach hinten taumelte. Erneut sagte er etwas, jedoch waren es für mich wieder nicht mehr als geräuschlose Mundbewegungen.

Ich brauchte Sauerstoff, denn meine Brust drohte jeden Moment in sich zusammenzubrechen. Also brachte mich mein Unterbewusstsein zum Eingangstor. Irgendwie musste ich es geschafft haben, unbeschadet dorthin zu gelangen. Das ›Wie‹ blieb mir ein Fragezeichen. Es war ein unbedeutender Gedanke, der in der Bilderflut regelrecht unterging.

Doch auch die kalte Außenluft flachte das flaue Gefühl in meiner Magengegend nicht ab, sodass ich mich wenige Meter später erbrach. Mitten auf dem Weg.

Es war nicht viel, das meiste Galle, doch ich würgte

so lange, bis nichts mehr herauskam und mein ganzer Körper zitterte.

Sonja. Nadia. Bei dem Gedanken an ihre leblosen Gestalten, musste ich mich wieder auf meine Knie abstützen. Dieses Bild – beide nackt, mit offenen, leeren Augen ins Nichts starrend – brannte sich in meinen Kopf.

Verzweifelt presste ich die Lider zusammen. Vielleicht war das alles ein schrecklicher Traum. Vielleicht würde ich in wenigen Minuten aufwachen und feststellen, dass alles beim Alten war.

Allein dieser Gedanke war töricht. Der stechende Wind, welcher die Äste der Bäume bedrohlich rascheln ließ, und der bittere Geschmack auf meiner Zunge flüsterten mir zudem ins Ohr, dass es sich um die Realität handelte.

Dorian

»Was ist mit ihnen passiert?«, fragte ich einen der Polizisten und steckte eine Zigarette in meinen Mund.

Wir standen am Ende der Auffahrt zum Hauptgebäude und starrten den Leichensäcken entgegen, die abtransportiert wurden. Der Mann neben mir schien keine Erfahrung mit dem Tod zu haben, denn seine Haut hatte einen ungesunden Grünton angenommen. Außerdem war er noch ziemlich jung.

»Überdosis. Kokain. Das allein hat man schon gesehen, als man das Zimmer betreten hat. Überall lag das

Zeug. Ich wette darauf, dass es verunreinigt war.« Er sah zu dem großen Gebäude und runzelte die Stirn.

»Was ist los?«

»Als wir gekommen sind, saß eine junge Frau auf den Eingangstreppen, jetzt ist sie weg. Mein Boss hat gesagt, dass ich sie befragen soll.«

Es war Odette gewesen. Da ich selbst frische Luft gebraucht hatte, war ich nach draußen gegangen und hatte ihre Gestalt sofort ausgemacht. Ich war nicht zu ihr gegangen, da in diesem Moment ein Tumult im ganzen Haus ausgebrochen war. Das Ereignis hatte sich wie ein Brand in einem trockenen Wald ausgebreitet. Wie mir Baran – Herr Bolschakow – später sagte, hatten sie und er die beiden Leichen gefunden. Jetzt verfluchte mich mein sonst nicht anwesendes Gewissen dafür, nicht zu ihr gegangen zu sein.

»Lassen Sie das. Sie wird Ihnen nichts anderes sagen als der Lehrer. Das zu sehen, war schlimm genug.« Den ersten Toten zu sehen war nie leicht, für manche würde es wahrscheinlich immer schwer sein, jedoch wollte selbst ich mich nicht in Odettes Lage hineinversetzen. »Was passiert jetzt?«

»Todesursache nochmal feststellen, die Drogen analysieren und dann den Fall abschließen. Wie gesagt, es ist eindeutig. Wenn Sie noch etwas wissen oder das Mädchen sprechen will, rufen Sie mich an«, sagte er und gab mir eine Visitenkarte.

Nickend nahm ich sie entgegen.

Als mich aber die Wände des Hauses umschlossen, zerknüllte ich sie und warf die geformte Kugel in den Mülleimer.

Die Polizei war nie wirklich mein Freund gewesen. Sie im Glauben zu lassen, sie wäre es, war trotzdem wichtig. So blieb man unter dem Radar und hatte quasi einen Freifahrtschein.

Ich schlüpfte durch das große Tor des Speisesaals und lehnte mich an die Wand. Es war brechend voll. Niemand schien mich bemerkt zu haben. Das Murmeln der Schüler schwoll mit jeder Sekunde mehr an. Diskretion hatten sie schon lange vergessen, sodass jedes Wort in der Menge der anderen unterging.

»Stimmt es?«

Es war Ewa, die vor mir stand. Ich hatte sie nicht kommen sehen. Mein Blick war auf die Schüler gerichtet gewesen. Erst jetzt merkte ich, nach wem ich gesucht hatte.

»Was soll denn stimmen?«

»Dass sie an Drogen gestorben sind.«

Nun fasste ich sie ins Auge. Mir war rätselhaft, wie es so schnell die Runde machen konnte. Bevor ich aber die Entscheidung traf, ob die Wahrheit das richtige Mittel war, ertönte Barans alte Stimme hinter mir.

»Ewa, gehen Sie bitte an einen Tisch. Wenn jeder einfach so herumstehen würde, wäre es ein reines Chaos.« Ein kleiner Moment verging, bis sie sich widerwillig umdrehte und schließlich in der Menge unterging. Erst dann fuhr er fort. »Haben Sie eine Ahnung, wo sie ist?«

Mir war klar, von wem er sprach. »Nein.«

»Das ist eine Katastrophe. Erst sterben zwei Mädchen an Drogen und jetzt ist eine verschwunden. Wie zur Hölle soll man das den Eltern erklären?«

Automatisch setzte ich meine teilnahmslose Miene auf und vergrub die Hände in der Hosentasche. Das Summen um uns herum hatte sich nicht beruhigt. »In welchem Verhältnis stand Odette zu den beiden?«

Es sollte mir egal sein. Diese Position war temporär

und dennoch rieben diese grauen Augen meine Nerven bereits jetzt auf.

»Ich brauche Ihnen wahrscheinlich nicht zu sagen, dass sich jeder hier in einem Wettstreit befindet. Von Nadia und den anderen beiden weiß ich nichts, immerhin waren sie nicht in der gleichen Jahrgangsstufe. Aber Odette und Sonja ... Na ja, Sonja hat immer eine Konkurrentin gesucht, bei der sie wusste, dass sie schwächer als sie selbst war.«

»Da täuschen Sie sich, Baran«, sagte ich und stieß mich von der Wand ab. »Odette ist besser als die meisten glauben. Macht nicht den Fehler, sie zu unterschätzen.«

Odette

Alles war mit einem Nebel überzogen.

Nichts schien klar vor einem zu liegen und man hatte das Gefühl, dass niemand wusste, wieso das Ganze passiert war. Oder wie.

Es gingen bereits Gerüchte herum, die ich um jeden Preis versuchte zu ignorieren, da jedes lächerlicher als das vorherige war.

Also entschied ich mich auf meinem Zimmer zu bleiben, wobei mir dort die Ruhe auch nicht vergönnt war. Meine Nerven waren bis aufs Äußerste gespannt, wodurch mich ein plötzlicher Tatendrang packte.

Mein Blick huschte zum Wecker auf dem Nachttisch. 19:00 Uhr. Essenszeit. Alle würden im Speisesaal versammelt sein und wahrscheinlich einer Ansprache von Herr Bolschakow lauschen.

Da mir der Appetit schon lange vergangen war, machte ich mich auf den Weg in die kleine Stube, in der Sonja und ich heute eigentlich unsere Schuhe vorbereitet hätten. Darin befanden sich ausschließlich ein großer Tisch, Stühle und die Utensilien, die man brauchte, um die Ballettschuhe zu personalisieren. Schere, Nadel, Faden, Satinbänder und natürlich Schuhe in jeglichen Größen.

Das alles nahm ich mir zur Hand und setzte mich. Mir blieb nichts anderes übrig. Irgendwie mussten meine Gedanken abschalten, und die Vorbereitung war das perfekte Mittel. Die Arbeitsschritte beherrschte ich im Schlaf, sodass jeder Stich, jeder Schnitt, stumpfer Automatismus war.

»Wieso bist du nicht beim Essen?«, riss mich eine Stimme aus meinem gedankenlosen Ablauf, wodurch ich einen falschen Schnitt machte. Einen Schnitt, der unwiderruflich und somit das Paar zu keinem Nutzen mehr da war. Genauso wie Sonja und Nadia.

Mein Blick hob sich und erkannte sofort Dorian. Er lehnte mit gelangweilter Miene im Türrahmen. Kein Anzeichen von den Schrecken, die jeden einzelnen von uns prägten.

»Ich habe keinen Hunger.«

»Nachdem du dir die Seele aus dem Leib gekotzt hast, solltest du aber etwas essen.«

Nun kam er auf mich zu, während aus meinen Augen Funken sprühten. Es war schwer meine Gefühle im Zaum zu halten, also schloss sich meine Hand um die spitze Nadel. Ich hatte Glück, dass sie ungefährlich in der Fläche ruhte.

»Könnten Sie mich bitte allein lassen? Ich brauche

meine Ruhe. Woher wissen Sie das überhaupt?«, presste ich hervor, aber konnte mich nicht von ihm losreißen. Zu meinem Ärgernis setzte er sich neben mich.

»Du kannst mich Dorian nennen«, murmelte er und nahm eines der fertiggestellten Paare in die Hand. »Ich war draußen, als du dich erbrochen hast.«

»Aha.«

Mehr brachte meine Stimme nicht hervor. Ich war kurz davor aufzuspringen und aus dem Raum zu stürmen. Krampfhaft unterdrückte ich diesen Instinkt, da es ihn noch weiter anstacheln würde.

»Willst du mich nicht zum Essen begleiten?«

Entnervt sackten meine Schultern nach unten. Das Momentum war sowieso zunichte, weshalb es nun Zeit war, mich in meinem Zimmer mit den Erinnerungen zu verkriechen.

»Nein, ich bin müde«, sagte ich und verstaute schnell das Werkzeug in die Schubladen. Das Paar Schuhe, das ich nicht ruiniert hatte, nahm ich mit mir, um sie morgen ungestört in mein Fach im Studio zu legen. Ein kleines Regal bot jedem von uns die Möglichkeit, nicht immer wieder die Dinge mitschleppen zu müssen.

»Warte!«

Er packte mich am Arm, wobei ich mich sofort mit aller Kraft löste. Der Sturm in mir wurde dichter, sodass es sich in meinem Ton widerspiegelte.

»Was?!«

»Ich will dich. Als Odile«, fügte er hinzu, da mein Gesichtsausdruck mit Verwirrtheit getränkt war. Diese schwang bei seinen nächsten Worten in Abscheu um. »Sonja ist tot. Wir brauchen einen Ersatz. Morgen ist ein Vortanzen, aber die Rolle gehört praktisch bereits dir. Formell werde ich den anderen Bescheid sagen müssen.«

Ich lachte bitter auf und schüttelte den Kopf. Allein,

dass er mich das fragte. In dieser Situation war das einfach ekelhaft.

»Haben Sie nichts Besseres im Kopf außer eine dumme Rolle? Zwei Menschen sind heute tot in einem Zimmer gefunden worden.«

»Zwei Menschen, die dir nichts bedeuten.«

»Das wissen Sie ja auch, weil Sie uns schon so lange kennen.«

»Mir wurde gesagt, dass das Verhältnis nie außerhalb des Tanzens gelegen war. Jeder schien für sich gekämpft zu haben, obwohl die eine ihre Stärken aus den Schwächen der anderen gezogen hat.«

Es tat weh diese Worte aus seinem Mund zu hören, da mir im gleichen Moment die Wahrheit entgegenschrie. Ja, wir waren nicht wirklich befreundet und Nadia war mir wirklich egal gewesen. Sonja hingegen hatte mich immer zu ihrem Training mitgenommen, um zu hören, wie ich es fand. Der Gesichtsausdruck von gestern, als sie nach meiner ›Niederlage‹ Iwans Hand nahm, kam mir wieder ins Gedächtnis.

»Siehst du es?«, fragte er und kam einen Schritt auf mich zu.

Kopfschüttelnd machte ich einen Satz in Richtung Tür.

»Um Ihre anfängliche Frage zu beantworten: Nein danke. Ich will diese Rolle nicht. Und wenn Sie mich nun entschuldigen.«

»Morgen ist trotzdem Training. Auch für dich, Odette Petrova.«

Ohne Weiteres verließ ich den Raum. Mir war bewusst, dass er auch mit der Wut zu kämpfen hatte. Wer mit 17 in ein weltbekanntes Ballettensemble gekommen war, kannte wahrscheinlich das Wort ‚Ablehnung' nicht.

Da mich keine weitere Hürde aufhielt, fiel ich erschöpft in mein Bett. Es war nicht mit dem zu vergleichen, welches zu Hause sehnlichst auf mich wartete, doch die Federn spürte man nicht.

Der dunkle Nachthimmel spannte sich über den Horizont – der Teil des Tages, vor dem ich mich am meisten gefürchtet hatte. Dunkelheit. Und sie ging mit dem Nachdenken Hand in Hand.

Zwei Dinge, die alles andere als angenehm waren.

Kapitel Vier

Dorian

Entnervt schüttelte ich den Kopf und strich gleichzeitig den Namen auf dem Klemmbrett durch.

Es war hoffnungslos. Keine der Mädchen kam annähernd an meine Vorstellungen heran und meine Geduld hatte mich bis jetzt schon zweimal verlassen. Das bedeutete, dass bereits zwei heulend aus dem Tanzsaal gerannt waren.

»Nächste«, sagte ich, wobei Ewa aufstand.

Das kleine Reh wollte also ein schwarzer Schwan sein. Irgendwie amüsant, allerdings verschwendete auch sie meine Zeit. Für ein solches Internat war sie vielleicht nicht schlecht, doch reichte es nicht für Moskau. Außerdem entsprach sie nicht dem Bild, welches ich vor Augen hatte.

Als die Musiksequenz endete und Ewa in ihrer

letzten Pose verharrte, wurde die Flügeltür donnernd geöffnet. Ich war schon im Inbegriff meinen Frust an den Unruhestiftern auszulassen, aber dann sah ich, um wen es sich handelte.

Odette und Iwan. Sie kamen vom Mittagessen.

»Ihr seid zu spät.«

Ewa, die immer noch in der Mitte des Studios stand, ignorierte ich. Sie merkte schnell, dass ich nichts an ihrer kleinen Vorführung zu kommentieren hatte.

»Sie haben doch sowieso noch nicht alle durch«, sagte Odette und sah zu den noch übrigen Schülerinnen.

»Stimmt, aber als Nächstes stehst du auf der Liste. Also, ich warte.« Mit einer vagen Handbewegung deutete ich auf ihren Platz und setzte dabei ein süffisantes Lächeln auf.

»Aber …«

Allein das Hochziehen meiner Augenbrauen ließ sie verstummen. Ich drehte das Brett zu ihr und deutete auf ihren Namen.

»Da steht er.« Mir war verdammt nochmal egal, ob sie die Rolle wollte oder nicht. Ich wollte sie in vielen Positionen haben, die als Odile war gerade aber die Wichtigste.

»Ich kenne nicht mal die Schritte.«

»Du hast Sonja so oft dabei zugesehen, dass du schon etwas hinbekommst. Es geht nicht darum, dass die Schritte alle richtig sind. Ich gehe danach, wer die Ausstrahlung der Rolle am besten beherrscht.«

Die anderen lauschten unserem Wortwechsel mit gespitzten Ohren, während sich Ewa wieder zu ihren Freunden setzte. Auch sie hatten ihr Glück versucht – und wie jede war sie klaglos gescheitert.

Odettes Kiefer spannte sich an, doch sie kam meiner Forderung nach. Steif lief sie in die Mitte des Studios.

Ihre Augen trugen ein gefährliches Glitzern in sich, was meine Brust vibrieren ließ.

Verdammt, ihre kratzbürstige Art machte mich geil. Und das vor all meinen Schülern.

Ach Odette, mit dir werde ich noch viel Spaß haben.

»Jetzt sehen wir, ob in dir auch eine Odile steckt, Odette«, sagte ich laut und drückte auf die Start-Taste der Fernbedienung.

Sie tanzte mutwillig schlecht. Ihre Haltung war spannungslos, ihr Gesichtsausdruck leer. Dennoch brachten ihre Bewegungen eine Eleganz mit sich, die mich schier umhaute. Ihr Vater hatte recht, jeder Blinde konnte das Talent in ihr sehen. Natürlich stand ihr noch Arbeit bevor, aber das war das kleinste Problem.

Erneut endete die Musik, diesmal durchströmte mich eine Euphorie, welche sich schon Monate nicht mehr blicken lassen hatte.

»Ich habe genug gesehen«, murmelte ich abwesend. Meine Sinne waren auf Odette gelenkt, die auch mich fixierte. Ihre Brust hob und senkte sich schnell, doch blieb sie in ihrer Haltung gefroren. »Wer die Rolle bekommt, gebe ich beim Abendessen bekannt.«

Niemand sagte ein Wort – selbst nicht die, welche die gesamte Zeit auf eine Chance gewartet hatten. Aber wahrscheinlich hatten sie sich sowieso nicht viel Hoffnung gemacht.

Odette entfloh ein Schnauben, welches definitiv für mich gedacht war.

Odette

Heute saßen wir zusammen. Niemand wollte verpassen, wie Dorian sich entschieden hatte.

Selbst ich war neugierig, wer morgen den Namen der Odile tragen würde. Je mehr Zeit verstrich, desto gespannter wurden meine Nerven.

Was, wenn er seine Worte ernst meinte? Dass er mir die Hauptrolle geben würde. Wie wäre meine Antwort?

Nein.

Oder Ja?

Keine Ahnung. Vielleicht musste ich sie überhaupt nicht treffen. Es war überheblich zu glauben, dass er gerade mich auswählte. Immerhin konnte ich nicht mal den Takt bei meiner bisherigen Choreographie einhalten.

Also rutschte ich mit dem Stuhl zurück, nahm meine Bananenschale und verließ den Tisch. Niemand hielt mich auf, weshalb ich ungehindert zum Mülleimer und dann nach draußen in den Gang treten konnte.

Das Schließen der Tür ließ das Stimmengewirr verklingen, erst dann löste sich das beklemmende Gefühl in meiner Brust auf – nur um eine Sekunde später noch schlimmer zu werden.

Dorian stand mir gegenüber an der Wand gelehnt und musterte mich von oben bis unten. Braune Strähnen seines Haares fielen ihm in die Augen, sodass sie eine Nuance dunkler als sonst wirkten. Wie ein schemenhafter Schatten.

»Das Essen fliegt nicht zu Ihnen heraus«, sagte ich und ging einen Schritt auf ihn zu. Vielleicht war es dumm und ich sollte stattdessen in mein Zimmer gehen, doch mich trieb eine leise Stimme zu ihm.

»Komm mit.«

Bevor ich mich versah, packte er mich am Oberarm und zog mich mit sich in einen kleinen Abstellraum. Es war dunkel, sodass sich ausschließlich die Konturen der hohen Regale vor mir abzeichneten.

»Was soll das?«, fragte ich und spürte deutlich seine Gegenwart in meinem Rücken. Die Tür fiel kurz darauf leise ins Schloss.

»Ich will dir mitteilen, wie ich mich entschieden habe.«

»Und wie haben Sie sich entschieden?«

Er kam näher – so nah, dass sein heißer Atem auf die dünne Haut meines Nackens traf. Meine klaren Gedanken waren somit hinfällig, weshalb ich ihm auch nicht auswich.

Gott, ich genoss es, um ehrlich zu sein. Die Aufmerksamkeit. Das Ziehen, welches mich einnahm, sobald Dorian in der Nähe war. Wir kannten uns nicht und dennoch nahm mich seine Anwesenheit in die Mangel.

»Du weißt, wie meine Wahl ist. Jetzt will ich deine Entscheidung hören.« Seine Hand legte sich auf meine Schulter und strich langsam meine Seite hinab.

Allein der Fakt, dass wir in einem dunklen Abstellraum standen, machte es falsch und verboten. Aber die Weise, auf die mich Dorian berührte, ließ jeglichen Zweifel an der Richtigkeit schwinden.

»Sag es mir, *mon petit cygne.*« Dorian drehte mich zu ihm und gewährte mir einen Blick auf seine dunklen Iriden. Seine Züge waren ernst – als hinge von meiner Antwort einiges ab.

»Was heißt das?«, fragte ich stattdessen, da es nun

schon das dritte Mal war, dass er mich mit den französischen Worten betitelte.

Dorian lehnte sich nach vorn und flüsterte: »Mein kleiner Schwan. Das passt so gut zu dir.«

Ich schluckte. »Wenn das der Fall ist, dann ist die Odile eine Nummer zu groß für mich. Ich werde ihr sicher nicht gerecht.«

»Rede dich nicht schlechter, als du in Wahrheit bist. Das ist deine Chance, Odette. Entweder du greifst nach den Sternen oder eine andere wird es tun. Also, wie lautet deine Antwort?«

Es war unwahrscheinlich, dass ich unter diesem glühenden Blick nur eine Silbe zustande brachte, dennoch formten meine Lippen ein Wort. Mir war nicht mal bewusst gewesen welches, bis es schwer zwischen uns lag.

»Ja.«

»Ja, was?«

»Ich will diese Rolle«, ächzte ich und schnappte nach Luft. Diese Nähe war für meine Nerven zu viel. Das dämmrige Licht machte es zudem nicht besser.

Dorian trat einen Schritt näher. Mein Herz überschlug sich und schien stillzustehen, während seine Fingerknöchel sanft über meine Wange strichen. Diese Berührung sandte Wellen durch meinen gesamten Körper und sammelten sich in meiner Mitte.

Vor mir erschien eine Szene. Er, wie er mich gegen eines dieser Regale stieß und mich küsste. Nicht gefühlvoll, sondern hart. Fordernd. Dorian, wie er mit mir dasselbe machte wie Nadia mit Sonja in der Dusche.

»An was denkst du?«

Es dauerte eine Weile, bis seine Worte in mich drangen.

»Daran, dass Sie mich nicht mehr so nennen sollen«, murmelte ich. Eigentlich war ich nicht schlecht im Lügen, aber ihm verriet irgendwas meine wahren Gedanken, denn ein Lächeln huschte über seine Lippen.

»Natürlich«, sagte er und setzte nun seinen Daumen ein, der überraschenderweise rau war. »Ich gehe dann mal zu den anderen und verkünde die guten Nachrichten.« Sein Blick wanderte von mir zur Tür und wieder zurück, als überlegte er. »Wir beginnen morgen früh erst nach dem Frühstück. Bis morgen, *mon petit cygne.*«

Dann verschwand er.

Mein Kopf knallte gegen die kühle Wand, wobei sich meine Lider flatternd schlossen.

Was tat ich hier? Vor allem, was zur Hölle dachte ich? Das sah mir nicht ähnlich. Von Ewa würde man solche Gedanken erwarten, aber nicht von mir. Und dennoch ließ es sich nicht leugnen.

Anstatt in den Speisesaal zu gehen, wo Dorian weiter in meinen Kopf stochern konnte, ging ich auf mein Zimmer. Hunger hatte ich keinen und auf die taxierenden Augen der anderen konnte ich auch verzichten. Morgen würde es sowieso schon schlimm genug werden.

Nun stand ich im Mittelpunkt. Kein eindimensionaler Nebendarsteller, sondern die Hauptperson.

Das Schlimmste war, dass ich nicht wusste, ob ich damit klarkam.

Kapitel Fünf

Odette

Ich war es gewohnt, allein zu sein, beziehungsweise allein zu essen. Besonders früh, da Sonja meist das Frühstück ausfallen lassen hatte. Und nun, da sie tot war, erwartete ich nichts anderes.

Tja, da lag ich falsch.

An diesem Morgen kamen Ewa, Ana und Faina auf mich zu. Lächelnd setzten sie sich zu mir, während meine Finger versuchten eine Banane zu schälen.

»Morgen«, murmelte ich und fragte mich im selben Moment, was sie hier wollten. Das wurde sofort beantwortet. Es bestätigte meine Vorahnung von gestern.

»Ich habe gehört, dass du die Rolle der Odile bekommen hast. Wie kommt das? Du wolltest sie doch überhaupt nicht«, sagte Ewa, woraufhin ihre Anhängsel zustimmend nickten.

»Es ist einfach dazu gekommen.«

»Wie kann es einfach dazu kommen? Außer, du wolltest sie von Anfang an, hast es aber nicht gesagt. Dann ist aber immer noch die Frage, wieso Dorian dich dafür ausgewählt hat.«

Sie war versessen auf ihn.

Was im selben Moment Widerstand in mir auslöste. Es war dumm. Niemand besaß Anspruch auf ihn, dennoch widerte es mich an, wie sie sich selbst in seinem Bett ausmalte.

Ich ging nicht auf ihre Sticheleien ein. Es wäre nichts außer verschwendete Energie gewesen, weshalb meine einzige Reaktion ein Schulterzucken war.

Mir war klar, dass mich meine Entscheidung heimsuchen würde. Immerhin waren wir hier nicht zum Spaß. Jeder wollte sich seinen Traum erfüllen. Und das bestand gerade nun mal darin, ein Ensemble zu finden, welches einem die Chance bot, groß rauszukommen. Selbst ich wollte das.

Bevor mich ihre neiderfüllten Blicke weiter durchbohrten, machte ich mich auf den Weg ins Studio.

Es würde die Hölle auf Erden werden.

Die anderen hatten mich bisher in Ruhe gelassen, aber jetzt sah meine Sachlage vollkommen anders aus. Ich war die Odile und hatte somit eine bessere Chance.

Dass Sonja an Drogen gestorben war, rückte immer weiter in Unglauben. Es waren Gerüchte, die ich nicht wahrhaben wollte. Sie hätte niemals etwas getan, was ihre Karriere in Gefahr gebracht hätte. Drogenkonsum war strengstens verboten. Wenn jemand dabei erwischt wurde, bedeutete das das Ende einer potentiellen Karriere für denjenigen.

Und das wiederum bedeutete … Jemand hatte sie getötet – und das Einzige, was diese Tat begründen würde, war die Rolle. Und die hatte nun ich.

Die Angst, die stetig in mir anschwoll, wischte Dorians Stimme sogleich weg.

»Wir haben einiges an Arbeit vor uns, Odette.«

Er lehnte an der Spiegelwand gegenüber von mir. Seine Augen folgten mir, als ich zum Regal lief und meine Schuhe herausholte. Es war ein Paar, welches in der Starre nach Sonjas Tod entstanden war.

Ich will diese Rolle nicht.

Das waren meine Worte an diesem Tag gewesen. War es heuchlerisch von mir, dass ich sie dennoch bei meiner ersten Möglichkeit ergriffen hatte? Definitiv, aber jeder hätte es gemacht. Es gab sogar eine Person, die dafür über Leichen ging.

»Ich weiß.«

»Mach dich erst mal warm, dann reden wir mit Iwan über das weitere Vorgehen.«

Die Nähe von gestern war nicht mehr vorhanden. Selbst in den nächsten Stunden versuchte er einen züchtigen Abstand zwischen uns zu halten. Obwohl ich es begrüßte, lag meine Aufmerksamkeit weiterhin auf ihm. Wie er den anderen half oder an der Stereoanlage auf die Startposition der vier Schwäne wartete.

Meinen Platz hatte ein Mädchen aus unserem Jahrgang eingenommen. Ich kannte nicht einmal ihren Namen. Ihre Gestalt, die ein wenig stämmiger war als die von uns anderen, kam mir aber bekannt vor.

Mehr Zeit blieb mir nicht, darüber nachzudenken, denn Iwan kam zu mir. Mein Bein glitt von der Stange, sodass er sich dicht vor mich stellen konnte.

Nichts. Kein Kribbeln in meiner Magengegend. Kein Ziehen in meinem Unterleib.

Unterbewusst glitten meine Augen zu Dorian, der nicht den Anschein besaß, dass es in ihm auch so tobte wie in mir. Im Gegenteil, sein Blick war ruhig, trug die altbekannte Langeweile.

»Wollen wir üben?«

»Dorian wollte erst mit uns reden«, sagte ich und befeuchtete meine Lippen.

»Das hat er mit mir schon. Wir sollen erst ohne Musik anfangen, langsam.«

Er ging mir aus dem Weg. Das war es. Vielleicht hatte ich meine Gedanken gestern laut ausgesprochen. Oder meine körperliche Reaktion musste sich offensichtlich gezeigt haben. Was auch immer es war, es hielt ihn von mir fern.

Ich nickte abwesend und ließ mich von Iwan in einen ausreichend leeren Bereich ziehen. Mir waren alle Schritte bekannt. Jede Handbewegung, welche ich in den verschiedensten Stellen des Stücks zu vollführen hatte.

Doch als mir mein Spiegelbild entgegenstarrte, zeichnete sich meine Tölpelhaftigkeit bei jeder Bewegung ab. Es war nicht richtig, dass ich die Odile spielte. Die Eleganz steckte nicht in meinem Blut, der Ausdruck, der ausschließlich ihr gebührte, glitzerte bei mir als winziger Schatten.

So merkte ich nicht, dass wir bereits am Ende angekommen waren.

»Ich bin froh, dass du die Odile spielst«, flüsterte Iwan, während er sich wieder auf meine Augenhöhe begab. Sein Haar war zu einem unordentlichen Knoten gebunden und das T-Shirt spannte sich eng über seinen Oberkörper.

Ich konnte mich gut daran erinnern, wie meine Finger anerkennend über seine Muskeln geglitten waren. Es war das erste Mal, dass mir ein Junge seine Aufmerksamkeit geschenkt hatte.

Heute bereute ich es jedoch. Immer, wenn die Erinnerung über mich kam, legte sich ein schmutziger Film über meine Haut. Es war eine Nacht, die ein unangenehmes Gefühl hinterließ.

»Nicht lieber Ewa? Du himmelst sie doch bereits seit dem ersten Jahr im Internat an.«

»Dinge ändern sich.« Seine Hände berührten mich leicht an der Hüfte und fuhren zu meinem Bauch. »Wir wissen beide, wem ich seit Monaten hinterherrenne.«

»Alte Geschichten«, sagte ich und schob seine Finger weg. Doch fanden sie meinen Körper sofort wieder. »Iwan—«

Seine weiteren Annäherungsversuche wurden jäh unterbrochen.

»Nehmt eure Matten. Ich habe heute noch Dinge zu klären. Wenn ihr mit dem Dehnen fertig seid, könnt ihr meinetwegen gehen. Jetzt«, fügte Dorian mit einem ausdrücklichen Blick auf mich und meinen Tanzpartner hinzu.

Als Iwan sich entfernte, füllten sich meine Lungen mit Luft. Hatte ich die gesamte Zeit den Atem angehalten? Keine Ahnung, wie oft ich es ihm noch klarmachen musste. Er hörte mir nicht zu, daran lag es wahrscheinlich.

~

Meine Nerven spürten ihn, bevor ich ihn überhaupt sah.

Lächerlich.

Was war mit mir geschehen? War es sein Aussehen oder doch sein gesamtes Auftreten? Irgendetwas musste es auf jeden Fall sein, denn als er sich in die Hocke begab und mir in die Augen blickte, beschleunigte sich mein Atem.

»Wenn er dir zu sehr auf die Pelle rückt, tritt ihm einfach einmal fest auf den Fuß. Dann kannst du immerhin sagen, dass es unabsichtlich war.«

»Hört sich an, als hättest du schon Erfahrungen damit gemacht«, mutmaßte ich und wanderte mit meinen Händen zu meinem anderen Fuß. Der Geruch des Gummis der Yogamatte kitzelte mich in der Nase. »Aber danke, das werde ich mir merken.«

»Ich trete doch keiner Frau absichtlich auf die Füße.«

Mein Kopf schwang zu ihm, sodass seine dunkelblauen Augen mein Gesicht abtasten konnten. »So habe ich es auch nicht gemeint.«

Ein amüsiertes Lächeln eroberte seine Lippen. Und verdammt, es sah gut aus. Selbst meine Laune hob sich mit der kleinen Geste.

»Manche Frauen machen es auch, weil sie Aufmerksamkeit haben wollen. Deswegen habe ich *fest* gesagt, dann ist es – denke ich – eindeutig.«

Unbeeindruckt sah ich ihm entgegen. »Du musst ganz schön viel von dir halten.«

»Zwei Menschen in diesem Raum wollen mit Sicherheit mit mir ins Bett«, sagte er mit einem Blick auf Ewa.

Ich kotze.

Woher der Mut für meine nächsten Worte kam, stand in den Sternen. Und dennoch waren sie nicht aufzuhalten. »Mit sich selbst im Bett zu sein, gilt aber nicht. Sorry.«

Kopfschüttelnd, aber lachend, stand er auf. Selbst als sein Hinterkopf mir zugewandt war, machte sich seine Überraschung bemerkbar.

Prompt hoben sich meine Mundwinkel. Es ließ sich nicht unterdrücken, weshalb ich mein Gesicht wieder nach unten richtete.

Wie zur Hölle schaffte er es, mich aus der Reserve zu locken?

Kapitel Sechs

Odette

Die Tage verschwammen alle ineinander. Mein Leben bestand ausschließlich aus Tanzen und Schlafen.

Nun verstand ich, wieso Sonja fast immer nur an Ballett hatte denken können. Die Stunden waren hart und wirkten endlos. Der Fakt, dass ich alle Schritte lernen und verinnerlichen musste, machte es mir zudem schwer.

Doch auch Dorian brachte mich um den Verstand.

Ein falscher Schritt oder einen Moment lang die falsche Haltung einzunehmen reichte aus, um ihm ein entnervtes Seufzen zu entlocken. Manchmal fragte ich mich, wieso er mich für die Odile wollte. Ich schien alles falsch zu machen.

Selbst jetzt. Beim Dehnen.

Obwohl es draußen bestimmt schon dunkel war,

saßen wir immer noch im Studio und warteten auf das erlösende Wort: *Geht!*

Aber das kam nicht aus seinem Mund, als er ihn aufmachte. Dafür erklang: »Odette, komm her!« Dazu bekam ich eine lockende Bewegung seines Zeigefingers.

Schluckend stand ich von meiner blauen Matte auf. Dabei beobachtete mich Ewa mit kühlem Blick. Sie hatte es mir immer noch nicht verziehen, dass ich ihr die Rolle weggeschnappt hatte.

Mir war das herzlichst egal.

Was an mir nicht spurlos vorbeiging, waren Dorians Augen.

Seit dem Vorfall im Abstellraum hatte ich mich nicht mehr zu einer solchen Dummheit hinreißen lassen. Seine Nähe verursachte jeden Augenblick ein Feuer in mir. Es war schwer, sich zu konzentrieren. Irgendwie hatte ich es dennoch geschafft, meine kalte Miene aufrecht zu halten.

Bis jetzt.

»Was ist los?«, fragte ich und kam in einem großen Abstand vor ihm zum Stehen.

Augenverdrehend machte er erneut die lockende Geste. »Komm! Du müsstest doch nun wissen, dass ich nicht beiße.«

Das Parkett unter meinen Füßen verschluckte jegliches Geräusch, sodass man denken könnte, dass ich mich keinen Zentimeter gerührt hatte. Aber letztendlich war er nur einen Hauch von mir entfernt, was mir umso deutlicher wurde, als seine Hand leicht über meinen Arm strich.

Ich trug ausschließlich eine Leggins und ein einfaches T-Shirt. Mehr nicht. Seine Berührungen verursachten eine Gänsehaut, die sich binnen Sekunden ausbreitete.

»Näher.«

Und da war es. Das Pochen zwischen meinen Beinen. Gott, ich wünschte, dass seine Hände an einer anderen Stelle wären.

Meine schmerzenden Gliedmaßen folgten automatisch seiner Aufforderung.

»Was ist los?«, fragte ich abermals.

Dorian lehnte sich dicht zu mir. Sein Duft hüllte mich ein, sodass mein letzter klarer Gedanke vollends darin ertrank.

»Mach dich locker«, flüsterte er an mein Ohr und glitt mit seinen Händen über meinen Rücken. »Du bist verspannt. Lass dich fallen. Ich werde dich auch halten, versprochen.«

Ich hätte mich wehren, mich von ihm entfernen sollen.

Doch tat ich genau das, was er mir sagte. Während die anderen weiterhin auf sich fokussiert waren, richteten sich all meine Sinne auf ihn.

Für Außenstehende hätte es wie eine sinnliche Umarmung ausgesehen, doch die kreisenden Bewegungen seiner Finger sandten mit jeder Sekunde Stromstöße durch mich. Der Schmerz, der sich über die vielen Stunden des Balletttanzens angesammelt hatte, ebbte langsam ab.

Mein Gesicht vergrub sich in seiner Schulter, sodass mein Ausdruck versteckt blieb. Jeder hätte meine Gefühle darauf sofort ablesen können.

Genuss, da er mich berührte.

Gefallen, da seine Aufmerksamkeit mir galt.

Lust – auf ihn.

Seine Hände und sein Geruch waren eine Mixtur, die meine Gedanken vernebelte. Mit jeglicher Kraft versuchte ich zu entkommen, schaffte es aber nur, mich einige Zentimeter hochzustemmen. Eine verhängnisvolle

Position. Besonders, da meine Lippen seine Ohrmuschel streiften.

Der Druck in meiner Kehle wurde immer stärker, sodass das Nächste nicht mehr zu verhindern war. Ein leises, tiefes Stöhnen entglitt mir.

Scheiße!

Fuck!

Was ist gerade passiert?

Dorian zog mich näher an sich heran. Die wachsende Wölbung seines Schrittes presste sich hart an meinen Bauch, was mir beinahe wieder ein Stöhnen entlockte.

Ja, er hielt mich. Das hatte er mir versprochen. Und doch fiel ich tiefer denn je. Aber auch Dorians Atem stockte.

»Odette.«

Meine Hände tasteten über seinen festen Bauch, direkt zu seiner Brust. Ich konnte mich nicht mehr zurückhalten. Der Fakt, dass mich Dorian nicht davon abhielt, spornte mich darüber hinaus an.

Unter dem dünnen Wollstoff strotzte er vor Hitze. Sie sprang direkt auf mich über. Obwohl uns Schichten trennten, zeichneten sich die einzelnen Muskelstränge deutlich unter meinen Fingerspitzen ab.

In meinem Kopf entstand bereits ein Bild: Er über mir, während ich ihm diesen verdammten Pulli auszog. Wenn es sein musste, mit den Zähnen.

Nur dieses Mal. Dieses eine Mal ließ ich mich gehen.

Als aber Ewas Kichern durch den Raum schallte, wachte ich aus meiner Trance auf. Ihr Blick war auf uns gerichtet. Sie hatte uns beobachtet.

Mit glühenden Wangen trat ich einen Schritt zurück und schüttelte leicht den Kopf. Dorian hingegen stand immer noch wie angewurzelt da, die Augen auf mich gerichtet.

»Immer für Überraschungen bereit«, murmelte er und machte keine Anstalten, sich von mir abzuwenden.

»Ich glaube, die anderen brauchen Ihre Hilfe.«

Für einen langen Augenblick passierte nichts. Alles schien stillzustehen. Mein flatterndes Herz machte mir aber klar, dass die Zeit weiter ihren Lauf nahm.

Wieder erklang Ewas Lachen, was uns erneut in die Wirklichkeit riss.

Wie von selbst glitt meine teilnahmslose – vielleicht auch trotzige – Fassade über meine wahren Empfindungen und überzog mich mit der gewohnten Kälte. Mein Inneres brannte weiterhin. Aber der Schein musste fürs Erste genügen.

»Ihr könnt gehen«, sagte Dorian und sah mich mit einem überheblichen Blick an. Zwischen uns zuckten nun nicht mehr Flammen, sondern Blitze. »Ihr wart gut. Aber Odette, du bist ein bisschen ... Na ja, wie soll man das sagen? Steif? Arbeite daran.«

Bevor sich irgendjemand aufrichten konnte, rauschte er bereits aus dem Studio.

Dorian war eigentlich immer der Letzte, der den Fuß über die Schwelle setzte.

Dorian

Ich sollte verschwinden. Weg. Zurück in mein Zimmer. Und doch blieb ich hier und wanderte den Gang auf und ab. Wie ein Tiger hinter Gittern, der seine Beute fest im Blick hatte.

Allerdings suchte ich sie noch. Besser gesagt, wartete auf sie – auf die Frau, die mich um den Verstand brachte. Mir war egal, wer sie oder wer ihr verdammter Vater war.

Odette war zu weit gegangen. Eigentlich wollte ich mich von ihr fernhalten, aber sie machte es mir unmöglich. Ihr trotziges Verhalten, welches im Kontrast zu den wenigen Momenten wie im Studio standen, machten mich zu einem Jüngling. Einer, der zu nichts anderem fähig war, als zu vögeln.

Es würde ein phänomenaler Fick werden. Ich würde nie wieder eine andere haben wollen. Nie wieder eine andere Pussy kosten wollen.

Doch die Person, die als Nächstes um die Ecke bog, war nicht Odette. Nein, es war Ewa, welche ausschließlich in ein Handtuch gehüllt war. In ihrem Dekolleté sammelten sich noch einzelne kleine Wassertropfen, die das kalte Licht der Leuchtstoffröhren brachen.

Als auch sie mich erkannte, blieb sie für einen kurzen Moment stehen. Ihr Blick glitt an meiner Gestalt entlang, wobei sich ihre Augen weiteten.

Ewa wollte mich. Schon seit der ersten Begegnung mit mir. Sie suchte nach Aufmerksamkeit, nach jeglicher Reaktion von mir. Eigentlich hätte ich sie schon längst gevögelt. Wenn Odette nicht wäre, wahrscheinlich schon an meinem ersten Abend. Als Willkommensgeschenk an mich selbst.

Jetzt wogen sich Möglichkeiten in meinem Kopf ab.

Ohne zu überlegen, machte ich einen Satz nach vorn, packte sie am Arm und stieß sie in ihr Zimmer. Sie wollte es, auch wenn auf eine andere Weise. Das war mir egal. Gott, mein Schwanz war hart und forderte nach Erlösung.

»Dorian«, rief sie überrascht.

Wenn sie einen Hauch besser schauspielern könnte,

wäre es vielleicht ein bisschen lustvoller gewesen. Dieses Mädchen hatte aber gerade ausschließlich zwei Aufgaben. Mich abzulenken und mir einen Platz zum Abspritzen zu geben.

Ich packte sie im Genick und zwang sie mich anzusehen. Mein Griff war fest, wodurch ein Schatten der Angst über ihr Gesicht lief. So gefiel es mir um einiges besser.

Mit einem Ruck riss ich das Handtuch von ihrem Körper, der sich in meiner Fantasie anders abgezeichnet hatte. Kein Wunder, meine Gedanken drehten sich um eine andere Frau, die sich tief in mein Gehirn gefickt hatte.

Ihre Überraschung verwandelte sich in Willenslosigkeit, welche ich schamlos ausnutzte. Ich schubste sie auf das schmale Bett und drehte sie auf den Bauch. Ihr Hintern streckte sich mir entgegen, was mir ein bitteres Lachen entlockte. Es war so vorhersehbar.

»Was machst du jetzt?«, krächzte Ewa, da ich noch nichts gesagt hatte.

Das laute Ratschen des Reisverschlusses meiner Hose war eigentlich schon Antwort genug, doch sagte ich: »Das, nach dem du dich seit dem ersten Blick auf mich sehnst.«

Zitternd rollte ich das Kondom, welches zuvor in meiner Hosentasche gesteckt hatte, über meinen Penis und spreizte ihre Pobacken. Es würde keinesfalls ihren Vorstellungen entsprechen, dafür würde ich sorgen.

Kein Gleitgel, keine ordentliche Vorbereitung auf meine Größe. Mit der Spitze an ihrer Rosette drang ich gewaltsam in ihren Arsch ein und keuchte auf. Ihre Wände umschlossen mich wie eine Faust, wobei ihr ein schmerzerfüllter Laut entfloh. Mein Schwanz arbeitete sich in ihr vor, bis ich zum Anschlag in ihr war.

Ein gleißender Schrei kam aus ihrem Mund.

»Soll ich aufhören?«

»Nein!«, schrie sie.

Meine Hand glitt zwischen ihre weichen Brüste und zog sie dicht an mich. Es machte die Stöße nicht weniger kraftvoll, aber erlaubte mir, meine Hand auf ihren Mund zu pressen.

»Wir wollen doch nicht, dass das jemand hört«, flüsterte ich und begann mich erneut in ihr zu bewegen.

Ich achtete nicht darauf, ob ich ihr wehtat. Mein Ziel war zu kommen, um endlich den Druck abzulassen. Und sie war das perfekte Ventil. Meine Hose lag um meine Hüften, sodass der Stoff ihre Haut aufrieb. Das war allerdings nicht der Grund der heißen Tränen, die meine Hand benetzten.

Je öfter meine Hüften zuckten, desto leiser wurde das bittere Schluchzen. Ich war grob, dennoch genoss sie diesen Schmerz. Alle taten es. Sie war wie alle anderen – nahm alles, was sie von mir bekam.

Als ihre Hand zu ihrem Kitzler wanderte, ließ ich von ihrem Mund ab und packte ihr Handgelenk. Hierbei ging es nicht um ihre Lust, sondern um meine. Das sollte dieses Gör langsam verstehen.

»Bitte!«

»Nein«, brummte ich und packte erneut ihre Hüften. Zu ihrem Glück blieb sie in der Position, in der ich sie brauchte. Die Stöße wurden unkontrollierter und fester, bis sich aus meiner Kehle ein gepresstes Stöhnen löste. Mein Samen spritzte ausgiebig in das Kondom, bis ihre Muskeln auch den letzten Tropfen aus mir gepumpt hatten.

Schweratmend zog ich mich aus ihr heraus und streifte das Gummi ab. Das Reh hingegen lag zitternd auf der Matratze und machte es sich selbst. Auf mich schien sie gar nicht mehr zu achten, denn ihre Finger glitten über ihre Perle und sie stöhnte dabei in das Kopfkissen.

Letztendlich waren wir, trotz des Leids, welches wir über die Welt brachten, immer noch Wesen der Lust. Niemand konnte ihr entkommen.

Obwohl ich den Anblick einer Frau, die sich vor mir wandte, genoss, packte ich meine Sachen und schlüpfte aus der Tür. Gott sei Dank befand sich niemand im Gang. Niemand, der mich aus dem Zimmer einer Schülerin gehen sah.

Ich musste mich schleunigst duschen. Der zuckersüße Geruch von Ewas Duschgel hing an meiner Haut. Doch natürlich lief in diesem Internat nichts nach Plan, denn als ich um die nächste Ecke bog, trat Odette aus einer Tür und drehte sich prompt in meine Richtung.

Ich erstarrte in meiner Bewegung. Auch sie schien wie festgewurzelt zu sein. Fragend legte sich ihr Kopf schief, wobei einzelne, goldene Strähnen ihre Lippen streiften.

Es ließ mich wieder hart werden.

Wie zur Hölle war das möglich?

Ich hatte mir gerade erst den Schädel aus dem Kopf gevögelt und war schon wieder bereit. Für sie. Um sie in ihr Zimmer zu zerren und zu nehmen, bis sie sich wie Ewa zuletzt gewunden hätte.

Schnell versuchte ich die Beule in meiner Hose mit meinem Jackett, das in meiner Hand hing, zu verstecken.

Der Sex hatte nichts gebracht. Er hatte genau genommen das Gegenteil bewirkt.

»Sie wissen, dass Sie sich im Schlaftrakt der Mädchen befinden?«, fragte sie gelangweilt und kam gemächlich auf mich zu. Ihre dünne Gestalt steckte in einer weiten Jogginghose und ihre Brüste wurden von einem schwarzen Kapuzenpullover versteckt.

Fuck, selbst in den Schlabberklamotten sieht sie heiß aus.

»Wie oft soll ich dir noch sagen, dass du mich Dorian nennen sollst, *mon petit cygne.*«

»*Monsieur Pécheur*«, fauchte sie und kam nun direkt vor mir zum Stehen. »Wenn *Sie* nicht aufhören mich so zu nennen, dann—«

»Dann was? Was machst du dann, Odette?«

Mich katapultierte es wieder ins Studio, als sie leise in mein Ohr gestöhnt hatte. Es war erst heute Nachmittag gewesen und dennoch fühlte es sich wie eine Ewigkeit an.

Ich warf das Jackett, in dem das benutzte Kondom war, zu Boden und überbrückte die restliche Distanz zwischen uns. Mir war es egal, ob mein Schwanz sichtlich nach ihr bettelte. »Gehst du dann zu Papa und sagst ihm, dass ich dich bei einem dämlichen Spitznamen nenne?«

Ein Lachen entfuhr mir.

Mit jedem Schritt, welchen ich auf sie zuging, wich sie einen zurück, bis ihr Rücken gegen die Wand stieß. Die restlichen Schüler waren weiterhin beim Abendessen, was mich leichtsinnig machte.

Gott, ich war im Studio schon leichtsinnig gewesen.

Eine Hand stützte sich gegen die Wand direkt neben ihren Kopf, während meine andere die dünne Haut ihres Halses nachfuhr. Sie war weich, zu weich, um mich länger im Zaum zu halten.

Ihre Lippen teilten sich und sogen scharf die Luft ein.

Hau ab, du Idiot! Lass sie in Ruhe und geh wieder zu der kleinen und vögle sie, bis ihr beide nicht mehr laufen könnt.

Tja, leider ging mir meine innere Stimme am Arsch vorbei.

»Sag es mir!«

»Das hier geht zu weit«, zischte sie, aber machte keine Anstalt mir zu entkommen.

»Denkst du wirklich, das heute im Studio hat kein Nachspiel? Denkst du, dass ich mich von dir fernhalten kann?«

»Das sollten Sie.«

Ihre Stimme war nichts weiter als ein Hauch. Zart liebkoste ihr stockender Atem meine Finger, die nach oben wanderten – zu ihren Lippen. Mein Daumen strich die Kontur ihres Lippenherzes nach. Samtig. Warm. Nur ein Bruchteil, nach dem ich mich sehnte.

»Ich kann aber nicht«, flüsterte ich und näherte mich nun Stück für Stück ihrem Gesicht.

Ehe ich überhaupt in die Nähe ihres Mundes kam, entfloh mir ein schmerzerfülltes Stöhnen. Intuitiv trat ich einen Schritt zurück und sah die Frau vor mir ungläubig an.

»Fest«, murmelte sie.

Odette hatte mir auf den Fuß getreten – so, wie ich es ihr geraten hatte.

Mein Mund brachte keinen Ton hervor. Ein Teil von mir musste wahrscheinlich immer noch verarbeiten, was gerade passiert war.

Das nutzte sie, denn kaum einen Augenblick später, war ihr schönes Ebenbild nicht mehr in meiner Sichtweite.

Kapitel Sieben

Odette

»Was ist das?«, fragte Dorian und riss mir die Tablettenschachtel aus der Hand.

Schon als meine Fußspitze die Schwelle des Studios übertreten hatte, schlug mir seine schlechte Laune entgegen. Jeden hatte er über den Tag ignoriert, während ich seine volle Bandbreite zu spüren bekam.

Sicherlich wegen gestern Abend. Ich war so kurz davor gewesen nachzugeben. Woher die Kraft kam, mich von ihm loszureißen, war ein Mysterium. Irgendwann würde aber auch meine Selbstbeherrschung an ihre Grenzen kommen.

»Die Pille.«

»Wieso?«

Ich schnappte nach der Packung. Mein Sexleben florierte zwar nicht, aber sie verhinderte, dass ich meine Tage bekam. Bei meiner ersten Periode hatte ich wegen meiner Schmerzen ins Krankenhaus gemusst, sodass mir keine andere Möglichkeit übrigblieb. Das brauchte ihn aber nicht zu interessieren.

»Ich wüsste nicht, was Sie das angehen sollte.«

Ich strich mir die gelösten Strähnen aus meinem schweißbenetzten Nacken und sah zu ihm auf. Obwohl die täglichen Sonnenstrahlen – wenn sie überhaupt auftraten – sich kaum auf der Haut bemerkbar machten, strahlte Dorians in einem braunen Gold. Selbst das kühle Licht drückte die Wirkung nicht. Es war wunderschön.

Die Pheromone, welche er versprühte, waren zu stark für mich.

»Du starrst«, sagte er, wobei sich kleine Fältchen auf seiner Stirn bildeten.

»Nein.« Schnell wandte ich mich ab und sah den anderen hinterher, wie sie sich auf den Weg zum Abendessen machten. Iwan und ich blieben hier. So verlief es in den letzten Wochen manchmal. Wir mussten länger als die anderen vier proben.

Wie von selbst ergriff ich Iwans Hand und wartete, bis die Musik startete. Je schneller wir das hinter uns brachten, desto früher würde ich mich von seinen mentalen Klauen befreien können.

Der Tanz bestand ausschließlich aus Bewegungen, die von meinen Gedanken überschattet wurden. Mit jeder Drehung geriet ich ein bisschen mehr ins Straucheln, sodass der aufkommende Schwindel mich aus dem Konzept brachte. Aber war es wirklich der Schwindel? Oder waren es die Augen, die an meinen Nerven nagten? Egal was es letztendlich war, es hatte zur Folge, dass ich sogar bei der letzten Pose nicht bei der Sache war.

Dorian merkte es natürlich.

»Das war schlecht. Strengt euch das nächste Mal besser an. Wir sind hier fertig. Und jetzt geht!«, knirschte er und ging zur Stereoanlage. Es war ein Wunder, dass seine Stimme kein einziges Brüllen war. Das, was Iwan und ich abgeliefert hatten, war beschissen. Besser konnte man es nicht beschreiben.

Ich war kurz davor, den Raum zu verlassen, als Dorian mich mit einem Wort ins Stocken brachte.

»Odette?!« Mein Blick glitt zu meinem Tanzpartner, der selbstgefällig die Hand hob und verschwand. »Ich habe nicht mit dir gesprochen. Dein Solo probt sich nicht von selbst.«

Wie konnte ich das vergessen?

»Heute wird das doch sowieso nichts mehr«, murmelte ich, aber kehrte zurück vor den Spiegel.

»Wieso?«

Dorian kam zu mir und stellte sich dicht hinter mich. Am liebsten hätte ich einen Schritt nach vorn getan. Diese Nähe. Dieser Geruch. Es hüllte mich in eine Decke ein, von der ich mich nicht befreien konnte. »Was ist das Problem?«

»Ich kann es nicht.« Seine Reaktion entging mir, da meine Lider geschlossen waren. Meine Augen hätten sich nicht von ihm lösen können, sodass ich vorzog, nichts zu sehen.

»Mach deine Augen auf, Odette!« Seine Hände glitten von meinen Schultern, über die Arme bis hin zu meinen Händen. Erst als sie dort angelangt waren, ging ich seiner Forderung nach.

Dorian hatte den Kopf leicht schräg gelegt. Die kleine Berührung in meinen Handflächen löste eine Brandspur aus, die sich einen Weg in mein Inneres fraß.

Verloren, das war ich. Es gab keinen Ausweg mehr.

»Wieso?«, fragte er abermals.

»Ich kann mich nicht konzentrieren.«

Ein Lächeln trat auf seine Lippen. Er wusste es. Natürlich war ihm klar, welche Wirkung er auf mich hatte. Seine dichten, schwarzen Wimpern streiften seine hohen Wangenknochen, da sein Blick träge war. Als würde er in Genuss schwelgen.

Mit einer Hand hob er meine in die Luft und zog mich mit seiner anderen an sich. Seine Lippen waren mir nun so nah, dass sie die empfindliche Haut meiner Ohrmuschel streiften.

»Wenn du tanzt, folge mit deinem Blick immer deiner Hand. Fokussiere ihn aber nicht darauf, sondern auf deine Fingerspitzen. Es verbessert zum einen deine Haltung, zum anderen hast du damit einen Punkt, der sich niemals ändert.«

»Okay.«

Sein heißer Atem traf meinen Nacken. »Einen Tipp habe ich noch für dich.«

»Und der wäre?«, fragte ich stockend und versuchte zu ignorieren, dass seine Hand tiefer wanderte. Von meinem Rippenbogen zu meinem Unterbauch. Langsam, als würde er sich jeden verdammten Zentimeter einprägen wollen.

»Tob dich aus.« Der Ton von Dorians Stimme wurde eine Oktave tiefer. Mein Arm hing weiterhin in der Höhe, während sein Kopf sich weiter neigte, bis mein Hals seinen Lippen ausgeliefert war. Das Bild unserer aneinander gepressten Leiber war himmlisch. Die milchige Farbe meiner Haut stand in einem perfekten Kontrast zu der Seinen. »Es ist nicht vorteilhaft, wenn man an nichts anderes denkt als die eigene, unerfüllte Lust. Du musst mal wieder richtig gevögelt werden.«

Bevor ich das Offensichtliche abstreiten konnte, wanderte Dorian tiefer, bis er an meiner Scham angekommen war. Ich hatte die Kontrolle über meinen Verstand verloren. Wimmernd versuchte ich, mich seinen Fingern entgegenzudrücken, um den Druck zu erhöhen, was ihm ein raues Lachen entlockte.

»Wehe du trittst mir jetzt auf den Fuß.«

»Nein.«

»Habe ich recht, dass du jemanden brauchst, der dir das gibt, nach dem du dich sehnst?«, fragte er und ließ seine Zunge über die pochende Halsschlagader schnellen.

Ich war nicht nur verloren. Ich befand mich inmitten der Hölle, mit meinem persönlichen Peiniger.

Wir waren allein, niemand würde heute dieses Studio betreten, was uns alle Zeit der Welt gab. Und er nahm sie sich. Sein Daumen zog träge Kreise um meine Klitoris, welche immer noch von zwei Stoffschichten bedeckt war.

»Dorian.« Es war eine Bitte nach mehr. Eine Bitte nach Erlösung. Mir war egal, wer er war oder wo wir uns befanden. Unsere Umgebung verwandelte sich in eine Blase, in der ausschließlich er und ich existierten.

»Odette, soll ich ...?« Er brach mitten im Satz ab, denn seine Finger ertasteten plötzlich die Nässe, die sich binnen Sekunden ausgebreitet hatte.

Als hätte dieses Gefühl ihm einen Stromschlag gegeben, nahm er meinen Arm aus der Luft, um auch mit seiner anderen Hand zwischen meine Beine zu greifen. Beide schoben sich unter den Body und zerrissen die dünne Strumpfhose.

»Bitte«, ächzte ich und hielt mich an seinen Armen fest. Doch was wünschte ich mir überhaupt? Dass er weitermachte oder aufhörte?

Diese Frage nahmen mir seine Finger ab. Bei der ersten Berührung an meiner Scham durchfuhr mich ein Gefühl, von dem ich geglaubt hatte, nur ich könnte es in mir entfachen.

»Ich habe dich doch noch gar nicht richtig berührt, *mon petit cygne.* Und doch bist du schon so feucht«, sagte Dorian, als er das Ausmaß meiner Feuchtigkeit bemerkte. »Sieh dich an.«

Mein Blick war aber auf sein Spiegelbild gerichtet. Hölle oder Himmel, seine Konturen brannten sich tief in mein Gedächtnis. Die gebräunte Hand zwischen den weißen Schichten meiner Kleidung und meiner rosigen Perle.

Seine Lippen wanderten über meinen Hals, während er immer wieder zwischen meine Schamlippen strich. Nie so weit, wie ich es brauchte.

Wieder flüsterte ich seinen Namen, wobei meine Hand über seinen Oberschenkel wanderte. Der weiche Stoff, die starken Muskelstränge.

Mein Verstand verließ mich nun vollkommen.

Der leise Laut meinerseits wurde schnell zu einem tiefen Stöhnen, denn Dorian schob endlich einen Finger in mich. Krampfhaft schlossen sich meine Muskeln um ihn und meine Hüften zuckten, um die kleine Reibung zu erhöhen. Als seine andere Hand zu meinem Kitzler wanderte, verwandelte ich mich in einen glühenden Feuerball.

Ein Blick auf ihn reichte und mir wurde bewusst, dass das Feuer auch in ihm brannte. Dorian versuchte es zu verstecken, schaffte es aber nur bedingt.

Die Stöße wurden immer schneller und ließen mir keine Möglichkeit, mich daran zu gewöhnen. Dorians Atem ging stockend. Genauso wie meiner. Er forderte nach meinem Orgasmus.

»Ich kann's kaum erwarten, mit meinem Schwanz in deine kleine Spalte zu stoßen. Und ich weiß, dass du dich auch schon darauf freust. Zeig es mir, Odette. Zeig mir, was du willst.«

Genau das tat ich. Ich war es leid, länger an mich zu halten. Hemmungslos kam ich seinen Händen entgegen und rieb mich im gleichen Atemzug an seinem Schritt.

Mir war bewusst, welche Wirkung mein Körper auf ihn hatte. Schon vor diesem Tag. Sein Glied lag heiß und hart in meinem Rücken. Die Gedanken nach unserer ersten Begegnung waren wahr gewesen. Er würde mich zerreißen. Und ich würde es genießen.

»Dorian.« Ich stürzte über die Klippe meiner Empfindung. Das Blut rauschte in meinen Ohren, was meine lustgeschwängerten Töne dämpfte. Zumindest für mich.

Ob ich Minuten oder wenige Sekunden in seinen Armen lag, ging vollkommen durch das Zucken meiner Gliedmaßen unter.

Dorian senkte mich auf den Boden und zog seine Finger aus mir. In seinen Augen stand ein Verlangen, was mich nach mehr lechzen ließ. Wenn er mir hier und jetzt das restliche Stück Stoff, welches mich nun wieder bedeckte und meine zerfetzte Strumpfhose kaschierte, beiseiteschob und mich vögeln würde – ich hätte nichts dagegen. Um genau zu sein, sehnte ich mich nach seiner vollen Größe in mir.

Leider passierte das nicht.

»Wenn du das nächste Mal zum Training kommst, bist du gefälligst konzentriert und gefickt«, sagte er und stand auf. Er blickte auf meinen ermatteten Körper hinab, während er seine Klamotten richtete.

Und dann – dann ging er. Ohne ein weiteres Wort. Ohne eine weitere Berührung.

Der Spiegel, welcher wenige Millimeter von meiner

Nase entfernt war, überzog sich mit einem feinen Nebel. Mein heißer Atem verebbte erst, als auch mein Puls seinen normalen Rhythmus zurückbekam. Damit wurde aber auch die Sicht auf mich wieder klar.

Ich, zerstört auf dem Boden, während die letzten Wellen des Orgasmus durch meine Nerven rauschten.

Ich, allein.

Dorian

Blind stolperte ich in die bedeckte Nacht. Die eisige Luft zerrte an mir, und doch vertrieb selbst die nicht die Lust, welche tief in mir steckte.

Mir war klar, dass es eine Frage der Zeit gewesen war. Aber Odette auf diese Weise zu spüren, hatte anscheinend meine Gehirnzellen durchbrennen lassen. Nichts, außer ihrem Gesicht beim Orgasmus und das Zucken der Muskeln um meine Finger, existierten.

Es machte keinen Sinn, mich länger in den gekünstelten Fesseln zu halten, denn egal wie sehr ich mich bemühen würde, es wäre nicht genug. Sie zu fingern war der Tropfen, welcher das Fass schließlich zum Überlaufen gebracht hatte.

Es hatte nicht viel gefehlt und ich hätte Odette an Ort und Stelle gevögelt. Die verfickten Klamotten von ihrem Leib gerissen und meinen Schwanz in sie getrieben. Wie sie sich an mir gerieben hatte. Selbst jetzt brachte mich die Begierde nach ihr um.

Zu fliehen war ein Schritt, der nötig gewesen war. Ich

durfte sie nicht vögeln. Nicht Vladimirs Tochter. Doch ich wollte es. Und wenn mein Fuß erneut die Schwelle zum Internat überschritt, war es eine Frage von Minuten, bis ich mich in ihr befand.

»Dorian, wir haben ein Problem«, sagte eine Stimme hinter mir.

Konstantin.

Er sah so aus, wie ich ihn das letzte Mal gesehen hatte – an dem Tag, an dem ich hier angekommen war. Sein dunkelblondes Haar, welches ihm beinahe bis auf die Schulter reichte, war zu einem Knoten gebunden. Lediglich eine Jeans und ein schwarzes, langärmliges Oberteil spannten sich über seine schlanke Gestalt.

Wie lange war das nun schon her? Um ehrlich zu sein, hatte ich keine Ahnung. Und wieso zur Hölle war ihm nicht kalt?!

»Nicht der richtige Zeitpunkt«, knurrte ich und sah zu dem Gebäude empor. Ob Odette immer noch im Studio war? Oder zog sie sich bereits zum Abendessen um?

»Sie hat einen meiner Männer umgebracht.« Er packte mich am Arm und lenkte meine Aufmerksamkeit auf sich. »Dorian, *sie* ist hier. Zumindest war sie es. Das Problem ist, dass wir einen Mann zu wenig haben. Eine Sicherheitslücke.«

Sie war hier. Das, was wir provozieren wollten. Der einzige Grund, der mich hier halten sollte.

»Gage?« Ich kannte kaum jemanden von Konstantins Truppe, doch Gage war ein Freund. Neben Konstantin und Alexander hatte ich davon nicht viele.

»Nein. Du kennst ihn nicht. Er war neu und zu jung.«

Jung. Waren wir das nicht alle? Selbst Konstantin

war erst 23. Sein Verhalten ließ ihn um einiges älter wirken.

»Und jetzt?«

Müde strich er sich über das Gesicht. Der Mann hinter seiner Fassade blitzte für eine Sekunde auf. Eine Person, welche nicht oft zutage trat. »Nach Moskau. Was wir dann machen, werden wir sehen.«

»Besser gesagt, Alexander wird es sehen, oder?«, knurrte ich, schüttelte jedoch die aufkommende Wut sofort ab. Jetzt war nicht der richtige Zeitpunkt dafür.

»Hast du deinen Autoschlüssel hier?«

»Ja.«

»Gut, dann fahren wir. Jetzt sofort.«

Erneut glitt mein Blick über die alte Fassade. »Kann ich ...«

»Nein. Jetzt, Dorian.«

Konstantin wollte keine Widerworte hören. Viele in der Hauptstadt hatten Angst vor ihm. Für mich war er sowas wie ein Bruder, doch selbst ich wollte sein Gemüt nicht reizen.

Mit Odettes Saft, der weiterhin an meinen Fingern klebte, stieg ich ins Auto. Es würde eine lange Autofahrt werden – also eine riesige Distanz zwischen mir und diesem Ort.

Keine Zeit, um meiner Lust freien Lauf zu lassen.

Verdammt, ich konnte mir nicht mal einen runterholen. Mich selbst berühren, mit einer Fantasie von ihr vor den Augen. So wie in den letzten Wochen. Ihr frecher Mund um meinen Schaft. Ihre Zunge, wie sie das Nervenbündel meiner Eichel reizte. Ihre Muskeln, die sich unkontrolliert zuckend um mich schlossen.

Jetzt aber sah alles anders aus. Es war nun nicht länger eine kleine Fantasie. Ihr Orgasmus hätte mich beinahe in meiner Hose kommen lassen. Ohne, dass Odette mich großartig berührt hatte.

Meine Gedanken drehten sich nicht um das frisch genommene Leben oder um meine Sicherheit. Es spukten vollkommen andere Bilder in meinem Kopf. Szenen, die sich wortwörtlich in mich gefickt hatten.

Kapitel Acht

Odette

Wo zur Hölle war er?

Unruhig rutschte ich auf dem Stuhl hin und her, während mein Blick immer wieder zu der Tür des Speisesaals glitt.

Fast alle Schüler hatten bereits mit ihrem Abendessen abgeschlossen und einen Weg in einen der Aufenthaltsräume gesucht. Mit mir waren hier nur noch Herr Bolschakow und die Küchenangestellten, welche die Tische säuberten.

Als mein früherer Russischlehrer seinen Stuhl zurückschob, sank mein Herz. Ein bitteres Lächeln glitt über meine Lippen. Doch was hatte ich mir eigentlich gedacht? Dass er es wiederholen wollte? Die Antwort auf diese Frage hatte er mir quasi entgegengeworfen, als er mich allein gelassen hatte.

Es hatte einiges an Kraft gekostet, mich aufzurappeln

und in mein Zimmer zu gehen. Als wäre nichts passiert. Als hätte ich nicht gerade den besten Orgasmus meines Lebens bekommen. Die, die ich mir selbst machte, waren im Gegensatz dazu ein fader Abklatsch. Mit diesem Wissen würde ich sie wohl nie wieder so wie früher genießen können.

»Odette?« Herr Bolschakow riss mich wieder ins Hier und Jetzt. Seine Schultern hingen müde gen Boden, dennoch rauschte eine Energie durch seinen Körper, die ihn rastlos machte. »Ist alles in Ordnung?

»Ja«, murmelte ich und straffte meine Haltung. »Wollen Sie etwas Bestimmtes?«

Nickend faltete er die Hände. »Dorian – äh, Monsieur Pécheur – muss für ein paar Tage zurück nach Moskau. Er kommt erst in zwei Tagen wieder. Keine Ahnung wieso. Wie Sie wissen, kenne ich mich nicht aus mit diesem ganzen Ballettzeugs. Aber ja, na ja, wenn Sie den anderen Ihrer Truppe Bescheid sagen könnten, wäre ich sehr dankbar.«

Verwundert schnellten meine Augenbrauen in die Höhe.

Er war wo? Wieso?

Bevor die Fragen aus mir geschossen kamen, klingelte sein Handy. Ein penetranter Klingelton, der mich davon abhielt, überhaupt ein Wort zu sagen.

»Also, Sie sagen den anderen Bescheid?«, fragte er, aber wartete nicht ab, bis ich antwortete.

Von der Nachricht erstaunt, kreisten meine Gedanken nun umso mehr. Die Flut überwältigte mich derart, dass ich sogar noch starr dasaß, als selbst die Angestellten schon gegangen waren.

Keine Ahnung, wie viel Zeit bis dahin vergangen war. Ich konnte nur an eins denken: An Dorian in Moskau. In der Hauptstadt.

Hatte es etwas mit dem Ensemble zu tun?

Eine Idee kam mir in den Sinn, welche ich aber sofort abschüttelte. Das war dumm und kindisch. Meinen Vater anzurufen und nachzufragen, was los war, war zu viel des Guten.

Kopfschüttelnd machte ich mich auf den Weg zum Aufenthaltsraum. Ablenkung, das war nun das wirksamste Mittel.

Odette, er hat dich einmal befriedigt. Mehr nicht.

Als ich schließlich im Türrahmen des Raums ankam, stand eines fest. Es würde sich um das erste, aber auch um das letzte Mal gehandelt haben.

Mit diesem Vorsatz schob ich weitere Einwände in eine abgelegene Ecke und richtete meine Aufmerksamkeit vor mich. Es war einer der wenigen Plätze im Haus, der bequem eingerichtet war. Sofas, dicke Teppiche, alles war vertreten. Und dennoch blieb ich dem Raum meist fern. Genau dieser Grund starrte mir jetzt wieder entgegen.

Schüler, wohin das Auge reichte.

Sie tuschelten, lachten und machten irgendeinen Quatsch.

Heute war es aber das kleinere Übel.

Ich setzte mich an einen Computer, der sich abseits der restlichen Anwesenden befand. Zum einen, da mich ihre Gespräche nicht interessierten, zum anderen, da meine Internetrecherche nicht für fremde Augenpaare bestimmt war.

In die Suchleiste gesellten sich Buchstaben, die einen gewissen Namen formten.

Dorian Pécheur.

Es war kein Teil meiner Abmachung mit mir selbst gewesen, nicht zu recherchieren. Irgendetwas stimmte an dieser ganzen Sache nicht. Und, verdammt, es nagte an mir.

Eine unheimliche Anzahl von Artikeln ploppte auf dem Bildschirm auf, sodass mir nichts anderes übrigblieb, als wahllos einen anzuklicken.

Keiner davon offenbarte mir etwas Neues. Meistens war es ein Bericht über das Ballettensemble in Moskau mit einem Foto von ihm und einer atemberaubenden Frau an seiner Seite. Immer eine andere. Die Faust, welche sich bei der ersten um mein Herz geschlossen hatte, lockerte sich damit aber nicht.

Dennoch wurde ich weiter in einen Sog gezogen, sodass am Ende dutzende Fenster geöffnet waren.

Bei einem blieb mein Verstand schließlich hängen. Er stammte aus einer lokalen Zeitung. Allein der Titel ließ mich Schlucken.

Drogenskandal: Zwei tote Schüler – Geschichte wiederholt sich.

Am gestrigen Morgen wurden zwei Schülerinnen tot aufgefunden. Wie die örtliche Polizei bekannt gibt, ist die Todesursache eine Überdosis der Droge Kokain.

Bereits vor 30 Jahren hat es einen solchen Vorfall an dieser Ballettschule gegeben. In dieser Nacht ist ausschließlich ein Junge gestorben, wobei jetzt zwei junge Frauen aus gutem Hause der Droge zum Opfer gefallen sind.

Eltern sind besorgt – fürchten einen weitgehenden Umlauf des Kokains, welches potenziell auch die jungen Schüler erreichen könnte.

Werden sich diese Vorfälle nun häufen oder bekommen die Lehrer ihre Schule wieder unter Kontrolle?

Immer wieder fuhren meine Augen über die Wörter.

Drogen.

Kokain.

Drogenmissbrauch.

Das Bild der beiden stach in mein Auge. Das weiße Pulver, welches vom Wind aufgeweht wurde. Das Blut, welches ihre grauen Lippen wieder zum Leben erweckte.

Sonja, die ich in den letzten Wochen vergessen hatte.

Sonja, die tot war, während ich mir Gedanken um einen Mann machte.

Sonja, deren Rolle ich ohne Weiteres genommen hatte.

Fuck!

Die Drogengeschichte nahmen die Gerüchte wieder auf. Selbst andere Zeitungsberichte sagten das. Außerdem wurde wiederholt auf den ähnlichen Vorfall vor 30 Jahren verwiesen, von dem ich keine Ahnung hatte. Es war das erste Mal, dass mir davon zu Ohren gekommen war.

Als ich aber danach suchte, war nichts zu finden. Keine alleinstehenden Artikel in irgendwelchen Onlinearchiven oder irgendeinen anderen Verweis. Nichts – fast wie eine erfundene Geschichte.

Wieder etwas, was keinen Sinn ergab. Wieso sollten Journalisten sich kollektiv etwas zusammenspinnen, was nie passiert war? Eine Möglichkeit bestand jedoch. Man versuchte, es zu vertuschen.

Bei dem nächsten Klick leuchtete ein Fenster mit einem roten Ausrufezeichen auf.

»Fuck«, murmelte ich und starrte auf die Meldung.

Keine Internetverbindung.

Mein Kopf schwang zu der großen Wanduhr und ich bemerkte, dass es noch eine halbe Stunde bis zur Nachtruhe war. Der Aufenthaltsraum hatte sich geleert. Ich war die Einzige, die vom Bildschirm angeleuchtet wurde. So wie zuletzt beim Essen – nur mit anderen, sprudelnden Gedanken.

Müde schob ich den Stuhl zurück.

Heute war schlichtweg zu viel gewesen. Der Tag hatte mich zuerst aus der Wirklichkeit gerissen und danach sofort wieder hinein katapultiert.

Ruhe, das würde mir bestimmt guttun.

Bevor ich diese bekam, lief mir auf dem Weg in mein Zimmer Iwan entgegen. Sein Haar war feucht und er roch nach Duschgel. Keines Weges unattraktiv, aber nicht der Mann, welcher sich in meinen Kopf gebrannt hatte.

»Odette«, sagte er und nahm mich beim Arm. »Können wir kurz reden?«

Ungeniert entzog ich mich ihm. Wie kam er auf die Idee, mich einfach anzufassen? »Jetzt nicht. Aber eine Sache wäre da.« Wenn er schon mal da war, musste man das Beste daraus machen. »Dorian ist für ein paar Tage in Moskau. Kannst du den anderen Bescheid sagen? Du hast einen besseren Draht zu Ewa.«

Eine Erwiderung lag ihm bereits auf der Zunge, was ich ignorierte. Es war hart, doch er musste endlich verstehen, dass mein Interesse nicht weiter bestand. Wir hatten einmal Sex gehabt. Keine Freundschaft. Nichts.

Aber war das bei Dorian nicht genauso? Wir kannten uns kaum. Dennoch war es bei ihm anders. Die körperliche Anziehung war vom ersten Moment an präsent gewesen, als wäre es praktisch vorbestimmt.

»Odette …«

Ich drehte mich um und schlurfte weiter in Richtung meines Zimmers. Ich hatte keinen Nerv für ihn übrig. Nicht heute. Es ging zwischen uns beiden immer wieder um dieselbe Sache. Und ich wollte das nicht. Wann würde er das endlich verstehen?

Es war letztendlich nicht er, der mich in den Schlaf verfolgte. Es waren andere Dinge, die seine Gestalt verblassen ließen.

Schreckliche und begehrenswerte zugleich.

Kapitel Neun

Odette

Mit in den Taschen vergrabenen Händen streifte ich durch die Straßen der nächstgelegenen Stadt. Sie war klein, beinahe idyllisch. Ein kleiner Fluss, welcher eine dünne Eisschicht auf der Oberfläche trug, wand sich am Rande der einzelnen Häuser, während riesige Eiszapfen von den Dächern hingen.

Es war ein Einfaches gewesen, mich in den nächsten Bus zu setzen und hierher zu fahren. Uns war es erlaubt, wenn man volljährig war, tagsüber den Grund des Internats zu verlassen. Mit einer Genehmigung von einem Lehrer natürlich, aber diese hatte ich sofort von Herr Bolschakow bekommen. Neuerdings tat er alles mit einem wegwerfenden ›Ja‹ ab. Der Stress mit der Presse, gepaart mit seiner schwangeren Frau, ging ihm an die Nieren.

Die kalte Luft und der Wechsel der Umgebung

halfen letztendlich auch nicht, meine Gedanken zu sortieren. Genau das war nämlich meine Intention dahinter gewesen. Endlich einen freien Kopf zu bekommen und für einen kleinen Moment in Sorgenlosigkeit zu schwelgen. Aber selbst jetzt schweifte er zu Sonja und Nadia ab. Zu Dorian, der wieder in der Hauptstadt war. Zu all den Geheimnissen, welche die Verzweigungen einer Schneeflocke hatten.

Nein, es half rein gar nichts. Außer, dass ich nun nicht mehr im Gebäude war, in dem all das anscheinend seinen Ursprung hatte.

Ziellos irrte ich durch die Straßen. Schnee verfing sich in meinem Haar und tränkte es binnen Sekunden. Es war mir egal.

Ich machte vor einem Schaufenster halt, stellte aber sofort fest, dass ich ausschließlich die Spiegelung von mir ansah. Was sich darin befand? Ich hätte es nicht sagen können. Das Einzige, was sich abzeichnete, waren meine Konturen. Wie ein Spiegel. Er zeigte ausschließlich die Oberfläche.

Alles wirkte normal. Mein Gesicht war das Gleiche. Meine Figur hatte sich kaum verändert. Selbst der Ausdruck ähnelte dem, welcher mir bekannt war.

In der Realität hatte sich einiges geändert.

So wenig Zeit, so vieles anders.

Ich wandte mich ab und streifte zu einer schneebedeckten Bank. Der dicke Mantel wehrte die Kälte ab, dennoch breitete sich eine Gänsehaut auf meinen Armen aus.

Um mich herum waren viele Menschen. Sie liefen in Strömen an mir vorbei, wobei jeder nur Augen für sich selbst hatte. Es wiegte einen in Sicherheit, aber gleichzeitig in Vergessenheit. Niemand würde bemerken, wenn ich von der einen auf die andere Sekunde verschwinden würde.

Zumindest kam es mir so vor.

In Wahrheit entsprach es nicht der Wirklichkeit.

Eine Gestalt stand an der Ecke einer nahen Gasse und fixierte mich mit ihren Augen. Sie war in unzählige Schichten gekleidet, was die wahre Identität versteckte. Selbst als ich zurückstarrte, wandte sie sich nicht ab.

Stockend stand ich auf und näherte mich ihr langsam. Vielleicht war es dumm zu glauben, dass ihre Aufmerksamkeit auf mir lag. Vielleicht wäre es eine bessere Idee, die Person zu ignorieren. Aber ich konnte nicht anders.

»Geht es Ihnen gut?«, fragte ich, als ich nahe genug bei ihr war.

Sie lief nicht weg – im Gegenteil, ihre behandschuhten Finger zogen die dicke Kapuze vom Kopf und enthüllten die versteckte Person.

»Frau Zwetkowa?«, fragte ich und versuchte meine Gedanken zu ordnen. Was machte meine alte Ballettlehrerin hier? Es hieß doch, dass sie für dieses Schuljahr nicht mehr kommen würde. »Wie geht es Ihnen?«

»Odette.« Sie ergriff meine Hände. »Ich habe gehört, was passiert ist. Nadia und Sonja. Das ist schrecklich.«

Obwohl ihr Erscheinen mich überraschte, nickte ich. »Es hat sich viel verändert. Aber was machen Sie hier? Und wieso sind Sie nicht mehr am Internat?«

Ein leichtes Lächeln setzte sich auf ihre Lippen, wobei sie den Kopf schüttelte. »Familiensache. Nichts Dramatisches, aber das braucht leider meine volle Aufmerksamkeit.«

Leider sagte mir das nicht viel. Was auch immer es sein mochte, es hielt sie davon ab, länger zu bleiben.

»Ich muss auch schon wieder los«, sagte sie. »Sei einfach so wie immer.«

Sie sprach in Rätseln. Das konnte ich nun gar nicht gebrauchen. »Wie meinen Sie das?«

Sie drückte meine Handinnenfläche gegen ihre faltige Wange. Beinahe wäre ich zurückgezuckt. Eine solche Geste bei Sonja wäre nicht überraschend gewesen, da sie ihr Goldkind war, aber bei mir ... Ich war sichtlich verwirrt.

»Das Internat ist kein sicherer Ort mehr. Wer weiß, welche schrecklichen Dinge bald geschehen werden. Vertraue niemandem, Kind. Es ist das beste Mittel, das Leben zu überstehen.«

Bevor ich etwas erwidern konnte, machte sie einen Schritt zurück und lächelte mich ein letztes Mal an. Frau Zwetkowa schien in den vergangenen Wochen um einiges gealtert zu sein. Ihr sonst glattes Auftreten war mit einer Schicht Unordentlichkeit überzogen.

Und dann drehte sie sich um und verschwand in der Menschenmenge.

Meine Beine setzten ihr nicht nach, sondern waren wie festgewachsen.

Wer weiß, welche schrecklichen Dinge bald geschehen werden.

Vertraue niemandem, Kind.

Meine Gedanken entzündeten ein Feuer, welches mich verschlang.

Frau Zwetkowa wusste etwas. Wahrscheinlich sogar mehr, als es den Anschein hatte. Die Frage war, was? Was wusste sie? Etwas über Sonjas und Nadias Tod?

Es juckte mich in den Fingern, mehr über diese ganze Sache herauszufinden. Länger im Dunkeln zu tappen, würde mich am Ende zu einer Wahnsinnigen machen. Meine Nerven lagen sowieso schon blank.

Da kam mir eine Idee. Sie war dumm, würde Konsequenzen mit sich ziehen. Dennoch biss sie sich in mir fest, sodass ich keine Wahl hatte.

Doch das musste bis morgen warten, denn die Sonne am Horizont neigte sich bereits dem Westen zu.

Dorian

Müde durchquerte ich die prunkvollen Gänge des Moskauer Theaters. Als ich das erste Mal hier gewesen war, war ich gar nicht aus dem Staunen herausgekommen. Alles war hell und hatte feine Verzierungen. Stuck, Spiegel, Gemälde. Jeder war von diesem Anblick verzaubert.

Jetzt aber ging ich durch eine Tür, hinter der all der Schmuck fehlte. Die Wände waren kahl und Lampen nur spärlich vorhanden. Es signalisierte jedem Besucher: Sie sind hier nicht richtig. Gehen Sie zurück.

Dennoch hielt selbst das nicht jeden auf, weshalb der Weg letztendlich in einer Sackgasse endete. Zumindest für die Leute, die nicht wussten, auf was sie achten mussten.

Hinter einem defekten Lichtschalter befand sich ein Eingabefeld, welches einen bestimmten Zahlencode verlangte. Jedes halbe Jahr ein neuer. Nur ausgewählte Personen kannten ihn. Und ich war einer davon.

Niemand sollte das Konstrukt aus Blut und Knochen unter dem kunstreichen Schleier entdecken, das meine Vergangenheit, meine Gegenwart und meine Zukunft –

und die vieler anderen – darstellte. Es war nichts, was ansatzweise die Eleganz von Ballett besaß.

Problemlos tippte ich die Zahlenabfolge ein, wodurch sich geräuschlos eine Wand beiseiteschob. Es hatte beinahe etwas von einem schlechten Film. Doch war es kein Streifen, der über eine große Kinoleinwand flimmerte, sondern die Wirklichkeit.

Kalt. Düster. Vor allem kein Märchen.

Jeder, der von der Existenz des kleinen, schmutzigen Geheimnisses des Theaters wusste, war mit großer Wahrscheinlichkeit ein Mörder.

Ich war ein Mörder.

Nun lief der Autopilot. Es war alles geübte Routine. Die ersten Monate hatte ich meist an meinem Verstand gezweifelt, doch heute war davon nichts zu merken. Alles lag klar vor mir. Selbst die aufkommende Wendeltreppe, welche hinab in eine große Halle führte.

Hier herrschte keine Dunkelheit mehr, sondern eine einladende Helligkeit. Die gewölbte Decke war erneut mit Stuck und Gold verziert. Selbst die Türen, die nun in enormen Mengen vertreten waren, trugen die ausgefallensten Ornamente an sich. Entweder führten sie in weitere Gänge des Labyrinthes oder in andere Räume.

Der Blickfang war allerdings eine Statue aus beigem Gestein, die sich fast bis zur gigantisch hohen Decke schraubte. Sie stellte eine Frau dar, welche ein Messer in ihrer Hand hielt. Zu ihren Füßen lagen etliche tote Kreaturen. Menschen, Dämonen, Himmelsgestalten.

Schon oft war ich an ihr vorbeigelaufen, doch heute nahm sie all meine Sinne ein. Irgendetwas an ihr hypnotisierte mich und ließ mich eine andere Frau sehen. Eine mit goldenem Haar.

Kopfschüttelnd wandte ich mich einer zweiflügligen Tür zu. Sie trug eine lateinische Inschrift, welche mir unverständlich war. Dahinter befand sich ein Mann, welcher in letzter Zeit zu einem Fremden geworden war. Einer, welcher einst ein Bruder gewesen war – im übertragenen Sinne natürlich. Mit dem Wissen, dass es erst früher Morgen war, riss ich sie mit einem lauten Knall auf.

»Hallo, Alexander«, sagte ich und ließ mich am anderen Ende des Tisches nieder.

Es war ein Büro, welches größer war als mein Zimmer im Internat. Ein Ort, der rein gar nichts mit der Kunst des Theaters zu tun hatte, aber dennoch die filigranen Züge besaß, die es ausstrahlte. So wie der Mann, dem es gehörte.

Sein lederner Stuhl drehte sich und zeigte meinen besten Freund. Er, Konstantin und ich – das Trio. Mit Gage eine Truppe, die unschlagbar war. Das lag aber in der Vergangenheit.

Sein kantiges Gesicht wirkte erschöpft – vielleicht auch besorgt – und sein dunkelblondes Haar lag unordentlich um seinen Kopf. Anscheinend hatte er die letzten Tage kein Auge zugemacht. Ich hatte eine vage Ahnung wieso.

»Dorian.« Ein Teil der Anspannung in ihm löste sich. »Lange nicht gesehen.«

Ein Schnauben entfuhr mir.

»Wo ist Chloe?« Sie war der Grund, der alles bröckeln lassen hatte. Hätte sie nicht die Beine für ihn breit gemacht, säße ich möglicherweise nicht in dieser Scheiße. Niemand wusste das genau.

»Mit Vladimir Petrov die Kandidaten aus Russland besuchen. Sie kommen zu euch, einen Tag bevor du nach Moskau zurückkommst. So ist es sicherer. Für euch beide. Wer weiß, was diese verrückte Frau als Nächstes geplant hat.«

Ein flaues Gefühl breitete sich in meiner Magengegend aus. Nicht, weil jemand tötete, sondern wegen diesem verfickten Nachnamen. Meine Hand ballte sich zur Faust, da mich die Erinnerung von Odettes zuckenden Muskeln in die Mangel nahm. Kaum zu glauben, dass ich nun hier saß, obwohl ich in ihrem Bett liegen könnte. Mit ihr auf mir.

»Und wann kann ich wieder zurück? Wir brauchen doch nur einen neuen Mann. Deswegen sind wir hier.«

»Gefällt es dir denn so sehr?«, grinste Alexander und nahm seine eiserne Maske ab. Mir war klar, in welche Richtung seine Gedanken abschweiften. »Du in einem Haufen von Mädchen. Muss dir gefallen.«

Bevor ich überlegte, entfuhr mir: »Sie ist eine Frau.«

»Also eine gewisse Frau?« Überrascht stützte er die Arme auf die dunkle Glastischplatte. »Dass ich diesen Tag noch erlebe. Erzähl mir von ihr.«

»Ist es nicht einfacher, deinen Bruder zu fragen? Konstantin weiß bestimmt das ein oder andere über sie.« Ich war hart, aber wir hatten noch einige Dinge zu klären, weshalb ich nicht länger seinen Forderungen ausgesetzt war. Nicht direkt.

»Überleg dir genau, wen du in die Sache hineinziehen willst.«

»Hast du es dir bei Chloe auch überlegt?«, knurrte ich und schlug auf das Glas. Fast wäre es unter meiner Kraft zersprungen. Ich hatte schon unzählige Knochen gebrochen, da war das hier kein Hindernis.

Nun konnte sich Alexander auch nicht mehr halten. »Denkst du wirklich, ich hatte eine Wahl? Genau davor warne ich dich, Idiot. Beende die Sache, solange du noch kannst. Du hast damals einen Fehler begangen, welchen wir alle jetzt ausbügeln müssen.« Er baute sich zu seiner vollen Größe auf. Jetzt sah man, wer eigentlich in ihm steckte.

Das Erbe über Leid und Schrecken.

Das baldige Oberhaupt des Zusammenschlusses, welcher tausende Leben gekostet hatte. Und das alles wegen Geld und Reichtum.

»Du gibst mir also die Schuld?«

»Wer hat diesen Mann vor den Augen seiner Ehefrau umgebracht? Du, Dorian. Sie will Rache und die nimmt sie sich. Wenn Chloe dabei ein Haar gekrümmt wird, reiße ich alles nieder.« In seinen grünen Augen tobte es. »Meinetwegen steck deinen Schwanz in alles rein, was zwei Beine hat, aber zieh keine Unschuldigen mit in die Sache. Jetzt ist nicht der richtige Zeitpunkt, eine sentimentale Seite an sich zu entdecken.«

Alexander war besser darin seine Emotionen zu kontrollieren. In jeglicher Hinsicht. In ihm mochte die Wut toben, doch in mir explodierte sie.

»Du gibst mir dafür die Schuld? Du hast mir diesen scheiß Auftrag gegeben. Du hast mich seit meinem ersten Tag in Moskau hier mit eingebunden. Zeichne von dir nicht ein Bild, von dem du genau weißt, dass es nicht existiert. Du bist kein Prinz auf einem weißen Ross. Du wirst es nie sein, genauso wenig wie ich!«

Mit wenigen tiefen Atemzügen hatte der Mann gegenüber von mir sich erneut unter Kontrolle. Alexander war für die Position des Anführers geboren. Eine Position, die ihm mehr Macht gab, als es erlaubt sein sollte.

Aber wir waren in Russland.

Wer nach Macht lechzte, musste sein eigenes, blutiges Gesetz zusammenspinnen. Wenn man einmal drin war und es selbst auslebte, war man ein verlorener Mann. Das Geld und die Position lockten jedoch viele.

Und das alles endete nur mit dem Tod. Und dem versuchte ich gerade zu entfliehen. Ich versuchte *ihr* zu entfliehen. Und sie schlachtete auch jeden ab, der mir etwas bedeutete.

»Zieh. Keine. Unschuldigen. Mit. Hinein«, knurrte er und lehnte sich mit geschlossenen Lidern in seinem Stuhl zurück. Die Kanten seines Gesichtes wirkten bedrohlich, so wie das Biest in ihm, welches er stets zu zügeln versuchte.

Unter dem Tisch hielt ich meine Fäuste still.

Ich wusste, was damit gemeint war. Odette ging mir nicht mehr aus dem Kopf. Alles schien sich um sie zu drehen, als wäre sie der Mittelpunkt meines Lebens. Kein Tag verging, an dem ich nicht an sie denken musste. Und das, obwohl sie noch nicht mit mir geschlafen hatte.

Es war zu spät. Verdammt! Wieso hatte ich es so weit kommen lassen?

Alexander räusperte sich und schlug die Augen wieder auf. Kein Anzeichen des heftigen Sturms in ihnen. Als wäre nie etwas passiert. »Nele ist im Proberaum Nummer 4. Allein und wartend. Vielleicht willst du dich bei ihr ein bisschen abreagieren. So wie früher. Sie freut sich bestimmt, dich zu sehen.«

Früher. Ein dehnbarer Begriff. Früher, vor Chloe, war einiges anders gewesen. Und Odette war die Krönung, die alles ins Schwanken brachte.

Kratzend schob sich mein Stuhl nach hinten. Ohne ein weiteres Wort verließ ich ihn und ging auf die Suche. Nicht nach Nele, sondern nach Konstantin. Mein Platz war nicht hier.

Nicht, wenn der Norden in diesen Zeiten so viel mehr zu bieten hatte.

Kapitel Zehn

Odette

Wieso sah man eigentlich immer hinter sich, wenn man nicht gesehen werden wollte?

Es war dumm. Die andere Person erwischte einen auch, wenn man sich ständig umdrehte. Schlauer wäre es, man würde sich auf sein Gehör verlassen.

Darin lagen viele Probleme: Das rauschende Blut, welches alles in ein tosendes Gewässer verwandelte. Der Regen, der gegen die Fensterscheiben schlug. Der Boden, welcher unter meinem Schritt ächzte.

So blieb mir keine Wahl. Ich sah unendliche Male über meine Schulter, während meine Finger an den Kordeln meines Morgenmantels herumfummelten.

Eiskalter Schweiß sammelte sich in meinem Nacken, sodass die Strähnen, welche sich aus dem Zopf gelöst hatten, klebten.

Es war bereits weit nach Nachtruhe und stockdunkel. Ausschließlich die dünne Sichel des Mondes warf Licht durch die Sprossenfenster und tauchte den Gang in einen mysteriösen Schimmer.

Meine Füße fanden aber auch ohne jegliches Sonnen- oder Deckenlicht das Ziel. Heute Nachmittag war ich unzählige Male den Weg von meinem Zimmer bis zum Aktenarchiv gelaufen. Immer mit einem wachen Auge darauf, dass mich niemand beobachtete. Ich hatte Glück, denn nun stand ich vor der sperrigen, alten Tür.

Mein Herz raste.

Ein weiterer Laut, der mich verraten könnte.

Zitternd tastete ich nach einer Haarnadel in meinem Mantel, welche immer in Filmen benutzt wurde. Eine schwarze, dünne. Die Tür zum Archiv war verschlossen, hatte sogar eine große Aufschrift auf der Tür.

Zugang nur für Lehrkräfte.

Es waren alte Schlösser, also waren sie leicht zu knacken. Ich hatte bereits Übung darin, da es in unserem Anwesen dutzende von verschlossenen Räumen gab. Meistens versteckten sie irgendwelche antiken Möbel, doch es gab weiterhin Bereiche, zu denen ich nicht durchgekommen war. Orte, an denen meine Mutter arbeitete.

Mit der Haarnadel zog ich eine kleine Taschenlampe hervor. Es war zu riskant, sie auf dem Weg hierher zu benutzen, aber das schwache Licht war nötig, um die richtigen Akten auszuwählen. Ich hatte nicht vor, Dokumente mit mir zu nehmen, die sich letztendlich als unnütz herausstellen würden.

Die Kälte des Linoleums stach in meine nackte Haut, da ich abgesehen von dem Morgenmantel ausschließlich ein Nachtkleid trug.

Kopfschüttelnd lauschten meine Ohren nach dem

wohltuenden Laut, während meine Hand das kleine Metallstück in die richtige Richtung drückte.

Und dann ... *Klick*.

Meine Augen schnellten zu der Anweisung, welche an der Tür prangte.

»Wenn ihr diesen Schwachsinn mit den Drogen nicht glauben würdet, müsste ich das nicht tun«, flüsterte ich und schob mich durch den kleinen Spalt der Tür.

Vor mir erstreckte sich ein Irrgarten aus Papieren. Alles war ungeordnet, da es vor Kurzem erst einen Brand gegeben hatte. Ich hatte keine Ahnung, nach welchem System die einzelnen Akten geordnet waren oder welche Informationen sich in welchem Schrank befanden.

Irgendwo musste ich anfangen.

Also setzte ich mich auf den Boden und zog eine Schublade nach der anderen auf. Wieder waren es alte Schlösser und somit ein Kinderspiel für mich. Mit jeder Sekunde, welche verstrich, wurden meine Muskeln rastloser.

Bis mir auffiel, dass mir überhaupt nicht klar war, nach was ich Ausschau hielt. Nach den Unterlagen vor 30 Jahren? Nach den Infos von Sonja und Nadia?

Die Entscheidung war einfach.

Meine Finger fuhren über die grauen Papierumschläge mit den Familiennamen. Obwohl ich auf der Suche nach Sonjas Akte war, landete ich beim Buchstaben P.

Konzentrier dich auf das Wesentliche!

Aber da hatte ich bereits Papiere in der Hand, die definitiv nicht den Namen *Kusnezowa, Sonja* trugen. Nein, die Lettern zeigten mir einen anderen Namen.

Pécheur, Dorian.

Es war falsch herumzuschnüffeln, aber ich konnte nicht anders. Natürlich war klar, dass ich auf kein schmutziges Geheimnis stoßen würde. Das wäre zu einfach und der Raum dafür zu ungesichert gewesen. Meine Nerven – meine Gedanken – ließen aber nichts anderes zu. Er war der Mann, an dem ich einen Narren gefressen hatte. Und so vieles war seit seiner Ankunft passiert. Dinge, die sogar im Tod geendet waren.

Doch es zeichnete sich nicht mal sein Foto vor meinen Augen ab, denn da schlug sie ohrenbetäubend auf den Boden.

Fuck, fuck, fuck!

Der gesamte Raum wurde in gleißendes Licht getaucht. Die Quelle war nicht die kleine Taschenlampe, sondern die kalten Leuchtstoffröhren an der Decke.

Mein Herz setzte aus. Mein Blick zuckte nach oben und blieb an zwei dunklen Gestalten hängen.

Iwan und Andrej.

Beide lehnten im Türrahmen und fassten mich mit einem schelmischen Lächeln ins Auge. Das beklemmende Gefühl in meiner Brust wurde nicht minder, denn der Letztere drückte die schwere Tür ins Schloss.

»Was macht ihr hier?«, fragte ich und schob den Umschlag unauffällig unter das Möbelstück. Sie sollten keinen Verdacht schöpfen. Aber daran hatten sie sowieso kein Interesse.

»Das sollten wir eher dich fragen, oder Iwan?«

Ein Schauer erschütterte meinen Körper. Andrej war schon immer jemand gewesen, vor dem ich zurückgeschreckt war. Es gab etwas an ihm, was mir nicht geheuer war. Seine Statur unterschied sich von den anderen im Internat. Er war breiter, somit auch bedrohlicher. Sein rotes Haar hing strähnig in seinen Augen, was mir außerdem ein unwohles Gefühl bescherte.

Wacklig stellte ich mich auf die Füße und schlang

den dünnen Morgenmantel enger um meine Mitte. Er kaschierte nichts. »Ich sollte besser gehen.«

»Das denke ich nicht«, sagte Andrej, während er seelenruhig auf mich zu kam. »Es wird uns niemand hören, das sollte ausgenutzt werden. Wir wollten eigentlich zuerst zu dir ins Zimmer, aber dann sahen wir dich auf dem Gang. Da haben wir uns gefragt: Was macht denn unsere süße Odette allein auf dem Gang? So ganz allein, mitten in der Nacht. Nach der Nachtruhe. Also sind wir dir einfach gefolgt.«

Mein Blick schnellte zu Iwan, der sich nun auch in Bewegung setzte. Seine Augen waren leer. Ausdruckslos. Kein Anzeichen von Leben in ihnen.

Ich machte einen Schritt zurück.

Das hier passierte doch nicht wirklich, oder?

»Zieh ihr dieses Ding aus, Iwan. Wollen wir mal sehen, was sie darunter trägt.« Mir wurde schlecht.

Iwan übernahm die Oberhand. Er machte einen Satz nach vorn und packte mich.

»Lass mich los!«, schrie ich und versuchte mich von ihm zu lösen. Das hier würde kein gutes Ende nehmen. Kein gutes Ende für mich.

»Du hättest meiner Bitte nachgehen sollen. Jetzt muss ich dich eben auf diese Weise ficken.« Dann lag bereits der dünne, schwarze Stoff auf dem Boden und machte den Blick auf das goldene Nachtkleid frei. Es reichte mir bis zur Mitte der Oberschenkel; trug am Saum feine Spitze. Ein Geburtstagsgeschenk meiner Mutter letzten Sommer.

Seine Hand fuhr lustvoll an meiner Seite entlang. Es war eine der ersten Berührungen von Dorian gewesen – damals im Abstellraum. Dort hatte ich es insgeheim genossen. Jetzt aber nicht.

Kraftvoll stieß ich ihn weg und versuchte zu entkommen. Da Iwan nicht damit gerechnet hatte, gelang es mir tatsächlich – aber mein Rücken prallte prompt gegen Andrej, woraufhin sich seine Arme um mich schlangen.

Ich hatte vergessen, dass er hier war. Alles in meinem Kopf – die Gedanken, die Eindrücke – vermischten sich zu einem einzigen, undurchsichtigen Ball.

»Lass mich gehen!« Meine Stimme brach.

Niemand hört mich. Niemand wird mir helfen.

»Wir haben heute beim Essen darüber geredet«, hauchte er mir ins Ohr. Der Geruch aus seinem Mund nahm mir die Luft. »Iwan will dich. Und ich – na ja, du bist ein hübsches Ding, wieso also nicht? Zusammen haben wir mehr Chancen. Nicht, dass Iwan noch länger auf dem Trockenen sitzen muss.«

»Wie ritterlich von dir, dass du ihm seinen Wunsch erfüllst.«

»Während er dich in deine kleine Fotze fickt, werde ich deinen Mund nehmen. Morgen kannst du dann allen erzählen, wie mein Sperma schmeckt. Aber vorher werde ich dich noch in dein Arschloch ficken. Keine Sorge, du bekommst meinen Schwanz in all deine Löcher.« Er rieb sein Becken an meinen Hintern, während seine Hand auf meine, mit einem Höschen bedeckte, Scham schlug. Ein raues Lachen entfloh ihm dabei.

Wieder wehrte ich mich, doch diesmal versagten meine Muskeln. Oder eher gesagt mein Geist.

Er drehte mich zu sich. Seine Miene war wutzerfressen, wobei in seinen Augen ein tiefes Verlangen stand. Nach meinem Körper. Nach mir.

Wie lange war es schon da?

Die Gedanken wurden mit einem Satz aus meinem Kopf befördert. Andrej holte aus und traf mit seiner Handfläche meine Wange. Blut schoss zu der Stelle, sodass sich ein leichtes Kribbeln unter der Haut ausbreitete.

Wahrscheinlich war es Schmerz. Der Schock stellte alle Empfindungen zurück.

Ich war wie betäubt. Nichts war mehr von Belang. Wäre ich jetzt tot umgefallen, es hätte mich nicht im Geringsten gekümmert. Im Gegenteil, ich hätte es begrüßt.

»Iwan, komm her. Wir wollen ja keine Zeit verschwenden.«

Tränen rannen geräuschlos über mein Gesicht. Vielleicht schluchzte ich, aber alles wurde von einem Rauschen überdeckt. Wieder und wieder versuchte ich mich aus ihren Berührungen zu winden, womit ich mir weitere Schläge einhandelte.

»Halt still!«, knurrte Iwan und packte mich an der Hüfte.

Ein Versuch. Für mehr hatte ich keine Kraft mehr.

Ich trat und schlug um mich. Bewegte mich blind. Für einen Moment war ich frei von jeglichen Berührungen, doch mein Sichtfeld war weiterhin getrübt. Meine Knie stießen gegen festes Holz, meine Schultern machten schmerzhafte Kontakte mit Kanten.

»Nein!« Irgendjemand hielt mich wieder fest. »Nein! Lasst mich!«

Es nützte nichts. Verschwommen erkannte ich, wie Andrej seinen Gürtel öffnete, während sich Iwans Hände nun endgültig unter den Stoff schoben. Seine Haut auf meiner. Ein alter Freund, der sich als mein Untergang entpuppte.

»Mal sehen, ob sie tatsächlich so gut ist, wie du gesagt hast«, gurrte Andrej und packte meinen Kopf.

In mir öffnete sich ein Abgrund. Ein dunkler Platz, welchen ich mir herbeiwünschte. Alles sollte sich ins Nichts verwandeln.

Denn eins wusste ich, morgen würde meine Seele sich vollkommen in Schutt und Asche verwandelt haben.

Dorian

Der Regen, welcher seelenruhig vom Himmel fiel, wurde am Boden zu einer tödlichen Sache. Binnen Sekunden gefror das Wasser zu Eis und machte die Straßen spiegelglatt. Dennoch schaffte ich es irgendwie, sicher zum Internat zurückzukehren – mit Konstantin an meiner rechten Seite.

Hinter und vor uns fuhr jeweils ein Auto mit seinen Männern. Es hatte nicht lange gedauert, bis er einen Ersatz für den Ermordeten gefunden hatte. Menschen waren ersetzbar. Jeder einzelne.

»Was ist an ihr, was dich derart aus der Fassung bringt?«, fragte Konstantin und strich sich sein schulterlanges Haar zurück. Wir standen bereits vor dem Backsteingebäude und warteten darauf, dass die vier Männer verschwanden.

Ein großer Regenschirm schützte uns vor der Nässe, sodass ich mir in Ruhe eine Zigarette anzünden konnte.

»Weißt du, das Gleiche habe ich mich auch bei Alexander und Chloe gefragt. Wie kann man all seinen Verstand an eine Frau verlieren? Und glaub mir, ich weiß es immer noch nicht.«

Jeder normale Mensch hätte es verwunderlich gefunden, wieso er wusste, was sie in mir auslöste. Er war immerhin nie im selben Raum mit uns gewesen und auch bei dem Gespräch mit seinem Bruder hatte er gefehlt. Aber es war Konstantin, er hatte seine Augen überall, selbst wenn sie ihm nicht gehörten.

»Du solltest dich wirklich von ihr fernhalten. Sie ist

Vladimirs Tochter und du weißt, wie skrupellos er sein kann.«

Mit hochgezogener Augenbraue sah ich in seine grün-grauen Iriden.

»Vor wem hast du Angst? Von ihr oder ihm?«

»Na ja, entweder er schneidet dir den Schwanz ab, weil du mit seiner Tochter ins Bett willst, oder sie reißt dir die Eier ab, weil du sie nach dem ersten Fick nicht mehr willst.«

Da war der Unterschied zwischen Odette und den anderen Frauen. Auch Konstantin konnte es an meiner Körpersprache ablesen. Und das, trotz meiner Versuche es zu verstecken.

»Das ist doch der Plan? Einmal und dann weg, oder?«

»Darüber will ich nicht reden«, murmelte ich und nahm einen tiefen Zug. Wer wusste, was passierte, wenn sie in meinem Bett lag. Nach der Nummer im Studio würde es wahrscheinlich nicht so schnell ein Ende finden.

»Dorian«, murmelte er.

Sein Einwand wurde von einer kreischenden Krähe, welche in der Nacht ihre Runden segelte, übertönt. Somit wurde meine Aufmerksamkeit nach oben gelenkt. Dort blieben meine Sinne auch hängen, obwohl das Tier nicht mehr zu sehen war. Dafür machte sich eine Szene durch ein hell erleuchtetes Fenster sichtbar.

Drei Gestalten. Eine davon dünn, die anderen beiden groß und stark. Es spielte sich alles wie in Zeitlupe ab. Die Kleine – definitiv eine Frau – wehrte sich mit all ihrer Kraft gegen die Männer, verlor aber kläglich. Die anderen packten sie und rangen sie nieder. Als sie zu Boden geworfen wurde, drehte sich ihr Gesicht zur Front.

Es war Odette.

Eine schreiende Odette – dem Gesichtsausdruck zufolge.

Die Zigarette fiel aus meinem Mund und schlug auf dem Boden auf. Eine dicke Decke des Nichts legte sich um mich, sodass ich erst einige Meter später merkte, dass ich rannte. Das eiskalte Wasser prasselte auf mich hinab, doch das war nicht von Bedeutung.

Konstantins Rufe wurden von dem schweren Eingangstor erstickt. Er würde mir folgen. Und er würde mich davon abhalten, diese Männer zu töten.

Meine Beine trugen mich die Treppe hoch. Ich wusste, wo sie war. Eine meiner ersten Aufgaben war es gewesen, mein Umfeld genau zu kennen. Jeden Winkel dieses Internats zu verinnerlichen. Genau das kam mir nun zugute. Meine brennenden Glieder waren nicht mehr von Bedeutung. Das Einzige, was sich vor meinem inneren Auge abzeichnete, war Odette und diese Typen. Wenn ich nicht rechtzeitig bei ihr war, dann ...

Schweratmend stieß ich die Tür zum Archiv auf.

Alles fror für eine Sekunde ein.

Iwan hatte Odettes Nachthemd nach oben geschoben und presste seinen Schritt an ihren Hintern. Der andere, irgendein Typ, dessen Name mir unbekannt war, hatte bereits seine Hose nach unten gezogen. Sein Penis war wenige Zentimeter von ihren Lippen entfernt. Von Odettes Gesicht rollten dicke Tränen, während sie schlaff in den Händen ihrer Peiniger hing. Kraft- und leblos. Irgendjemand hatte sie geschlagen, denn ein roter Abdruck zeichnete sich auf ihrer Wange ab.

Ausschließlich an ihren Gesichtern merkte man, dass sie unterbrochen wurden. Schock war auf jedem einzelnen geschrieben, wobei Odette wahrscheinlich immer noch in der Starre feststeckte.

Ich war der Erste, der sich wieder in Bewegung

setzte. Mit aller Kraft versuchte ich das letzte bisschen Selbstbeherrschung in mir zusammenzukratzen, um meine Wut nicht vor Odette herauszulassen. Mein wahres Wesen war gerade nicht für ihre Augen bestimmt.

Ohne einen Zwischenfall befreite ich Odette aus den Händen dieser Bastarde.

Ihr ganzer Leib zitterte wie Espenlaub. Die Haut unter meinen Fingern war eisig. Der kalte Schweißfilm und die leeren Augen unterstrichen dies außerdem.

»Odette«, sagte ich laut und packte sie fest an den Schultern. Es dauerte, bis ihre Augen mich fokussierten.

»D ... D ... Dor ...« Es war ein einziges Schluchzen.

»Haben sie dich —« Ich schluckte meine Rage herunter. Verdammt, ich musste mich vor ihr zusammenreißen.

»N ... Nein.«

Das war alles, was ich wissen musste. Allerdings verpufften meine brodelnden Emotionen daraufhin nicht. In Alexanders Büro hatte ich sie heruntergeschluckt. Etwas, was hier nicht passieren würde.

»Kannst du laufen?« Stumm nickte sie, was die Sache um einiges einfacher machte, da die anderen zwei sich langsam der Lage bewusst wurden. Wie schlecht es für sie aussah, ahnte keiner von ihnen. »Geh in dein Zimmer. Ich bin gleich da.« Aufgrund ihres unsicheren Blicks strich ich ihr übers Haar. Es lag zerzaust um ihren Kopf. »Versprochen, Odette. Ich bin gleich da, warte auf mich. Und jetzt geh!«

Zu meiner Überraschung setzten sich ihre Beine wirklich in Bewegung. Mit jedem Schritt wurde sie schneller und verschwand letztendlich vollkommen aus dem Raum. Damit aber nicht das Bild von ihr: wehrlos, in den Händen ihrer Mitschüler.

Ich hasste mich dafür, nicht bei ihr zu sein. Wer wusste, was gerade alles in ihr vorging. Welchen Schaden ihre Seele bereits abbekommen hatte. Aber meine Gedanken schwangen sofort wieder zu den anderen Personen, da der Unbekannte sich gerade den Gürtel zuschnallte.

Jetzt ließ ich meiner Wut freien Lauf. Ohne ein weiteres Zögern landete meine Faust im Gesicht des Namenslosen. Unter meinen Knöcheln brach der Knochen seiner Nase.

Mit einem dumpfen Knall trafen wir auf den Boden, doch ich schlug weiterhin blind auf ihn ein. Blut spritzte hervor. Nicht nur aus seiner Nase, sondern auch aus seinem Mund. Aus seinen Ohren. Mir war egal, ob er weiterhin bei Bewusstsein war. Mir war egal, ob sein Herz noch schlug.

Was mich letztendlich zur Weißglut trieb, war, dass er keinen Laut von sich gab. Dass er sich nicht mal wehrte. Dieser Scheißkerl hätte es verdammt nochmal versuchen sollen, denn dann wäre sein Ende vollkommen beschlossen gewesen.

Wutentflammt zog ich mein Messer hervor, welches stets in meiner Hosentasche steckte. Es war schön. Eine schwarze, scharfe Klinge mit einem ledernden Schaft, der goldene Nähte hatte. Es erinnerte mich an Odettes Kleid, welches heute Nacht ihre wunderschöne Figur geziert hatte.

Bevor meine Gedanken sich weiter um sie drehten, stach ich zu. Nicht in seine Brust. Nein, die Klinge versank in seinem Oberschenkel. Problemlos glitt sie in sein Fleisch. Sehnen, Muskelgewebe wurden durchtrennt, was mich in einen Rausch versetzte. Ihm entfuhr ein gleißender Schrei, was mich umso mehr anstachelte.

Der nächste Stich galt seinem anderen Bein. Kein Unterschied, außer, dass aus der Wunde das Blut im Takt seines Herzschlags pulsierte. Seine Lider flackerten, was ihn in Ohnmacht stürzte.

»Wach auf!«, schrie ich und schlug ihn abermals. »Denkst du, Odette hätte eine Wahl gehabt, wenn du ihr deinen scheiß Schwanz in die Kehle gesteckt hättest? Wach auf!«

Er hätte es genossen. Mit jeder Faser seines Körpers hätte er Gefallen daran gefunden, Odette zu vergewaltigen. Sie zu zerstören.

Ehe ich einen weiteren Muskel regen konnte, zerrten mich zwei Arme von dem Jungen und hielten mich fest umklammert.

»Beruhig dich, Dorian. Sonst bringst du ihn noch um.«

Es war Konstantin. Er benötigte seine gesamte Kraft, mich an Ort und Stelle zu halten. Irgendwie gelang es ihm. Meine Sinne weiteten sich wieder auf den gesamten Raum aus. Der Geruch von Erbrochenem lag in der Luft.

Iwan lehnte an einem der Aktenregale und entleerte seinen Mageninhalt. Beinahe ging das Stöhnen des anderen dabei unter. Ich hatte es aber gehört, was mich wieder in den Höhepunkt der Wut versetzte.

»Mann, komm runter«, brummte Konstantin und zerrte mich zurück.

»Sie gehört mir!«, brüllte ich und versuchte mich aus dem eisernen Griff zu wenden. Mein Freund hielt stand und riss mich im nächsten Augenblick zu ihm um.

»Dann geh zu ihr. Ich kümmere mich darum.«

Meine Brust hob und sank sich schwer.

Ich hatte nie weisere Worte aus seinem Mund gehört.

Kapitel Elf

Odette

Mit den abebbenden Tränen versiegte auch die Lähmung. Meine Beine trugen mich durch mein Zimmer – auf und ab, immer und immer wieder –, während meine Gedanken ausschließlich bei Dorian lagen.

Seine Miene war starr. Eiskalt. Genau das machte mir Angst. Der Hohn und der Spott, den sonst seine Züge beherbergten, waren nicht erkennbar gewesen.

Mein Herz schlug mir bis zum Hals. Es war die reinste Qual zu warten. Dorian hatte es mir aber versprochen. Bevor mich mein Wille verließ und ich blind auf der Suche nach ihm aus dem Zimmer rannte, setzte ich mich auf den Boden. Er war kalt, klärte jedoch im selben Moment meine Gedanken. Langsam begann es in mich zu sickern.

Woher hatte er gewusst, dass ich im Aktenraum gewesen war? Wieso war er schon aus Moskau zurück, obwohl es hieß, dass seine Rückkehr erst auf morgen früh angesetzt war? Unendlich viele Fragen schwirrten mir im Kopf. Keine von ihnen hatte mehr eine Bedeutung, als das Quietschen der Scharniere in mein Gehör drang.

Eine dunkle Gestalt stand im Türrahmen. Schatten umspielten seinen Leib. Er warf meinen schwarzen Morgenmantel auf den Boden, packte mich ohne Vorwarnung und hob mich hoch. Dorians Stärke umschlang mich, wobei das Zittern seiner Muskeln die Meinen vibrieren ließ. Die Wut peitschte weiterhin in ihm.

Keiner sagte ein Wort. Wir passierten Gänge, von denen ich keine Ahnung hatte, dass sie existierten. Sie lagen weit abgelegen von den Schlaftrakten der Schüler und wiesen kaum Türen auf. Wir waren auch nicht in der Nähe der Lehrer. Im gesamten Haus war es still. Das einzige Geräusch war Dorians Herz, welches laut gegen meine Wange schlug. Er trug mich wie eine Braut.

Vor einer großen, eleganten Tür aus Holz blieben wir schließlich stehen. Weiterhin hielt er mich umklammert und drückte die Messingtürklinke herunter.

Es war sein Zimmer. Na ja, Zimmer war eine Untertreibung, denn Wohnung beschrieb es um einiges besser. Kein Luxus, aber man hatte um einiges mehr Platz als wir Schüler. Eine kleine Küche fand sich in einem Eck wieder, wohingegen das Herz des Raums ein großes Bett darstellte. Keine Teppiche, keine Dekoration – alles war kalt. Die orangeroten Backsteine untermalten die Trostlosigkeit abermals.

Dorian ließ mich zurück auf meine Füße und schloss die Tür hinter uns ab. Das Schloss klickte bedrohlich, was seine Augen wild, beinahe unkontrolliert, werden ließ. Die Ausdruckslosigkeit war verschwunden, was mir einen Stromschlag durch jeden einzelnen Nerv jagte.

»Danke«, murmelte ich.

»Haben sie dich angefasst?« Wieder diese Frage. Und wieder bekam er von mir dasselbe zu hören. Auch wenn die Antwort diesmal nicht von Schluchzern gezeichnet war.

»Nein. Also nicht auf die Weise, an die du denkst. Du konntest es im letzten Augenblick noch verhindern. Dorian ...«

Meine Zähne gruben sich in meine Unterlippe. Das nahm der Mann mir gegenüber deutlich wahr, denn seine Hand glitt in die Hosentasche und holte etwas hervor. Es war ein Messer. Blutbefleckt. Erst jetzt erkannte ich, dass auch seine Hose und der Saum seiner ledernen Jacke feucht glitzerten.

»Was hast du mit ihnen gemacht?«

Mit einem spöttischen Lächeln entledigte er sich seiner Jacke. Darunter kam ein schwarzes Hemd zum Vorschein.

»Willst du das denn wirklich wissen?«

Ich stolperte zurück.

Er kam näher.

Möglicherweise befand ich mich nicht mehr in den Händen der beiden anderen. Doch jetzt hatte es mich direkt in die Höhle des Löwen getrieben. Und es gab keinen Fluchtweg. Der animalische Geruch, den Dorian versprühte, hieß nichts Gutes. Und trotzdem zog sich mein Unterleib zusammen. Ich spürte seine Finger noch immer in mir, wie sie bedingungslos zugestoßen hatten.

»Das Blut, du hast sie doch nicht ...?«

Ein kaltes Lachen entfloh ihm. »Oh nein, das wäre eine zu milde Strafe gewesen.«

»Wie meinst du das?«

Dorian schnalzte mit der Zunge.

Bevor ich noch einen Schritt nach hinten machte, ergriff er meinen Oberarm und riss mich an seine Brust. Sein Körper war heiß, jeder Muskelstrang presste sich mit Freuden gegen mich. Und mein Innerstes jauchzte vor Freude.

»Was denkst du von mir? Dass ich ein unschuldiges Lamm bin? In mir steckt dasselbe wie in dir. Eine Dunkelheit, die über ein paar vernichtende Gedanken hinausgeht. Ich weiß, dass sie in dir steckt.«

Seine Lippen berührten sanft meine Wange. Es wäre herzzerreißend gewesen, doch bohrte sich bereits seine harte Erektion gegen den dünnen Stoff meines Nachthemdes. Meine Nippel wurden mit einem Schlag hart und forderten nach seinen Berührungen. Feuchtigkeit schoss zwischen meine Beine. Wieder dieses unbändige Verlangen, welches anscheinend nur er in mir auslöste.

»Ich weiß nicht, was du meinst«, ächzte ich, als Dorians Hand an meinem nackten Bein nach oben strich. Er schob sich nicht unter den dünnen Satin, sondern blieb in züchtiger Manier darüber. Dennoch löste der alleinige Druck auf meinem Körper unvorstellbare Dinge aus.

»Oh doch, Odette, das weißt du. Jeder, der dieses Gefühl kennt, sieht es. Und man sieht, dass du es zurückhältst. Lass sie frei, *mon petit cygne.*«

Kopfschüttelnd blickte ich in sein Gesicht. Der Schalk tanzte in seinen Zügen. Obwohl meine Augen weiterhin gerötet waren, lag die Ursache weit in der Vergangenheit. Dorian beäugte mich, als würde er mich mit Haut und Haaren verschlingen wollen.

Der normale Menschenverstand sagte mir, dass ich fliehen sollte, dass mein Zimmer nun der richtige Platz war. Ich rührte mich aber nicht, sondern nahm die Wärme wahr, die er ausstrahlte.

»Gib mir deine Hände.« Das dicke Haar, welches ich

noch nicht berühren durfte, fiel in sein Gesicht. Am liebsten hätte ich es gepackt und mich darin verloren.

»Wieso?«

»Weil sonst etwas Schlimmes passieren wird. Etwas, was über ein bisschen Blut hinausgeht«, flüsterte er und biss in meine Ohrmuschel. So fest, dass ein Tropfen der besagten Flüssigkeit hervortrat. Seine Zunge fuhr über die kleine Wunde und saugte das Blut in sich auf. Linderte den Schmerz. Machte mich zu einem Teil von sich. »Weil ich es brauche.«

Ohne zu zögern gehorchte ich ihm. Es war anders als bei Iwan und Andrej. Ich vertraute Dorian. Ich vertraute darauf, dass er mich auf die richtige Weise anfassen würde. Dass es mir gefallen würde. Er genoss mein vollkommenes, unterwürfiges Gehorchen.

Aus seiner Hosentasche holte er ein schwarzes Satinband heraus und band es um meine Handgelenke. Bevor ich darauf etwas sagen konnte, drückte er mich an eine Wand und hängte sie an einen Haken, welcher herausragte ... Als wäre er dafür gemacht.

»Schon so oft habe ich mir das vorgestellt«, sagte er zu sich selbst und inspizierte mich mit seinen Augen. Meine Arme, die gestreckt über meinem Kopf hingen. Die Nippel, die sich ihm entgegenreckten.

»Was machst du jetzt?« Obwohl es offensichtlich war, musste ich es aus seinem Mund hören. Doch er ließ mich weiterhin zappeln.

»Odette, du hättest dich nicht bedanken sollen. Hier kommst du nämlich nicht so schnell wieder heraus.«

Iwan und Andrej hatten mich festgehalten und nun machte er es auch. Aber Dorian würde mir nicht wehtun, dafür war im Studio etwas passiert, über das wir noch nicht geredet hatten. Und ich hatte das Gefühl, dass das nur ein Vorspiel – im Gegensatz zu dem, was gleich passieren würde – gewesen war.

Gott, ich hing wehrlos vor ihm. Ausschließlich mit einem knappen Nachthemd am Leib. Blut klebte an ihm und in mir schwang Lust gepaart mit einem Hauch von Angst, sodass ich drohte durchzudrehen.

Das Band um meine Handgelenke schnitt sich in meine Haut, sein glühender Blick aber löste jeglichen Schmerz in Nichts auf.

Nun, da ich ihm vollkommen ausgeliefert war, ging er mit dem Messer in der Hand zur Spüle. Er wusch die dunkle Klinge gründlich, bis sie sauber glänzte. Jede Bewegung war geschmeidig und geübt, als hätte Dorian das schon einige Male gemacht.

»Was hast du mit ihnen gemacht?«, fragte ich abermals und riss an den Fesseln.

»Das sage ich dir, nachdem ich mit dir fertig bin.« Jetzt wandte er mir sein Gesicht zu. Sein Ausdruck war festentschlossen, während er das Messer in seinen Fingern drehte.

Sein Penis, der gegen seine Anzugshose drückte, wirkte bedrohlich. Konturen bildeten sich ab und regten meine Fantasie an, die mich nach mehr betteln ließ.

War das nicht erbärmlich? Ein Mann mit einem Messer, welches wahrscheinlich mehr Blut gekostet hatte, als mir lieb war, trat auf mich zu und meine inneren Muskeln zogen sich zusammen.

»Was—«

Er schnitt mir abrupt das Wort ab. Nicht mit Worten, sondern mit dem Metall, das er an meine Halsschlagader drückte. Mit der Spitze zeichnete er kleine Einkerbungen in meine Haut. Sie spuckten kein Blut hervor, da der Druck zu klein war. Ein kalter Kuss gegen das hitzige

Verlangen – leider schürte er damit meine Lust nur noch weiter an.

»Es gibt zwei Möglichkeiten. Entweder ich gehe, suche die beiden und bringe sie um.« Auf seinen geschwungenen Lippen breitete sich ein Grinsen aus, während mein Herz einen Schlag aussetzte. »Oder ich werde dich jetzt vögeln. So hart, bis du keine Wahl mehr hast, an deiner Kontrolle festzuhalten. Odette, du wirst hier als eine andere Frau herausgehen. Du wirst deine innere Odile endlich freilassen.«

Zu mehr als einem Winseln war ich nicht fähig. Die Leere zwischen meinen Beinen wurde quälend und meine Mitte zog sich in einem Rhythmus zusammen, die mich in die Knie gezwungen hätte.

»Sag etwas, *mon petit cygne*«, hauchte er und fuhr mit dem Messer über mein Schlüsselbein. Ein kehliges Stöhnen entfuhr mir, woraufhin die Klinge den ersten Träger meines Kleides durchtrennte. »Worte, oder kannst du dich nicht konzentrieren?«

Mein Kopf war leer. Ich wollte ihn berühren, seinen Bauch bis zu seiner Männlichkeit mit meinen Fingern erkunden. Das war mir aber nicht möglich.

»Sollte ich nicht ein Safeword bekommen?« Mein Murmeln war kaum verständlich. Der gerissene Ausdruck um seine Züge signalisierte mir, dass er ganz genau verstanden hatte. Diese Geste hätte dem ein oder anderen bestimmt das Mark gefrieren lassen. Bei mir nicht, da das Messer bereits zum anderen Träger wanderte.

Seine blauen Augen sahen mich unverwandt an. Die nächsten Worte sagten alles, besiegelten gleichzeitig meinen Untergang. »Das gibt es in meiner Welt nicht. Ich nehme dich, wann und wo immer ich will. Dir wird es gefallen. Egal, ob ich dich in den Mund oder in deine zuckende Pussy vögle.« Dorian packte mein Kinn und zog mein Gesicht nahe zu sich. Seine Lippen standen kurz davor, meine zu berühren. »Du gehörst mir, das werde ich dich nicht vergessen lassen. Versprochen. Und wenn jemand außer mir dich besitzen sollte, dann bringe ich ihn mit meinen bloßen Händen um.«

»Und was machst du mit mir?« Mein Herz drohte herauszuspringen. Als ob ich jemals jemand anderen haben wollte, wenn ich ihn haben konnte.

»Ich werde dich ficken – hart –, so oft, bis ich jeden Zentimeter auf und in dir markiert habe. Dann achte ich nicht mehr darauf, ob du schon wund bist oder nicht. Dieses Privileg hast du dir dann verspielt.« Mit diesen Worten zerschnitt er den anderen Träger.

Das Kleid glitt über meine überhitzte Haut hinweg, direkt auf den Boden. Ausschließlich durchschnitt ein leises Rascheln den Raum, welches durch Dorians tiefen Atemzug sofort unterging.

Er trat einen Schritt zurück, um diesen Anblick vollkommen in sich einzusaugen. Ich, ausschließlich mit einem Spitzentanga, der vollkommen durchnässt war, hängend und wehrlos vor ihm. Meine kleinen Brüste hatten eine Schwere an sich gerissen, die nicht auszuhalten war. Seine Zunge sollte mit ihnen spielen, während er in mich stieß und langsam seinen Verstand verlor.

Mit jedem Knopf seines Hemdes ließ Dorian sich Zeit und wandte keine Sekunde den Blick von mir ab. Nun sah ich zum ersten Mal seine Muskeln, die ausgeprägter waren, als ich es mir ausgemalt hatte. Prompt wurde mein Blick von ihnen abgelenkt, da nun seine Hose, samt den engen, schwarzen Shorts von ihm abfiel. Sie gesellten sich zu meinem Nachtkleid.

Es bestand kein Zweifel, dass er mich in zwei Teile zerreißen würde. Der Sex würde nicht sanft werden; nicht bei dem, was sich mir preisgab.

»Gefällt dir, was du siehst?«, fragte er und schloss seine Finger um seinen langen Schwanz. Aufreizend rieb Dorian seinen Schaft, was mich an den Rand meiner Selbst trug. Das hier war schlimmer als jeglicher Schmerz. Mir war egal, wie er mich nahm. Sanft, hart oder folternd – Hauptsache, es war er.

Ich nickte.

Er kam auf mich zu und fuhr mit der Hand, die nicht mit ihm selbst beschäftigt war, über meine aufgerichtete Brustwarze. Ich warf meinen Kopf in den Nacken und biss mir so fest in die Lippen, dass sich der eiserne Geschmack von Blut auf meinen Geschmacksnerven ausbreitete.

Wenn er mich nicht bald nahm, dann ...

Seine Lippen berührten meinen Kiefer und zogen eine Spur, während er sich auf die Knie sinken ließ. Die Küsse, obwohl sie leicht wie eine Feder waren, brannten sich in mich. Über meine Brust zu meinem Nabel, den er einmal umrundete, und schließlich zu meinen herausstehenden Hüftknochen. Dort setzte er seine Zähne ein.

Mein Blut geriet in Wallung. Es schoss in meine Wange, ließ meinen Magen überschlagen und sammelte sich in meiner Mitte.

»Ich kann dich riechen.«

Bevor seine Worte in meinem Kopf ankamen, war ein Reißen zu hören. Es war mein Höschen. Genauso wie bei meiner Strumpfhose hatte er es mit seiner Stärke zerrissen. Es glitt zu Boden und machte nun die Sicht auf meine bare Scham frei.

Seine Finger glitten ohne Vorwarnung in mich und bewegten sich. Nicht schnell, wie im Studio – sondern langsam, um jeden Zentimeter, jedes Zucken, zu spüren.

Lange blieb er nicht in mir, was mir einen protestierenden Laut entlockte. Sogleich fanden seine Fingerkuppe meine Klitoris und zogen ihre trägen Kreise. Es war ein sanfter Anfang, der mich in Sicherheit wiegen sollte.

»Du fühlst dich so gut an. Ich kann es kaum erwarten, mich in dir zu versenken. Aber vorher ...« Dorian griff unter mein Bein und hob es über seine Schulter. Meine Mitte war nun direkt vor seinem Gesicht.

Seine Zunge leckte über die Innenseite meiner Schenkel, biss mich in das empfindliche Gewebe und arbeitete sich zu meinem Eingang voran. Er wollte hören, wie ich mich allmählich vergaß. Ich war ein Bündel Nerven, welches bis zum Zerreißen gespannt war. Und als er endlich mein ungehaltenes Stöhnen zu hören bekam, wandte er sich meiner empfindsamsten Stelle zu.

»Verdammt«, knurrte er bei der ersten Berührung meiner Nässe. Als hätte er Feuer gefangen, vergrub er seinen Kopf nun endgültig zwischen meinen Beinen und stürzte mich ins Verderben.

Mit den kreisenden Bewegungen seines Daumens und seiner wilden Zunge braute sich ein tiefer Orgasmus zusammen. Mein anschwellendes Stöhnen verriet ihm eindeutig, wie kurz ich davor stand auf seinen Lippen zu kommen. Aber dann stoppte er – seine Finger und seine Zunge.

»Nein!«, schrie ich und versuchte meine Hüfte wieder näher zu ihm zu bringen.

Vergeblich.

Wie konnte er jetzt aufhören? Wenn ich nicht in den nächsten Sekunden kam, würde mein Körper in sich zusammenbrechen. Wortwörtlich.

»So gierig.« Seine Stimme hallte in meinem Kopf wider, was mir Tränen in die Augen trieb. »Sag mir einen Grund, wieso ich jetzt nicht aufhören soll?«

Was?!

Er ließ ganz von mir ab und stellte sich vor mich. »Sag mir einen Grund. Wenn du keinen findest, kannst du gehen.«

Mein Herz rutschte mir bis in den Magen. Ich konnte nicht mal einen klaren Gedanken fassen, wie sollte ich dann einen Grund suchen? Verdammt, ich brauchte diesen Orgasmus. Von ihm.

»Ich binde dich frei, bis dahin hast du Zeit, dir eine Antwort zu überlegen. Wähle deine Worte gut«, er spähte zum kaputten Nachthemd, »sonst läufst du nackt in dein Zimmer.«

Sein steifer Penis stieß gegen meinen Bauch, als Dorian an meine Handgelenke griff und den ersten Knoten löste. Er meinte es also wirklich ernst.

Ich schloss meine Augen und atmete tief durch. Es half rein gar nichts. Dorian meinte es ernst – obwohl sein Körper eine andere Begierde hatte.

Ein Knoten nach dem anderen löste sich.

»Überleg, *mon petit cygne*. Lange hast du nicht mehr Zeit.«

Die dunklen Schwaden sammelten sich wieder um mein Sichtfeld. Wut staute sich an. Auf ihn, weil er einfach aufgehört hatte. Auf mich, weil ich mich derart leicht um den kleinen Finger wickeln lassen hatte.

Mit jeglicher Kraft versuchte ich dieses Gefühl zu bekämpfen. Und bevor ich mich versah, waren meine Hände befreit.

Abwartend sah er mich an. Als nichts passierte, zeigte sein Finger, welcher zuvor noch in mir und jetzt von meiner Feuchtigkeit überzogen war, auf die Tür.

Da platzte mein Gemüt. Die Dunkelheit hatte sich nach Jahren der Zurückhaltung an die Oberfläche gekämpft und mich vollkommen eingenommen.

Es reichte mir, mich von jedem wie ein Stück Dreck

behandeln zu lassen. Ich ließ mich nicht aus dem Zimmer werfen, nicht, ehe er die Sache beendet hatte.

Meine Augen sprühten Funken, was er mit einem Schnauben kommentierte. Ohne zu überlegen, presste ich meine Hand gegen seine Brust und schob ihn zu seinem Bett. Wehrlos ließ er es sich gefallen.

Mit einem dumpfen Quietschen der Federn lag Dorian vor mir, sodass ich von oben auf ihn herab sah. Sein Ebenbild ... göttlich – besonders seine Lust.

Ehe meine Irrationalität mich verließ, krabbelte ich auf ihn. Nicht auf seinen pochenden Schwanz, der nach meiner zuckenden Mitte verlangte. Nein, direkt auf sein Gesicht. Ohne Scham ritt mein Schoß seine Lippen. Dorian quittierte mein unkontrolliertes Wesen mit seinem Mund. Diesmal war er es, der sich um meine Knospe schloss und daran saugte. Hart, als würde sein Leben davon abhängen.

Nun schlug die Welle über mich ein. Mit einem spitzen Schrei zog sich meine leere Mitte zusammen und entspannte sich erst nach unendlichen Minuten wieder. Der Orgasmus war unglaublich intensiv, ließ meine Muskeln unkontrolliert zucken.

Dorians Finger bohrten sich in meinen Hintern und hielten mich auf seinem Gesicht, während die Spannung langsam abebbte. Seine Zunge verlängerte meine Ekstase. Obwohl ich ermattet war, schürten seine sanften Küsse auf meinen Schamlippen die Lust wieder an.

Die Nacht war noch nicht vorbei. Wer wusste, was er alles mit mir anstellen wollte. Ich aber hatte einen anderen Plan.

Als ich wieder ein normales Gefühl in den Beinen hatte, riss ich mich von ihm los und stieg von seinem herrlichen Gesicht. Seine Lippen waren geschwollen und glänzten von meinem Saft.

Blitzschnell schnappte ich mir mein ruiniertes Nachtkleid, streifte es über meinen Kopf und hielt es mit einer Hand fest. Mein Schritt war unsicher, aber ich schaffte es irgendwie zur Tür.

Verschlossen.

Verdammt.

Diese Situation war mehr als peinlich. Ungeniert meinen natürlichen Trieben freien Lauf zu lassen, war alles andere als gut. Ich hatte alles vergessen – und das Schlimmste war, dass es sich unglaublich angefühlt hatte. Der Orgasmus, nach dem ich mich seit dem Tag im Studio gesehnt hatte, und die ... die Freiheit.

Jetzt war ich eine Gefangene. Seine Gefangene. Das wusste Dorian. Meine Stirn schlug gegen das kalte Holz. Meine Haut war mit heißem Schweiß benetzt.

»Lass mich gehen«, knurrte ich, während sich meine Fingernägel in den dünnen Stoff gruben. Ich musste mich halten, nicht in Tränen auszubrechen. Tränen der Wut. Demütigender ging es kaum.

»Wieso sollte ich?«

»Ich habe dir keinen guten Grund genannt.«

Dorian kam zu mir rüber. Seine Hände fuhren über meine Taille zu meinen Fingern. Meine Fingerknöchel waren bereits weiß. Er löste sie, sodass der Stoff ein weiteres Mal zu Boden fiel.

»Oh, das hast du. Hat es sich nicht gut angefühlt, einfach mal loszulassen?« Er umfasste meine Brüste und umkreiste meine Nippel. Wieder wurden sie hart. Ich verfluchte meinen Körper.

»Fick dich, Dorian.«

Keinen Moment später packte er meinen Pferdeschwanz und zog meinen Kopf zurück. Ein schmerzerfüllter Ausdruck legte sich um meine Züge, dennoch ließ er nicht ab.

Seine Lippen liebkosten mein Ohr. »Vergiss nicht, wer hier das Sagen hat. Schon vergessen, ich nehme dich, wann und wo ich will. Du willst es auch, schon seit langer Zeit. Ich nehme keine Frau ohne ihr Einverständnis. Das solltest du wissen, Odette. Du und ich. Wenn wir ehrlich zu uns sind, musste das hier passieren. Und wir sind noch lange nicht am Ende angekommen. Ich will deine nasse Pussy um meinen Schwanz. Jetzt.«

Mit roher Gewalt zog er weiter an meinem Haar und warf mich zurück aufs Bett. Nun war er derjenige, der auf mich hinabblickte. Dorian sah brutal aus. Ein wilder Sturm tobte hinter seinen Augen – einer, der sich in meinen so oft zusammenbraute.

Gedrängt schob er meine Beine auseinander und zog mich mit einem Ruck zu sich. Seine Eichel stieß gegen meine geschwollenen Schamlippen, sodass ein Schauer durch mich hindurch fuhr. All meine Versuche mich zu wehren, gingen in der Lust unter, die mich eingenommen hatte. Wieder.

Er hatte mit seinen Worten direkt ins Schwarze getroffen.

Ohne weitere Vorwarnung packte er meine Hüfte und schob mich gewaltsam auf seine lange Erektion. Zentimeter für Zentimeter glitt er in mich und dehnte mich. So sehr, dass mich ein Schmerz durchfuhr. Seine Dicke, seine Länge, füllte meine Mitte aus.

Tief, zu tief, steckte er in mir und zerriss mich von innen heraus.

Dorian brüllte.

Somit stürzte er sich in die Ekstase. Immer und immer wieder stieß sein Schwanz zu, während seine Finger meine Hüften im selben Takt an sich zogen. Er brachte mich in eine Position, die ihm erlaubte, tiefer und härter zuzustoßen.

Unser Stöhnen vermischte sich zu einem animalischen Lied. Obwohl ich erst vor wenigen Augenblicken gekommen und ein emotionales Wrack war, folgte ich ihm über die Klippe. Meine Haut war überempfindlich, was es quälend machte.

»Fuck, Odette!«, schrie er und erhöhte die Geschwindigkeit. Seine Hand fand meine Perle und rieb sie, bis alles vor meinen Augen verschwamm.

Wieder kam ich, während ich lauthals seinen Namen stöhnte und nach mehr bettelte. Wenn er meiner Bitte nachgegangen wäre, hätte ich es wahrscheinlich nicht überlebt. Dieser Orgasmus dauerte länger und sprengte alle erdenkbaren Grenzen.

Als Dorian sich heiß in mir verströmte, brach er zusammen. Sein schwerer Körper presste mir die Luft aus den Lungen, wobei sein abgehackter Atem mein Haar aufwirbelte. Zu meinem Glück drehte er uns um, sodass ich oben lag. Sein Glied weiterhin in mir.

Meine Finger glitten über seine feuchte Brust, während mein Blick sich hob. Schnell fand ich seinen, der unkontrolliert war – genauso wie meiner. Und dann lag sein Mund auf meinem.

Unser erster Kuss.

Es war anders, als ich es mir vorgestellt hatte. Seine Zunge strich sanft über meine geschlossenen Lippen und bat schweigend um Einlass, welchen ich ihm gewährte. Wir spielten miteinander und halfen uns die restlichen Wellen des Orgasmus fortzutragen.

Er schmeckte nach Rauch, Minze und etwas anderem – wahrscheinlich mir. Seine Hand vergrub sich in meinem Zopf und löste meinen Haargummi. Uns fehlte der Atem, doch anstatt, dass wir uns voneinander lösten, vertiefte sich der Kuss. Er war nicht wild, sondern voller Leidenschaft.

Schließlich löste sich Dorian, mit gutem Grund. Wir hatten uns auf einen normalen Puls gebracht, welcher erneut in die Höhe zu schnellen schien. Und als sein Penis aus meiner Scheide glitt, entfuhr mir ein Wimmern. Eine Leere durchströmte mich, die sich falsch anfühlte.

»Du solltest schlafen, wir müssen früh raus«, murmelte er und legte mich neben sich.

Die schwere Bettdecke umhüllte und wiegte mich in Sicherheit. Nun prasselte alles auf mich ein. Iwan, Andrej und der Mann, der jetzt von meiner Seite wich. Die Matratze bewegte sich und seine Wärme verließ mich. Ich hatte keine Möglichkeit zu protestieren, denn da überkam mich eine plötzliche Müdigkeit, die mich mit sich schleppte.

Dorian

Ungeduldig lief ich durch den kalten Gang, welcher mir half, klare Gedanken zu schöpfen. Odette schlief, während ich keine Ruhe fand, solange diese eine Sache nicht geklärt war. Vielleicht nicht der perfekte Zeitpunkt, aber es ließ mich nicht los.

Außerdem war es befriedigend, dass ihr Geruch an mir hing. Wenn er eine Gehirnzelle besaß, würde Iwan sie riechen. Die Lust, welche immer noch an meiner Haut klebte. Unsere Säfte, die meinen Schwanz benetzten.

Ich machte Halt vor der Tür mit seinem Namen und

stieß sie nach einem letzten Atemzug auf. Was mich dahinter erwartete, hätte jeden überrascht.

Iwan lag mit zwei Frauen im Bett. Alle drei waren nackt. Eine von ihnen lutschte seinen Schwanz, während die andere ihm ihren Arsch hinstreckte. Er schnupfte weißes, feines Pulver von ihren Pobacken und ließ seine Zunge über ihre Rosette gleiten.

Als die Tür gegen die Wand knallte, bemerkten sie mich. Beide Mädchen schreckten auf und entpuppten sich als Faina und Ana. Ihre Haare waren zerzaust, wobei ihre Haut bereits Blessuren vorweisen konnte. Anscheinend hatte er die vergangene Zeit auch mit einem harten Fick verbracht. Immerhin hatte er ihn von Odette nicht bekommen.

Faina und Ana sammelten ihre Klamotten zusammen und stürmten wortlos an mir vorbei. Wortlos und nackt. Ein Blick in ihre Augen verriet mir alles. Sie hatten auch eine Dosis des Kokains intus.

Sie waren nicht mein Ziel. Es war Iwan, der mit schlaffem Glied und geschlossenen Lidern gegen die Wand gelehnt war. Seine Brust hob sich schwer, was meine mörderischen Gedanken auf einen Schlag zurückholte.

Fuck, er kann froh sein, dass er überhaupt noch in der Lage ist zu atmen.

So einfach ließ ich ihn nicht davonkommen. Ohne Vorwarnung packte ich ihn am Kragen und zerrte ihn auf seine Füße. Leicht taumelnd suchte er eine Stütze, welche er sofort bekam. Die Wand.

»Sieh mich an!«, knurrte ich, wobei sich seine Lider flackernd öffneten. Er war so drauf, dass man denken könnte, er würde jeden Moment zusammenbrechen. Er hielt sich mühsam aufrecht. Emotionslos sah Iwan mich durch die langen Strähnen seines Haars an. Keine Regung. Keine Angst. Na ja, die hatte er sich ja aus dem Kopf geschnupft.

»Wenn du sie noch einmal außerhalb des Tanzens anfassen solltest, dann bringe ich dich um. Dein kleiner Freund ist im Krankenhaus gelandet, aber wenn du ihr nur einen falschen Blick zuwirfst, dann kannst du unter der Erde verrotten.«

Ich war zu sanft. Odette hatte aber mein Gemüt derart besänftigt, dass ich mich irgendwie in Zurückhaltung hüllte. Sie würde morgen entscheiden, wie es mit ihm ausgehen würde. Wenn es auf den Tod hinausging, sollte es mir recht sein.

Ein geräuschloses Lachen bildete sich seinerseits, weshalb meine Selbstbeherrschung für einen kurzen Augenblick einriss. Meine Faust landete keine Sekunde später in seinem Gesicht.

Ich musste zurück zu ihr. Jetzt, sonst würde das hier kein gutes Ende nehmen. Also ließ ich ihn los, sodass er ächzend auf dem Boden aufschlug.

Er atmete noch.

»Woher hast du das?«, fragte ich und hob ein noch geschlossenes Päckchen des weißen Pulvers hoch. Meine Gedanken huschten zu der Visitenkarte des Polizisten. »Hast du Sonja und Nadia den Stoff besorgt?«

Da er nicht reagierte, stieß mein Fuß gegen seinen Kopf, was ihn in die Wirklichkeit zurückholte.

»Antworte!«

»Nein. Sie hatten es nicht von mir.«

Seine Strähnen waren mit Blut durchzogen. Egal wie sehr ich ihn noch zurichten würde, Iwan hätte es sowieso nicht gemerkt.

»Sei froh, dass du ihr deinen Schwanz nicht ins Gesicht gehalten hast. Aber eins kann ich dir versprechen, ich werde dir dein Leben zur Hölle machen. Egal wie.

In dieser Nacht hast du dir dein eigenes Grab geschaufelt.«

Es war ein Anblick der Götter.

Odettes schmale Gestalt in dem riesigen, zerfickten Bett. Ihre Haut war nur zur Hälfte mit der Decke bedeckt. Sie lag auf dem Bauch, sodass ihr goldenes Haar ihren Rücken hinabfloss.

Ich nahm einen großen Schluck des Alkohols, der meine Kehle zum Brennen brachte. Kurz verzogen sich meine Züge. Eins hatte ich definitiv nicht an Russland vermisst – den ekelhaften Fusel. Da schmeckte der billigste Wein in Frankreich sogar besser.

Mein Arm war auf die Lehne des dunkelgrünen Sessels gelegt, während ich die klare Flüssigkeit schwenkte. Der Mond schien durchs Fenster und tauchte alles in silbriges Licht. Meine Augen konnten sich nicht von ihr abwenden. Selbst wenn ich sie schloss, sah ich ihre weiße Haut, die sich mit meiner gebräunten verschmolz. Meinen Schwanz, der immer wieder in ihre geschwollene Öffnung stieß. Würde mich dieses Bild auf ewig verfolgen?

Nachdem ich aus Iwans Zimmer zurückgekehrt war, hatte ich mich unter die eiskalte Dusche gestellt, um sein Blut von meinen Händen zu waschen und meine Gedanken zu sortieren.

Seitdem saß ich einfach da und beobachtete die schlafende Frau vor mir.

Alexander hatte mich gewarnt. Diese Warnung hätte er sich allerdings sparen können. Seit dem Zeitpunkt, als dieser dunkle Schatten sich über sie gelegt hatte – bei unserer ersten Begegnung – wollte ich sie. Nun war Odette in meinem Bett, aber das Verlangen ebbte keinen Moment ab. Im Gegenteil, es schlug in etwas um, das sich nicht kontrollieren ließ.

Erneut sammelte sich Wodka in meinem Mund. Über meinen Körper spannte sich mittlerweile ein T-Shirt und eine weite Schlafhose, worüber ich froh war. Die Nacktheit hätte ihr sofort meine Lust demonstriert, die trotz des Stoffes deutlich war.

Denn Odette wurde wach. Ihr Atem war nicht mehr ruhig und gleichmäßig, so wie die Stunden zuvor. Es war zwar noch dunkel, dennoch würde es nicht mehr lange dauern, bis der Morgen anbrach.

Mit einem Murmeln drehte sie sich um, wobei ihre süßen, kleinen Brüste zum Vorschein kamen. Keine Ahnung, was mich geiler machte, der Hintern oder diese Titten. Darauf gab es keine Antwort, da es die gesamte Frau war, die mich strammstehen ließ.

»Willst du nicht schlafen?«, murrte sie mit belegter Stimme.

Ohne nachzudenken, stand ich auf und sank neben ihr auf die Matratze. Langsam strich ich ihr eine Strähne hinters Ohr. Diese Verletzlichkeit, welche sie gerade ausstrahlte, war zu viel. Es war derselbe Ausdruck, welcher sich nach dem Sex auf ihre Züge gelegt hatte. In diesem Moment hatte ihre mentale Hand mein Herz gepackt, sodass mir nichts übriggeblieben war, als sie zu küssen.

»Geht's dir gut?« Es war eine berechtigte Frage. Ich war hart und grob gewesen, so wie ich sie gebraucht hatte. Und Odette hatte es in vollen Zügen genossen, trotzdem wusste ich nicht, wie sie nach dem Adrenalinstoß drauf war. Eigentlich sollte es mich nicht kümmern, dennoch tat es genau das.

»Ja.«

Das war alles, was ich zu hören brauchte. Vorsichtig

schlüpfte ich unter die Bettdecke, versuchte aber einen gewissen Abstand zu ihr einzuhalten. Da hatte ich leider die Rechnung ohne Odette gemacht. Sie drückte ihr Gesicht an meine Brust und schob ein Bein zwischen meine.

Unbehagen durchströmte mich. Eine Frau zu nehmen und mit einer im Bett zu liegen waren zwei verschiedene Paar Schuhe. Besonders, wenn man sonst nie die Nacht mit einer Frau in demselben Bett verbrachte. Trotzdem wagte ich es nicht, sie von mir zu stoßen. Dafür hätte ich verschwinden und mir eine andere suchen müssen. Doch ich war wie ein Idiot auf dem Sessel sitzen geblieben. Jetzt lag ich hier, angezogen und sie nackt. Ohne irgendeinen sexuellen Bezug.

Lange konnte ich nicht mehr darüber nachdenken, denn ihr sanfter Druck auf meinen Brustkorb beruhigte und entführte mich in den Schlaf.

Kapitel Zwölf

Odette

Schweißperlen benetzten meine Oberlippe. Das Geräusch meiner Schritte hallte durch den leeren Gang, während ich zum Studio hetzte.

Ich hätte mir die Dusche heute früh sparen können. Wieso hatte er mich denn nicht aufgeweckt? Immerhin hatte er mir auch meine Zahnbürste und meine Klamotten auf das Fußende des Bettes legen können.

Da es noch dunkel gewesen war, hatte ich mich ahnungslos unter den Wasserstrahl gestellt und mir keine Gedanken um die Zeit gemacht. Als aber Dorian nach meinem kleinen Waschgang immer noch nicht aufgetaucht war, war mein Blick zum Wecker geglitten.

Es waren kaum zehn Minuten bis zum Frühstück gewesen.

Und jetzt – jetzt stand ich vor der Tür des Studios und versuchte meinen Atem auf eine normale Geschwindigkeit zu bringen. Mir gebührte aber nicht die Ehre, die Tür zu öffnen.

Nein, es war Iwan.

Angst packte mich. Wieder erstarrten meine Gliedmaßen und ließen keine Bewegung zu. Allein der Gedanke, dass er mich beim Tanzen anfassen musste, war mir zuwider.

Es legte sich kein höhnisches Grinsen auf seine Lippen. Heute waren seine Züge mit einem tiefsitzenden Schreck gezeichnet. Was auch immer Dorian mit ihm angestellt hatte – seine Nase hatte auf jeden Fall etwas abbekommen – musste ihm eine Lehre gewesen sein, denn er umrundete mich und verschwand.

Zeit darüber nachzudenken hatte ich nicht, da nun Ana und Faina auf mich zukamen. Beide trugen bläuliche Schatten unter ihren Augen, als hätten sie kaum geschlafen.

Bevor auch sie verschwanden, drehte sich Ana nochmals zu mir um.

»Viel Glück, er hat heute eine beschissene Laune.«

Super.

Vorsichtig tastete ich mich voran. Einfach umzudrehen und mich in meinem Zimmer zu verstecken, war definitiv keine Option.

Er würde mich für einen Feigling halten. Ich würde mich selbst für einen halten. Wir hatten miteinander geschlafen. Das war alles. Bei Iwan hatte es mich auch nicht gekümmert.

Dennoch versetzte mich seine Stimme, die mit jedem Schritt mehr Konturen annahm, unter Strom. Die Erinnerung seines Stöhnens durchdrang erneut meine Nerven. Sein heißer Atem auf meiner nackten Haut. Doch dann machte sich noch eine Person bemerkbar.

Ewa.

Als sie in mein Sichtfeld rutschte, rauschte Blut durch meine Ohren. Es hinderte Ewas gekünsteltes Lachen, welches durch das Studio schallte, nicht daran, mich zu durchdringen. Vor wenigen Tagen hatte mich ihr aufdringliches Verhalten den Kopf schütteln lassen. Heute aber durchflutete es mich mit bitterer Eifersucht.

Ihre Hand lag auf seiner Brust, während sie mit jeder Sekunde näher zu Dorian rückte. Und er. Er ließ es sich grinsend gefallen.

Schlechte Laune. Von wegen.

Mit einem Räuspern machte ich mich bemerkbar, wodurch sich die Aufmerksamkeit von beiden auf mich lenkte.

Dorian machte einen Schritt nach hinten und fixierte mich mit glühendem Blick.

»Wieso kommst du so spät?«

Was?

Meine Hand ballte sich zu einer Faust, wobei meine Brust von einer Enge übermannt wurde. Am liebsten würde ich umdrehen und verschwinden.

»Der Wecker hat anscheinend nicht funktioniert«, presste ich hervor und blieb am Boden festgewurzelt.

»Während die anderen frühstücken, holst du die halbe Stunde nach.«

»Ich habe keine Schuhe mehr.« Für dieses Wissen musste ich nicht mal an das Regal gehen. In den vergangenen Tagen ist die Banalität der Vorbereitung von Schuhen in den Hintergrund geraten. Nach gestern sicher nicht die erste Sache, über welche ich mir einen Kopf machte.

»Dann machst du das eben jetzt«, knurrte er und trat einen Schritt auf mich zu. »Wir sehen uns später.«

Gefolgt von Ewa ließ er mich stehen. Einfach so,

ohne ein Wort. Ohne irgendwas, außer einem schmutzigen Gefühl auf meiner Haut.

Mein Kopf suchte sich die kreativsten Beleidigungen zusammen, die auf Dorian zutrafen. Anstatt mich aufzuwecken, hatte er mich schlafen lassen. Und jetzt passte es ihm nicht, dass ich zu spät kam?

Arschloch.

Blödmann.

Bastard.

Da sich meine Gedanken mit der Wut beschäftigten, die in mir kochte, achtete ich nicht auf die Nadel, die sich binnen Minuten zum ersten Mal in mein Fleisch bohrte.

»Fuck«, murmelte ich und steckte meinen Daumen in den Mund. Der Geschmack von Blut breitete sich auf meiner Zunge aus. So wie gestern. Erneut flackerten Bilder vor meinem inneren Auge auf, die sich diesmal nicht mit einem einfachen Kopfschütteln vertreiben ließen.

Er hatte auch mein Blut gekostet. Sich an mir gelabt, bis ich meinen gesamten Verstand verloren und mich ungezähmt auf ihn gestürzt hatte. Seine Größe, die die Leere zwischen meinen Beinen nun umso präsenter wirken ließ, trieb einen Keil in meine Konzentration.

Sie überschwemmten mich wie die Flut eine Küste, wobei ich sehnlichst auf die Ebbe wartete.

Und sie kam. Aber leider nicht so, wie ich es mir erhofft hatte. Die Erinnerungen an seine Berührungen wurden durch sein himmlisches Ebenbild abgelöst. Dorian trat mit einem Tablett mit einer großen Tasse und einem Croissant darauf, in den kleinen Raum.

Bevor ich mich in den dunklen Augen verlor, wandte

sich meine Aufmerksamkeit erneut den Schuhen zu. Er hatte mir die Aufgabe aufgetragen, also würde ich sie erledigen.

Das Kratzen des Tablettes durchschnitt die Stille zwischen uns, da es in den Bereich meines Sichtfeldes rutschte. Im Becher befand sich eine hellbraune Flüssigkeit. Nach dem Geruch zu urteilen, starker Kaffee mit einem Schuss Milch. Genauso, wie ich ihn mochte.

»Du solltest das Frühstück nicht vollkommen ausfallen lassen«, sagte er und blieb stehen. »Odette—«

Mit einem Lachen brachte ich seine Stimme zum Schweigen. Ich konnte mir vorstellen, was das hier werden würde. ›Es war ein Fehler. Vergiss die Nacht.‹ Vielleicht war er deswegen so schlecht gelaunt, weil er jetzt den Karren aus dem Dreck ziehen musste.

Ehe meine Gehirnzellen durchbrannten, umklammerten meine Finger das silberne Metall mit dem Essen darauf. Damit lief ich zum Mülleimer in der Ecke und ließ es prompt hineinfallen. Es war schade um den Kaffee, aber auf seine Mitleidstour konnte ich geflissentlich verzichten. Wahrscheinlich dachte Dorian, dass ich ihm ab jetzt wie ein kleines Schoßhündchen am Arsch kleben würde. Und um ehrlich zu sein, würde ich nie wieder in seiner Anwesenheit klar denken können. Dafür war es einfach zu gut gewesen. Obwohl gut eine ziemliche Untertreibung war.

Dennoch passte sich meine Stimme der Außentemperatur problemlos an. Frostig, eiskalt.

»Spar es dir. Ich hab's verstanden. Nichts ist passiert. Also, wenn du deswegen so schlecht gelaunt bist, kann ich dir sagen, dass alles vergessen ist.« Bei den Worten blickte ich unverwandt in sein Gesicht. Es war hart und unergründlich. Keine Regung, außer das Zucken seines Kiefers, als sich die Stille zwischen uns ausbreitete.

Es dauerte eine halbe Ewigkeit, bis Dorian sich in Bewegung setzte. Er ließ sich alle Zeit der Welt, als könnte ich ihm nicht entfliehen. Seine starken Arme schlossen mich wie Gitterstäbe zwischen der Wand und ihm ein. Schon wieder war ich gefangen. Und schon wieder wehrte ich mich nicht.

Sachte strich er meinen Hals zu meiner Wange entlang. Diese Iriden hingen sich in mein Stahlgrau und verschluckten mich mit ihrer Intensität. Kaum zu glauben, dass ich vor wenigen Tagen noch davor geflüchtet war, denn nun wollte ich mich darin verlieren – von deren Sturm verschluckt werden.

»Du denkst zu viel«, stellte Dorian fest und suchte sich mit seiner Hand einen Weg zu meiner Schläfe. »Und wenn du nicht endlich damit aufhörst, muss ich Dinge mit dir machen, die—«

»Es tut mir leid, dass du sonst nur hirnlose Schlampen fickst. Aber ich bin sicher keine davon«, zischte ich und versuchte mich unter ihm hinweg zu ducken. Da packte er mich am Kinn und hielt mich fest. Mein Gesicht war wenige Zentimeter von seinem entfernt, was das stetige Flimmern zwischen uns intensivierte.

»Oh nein, das bist du nicht. Vielleicht ist es genau das, was mich in den Wahnsinn treibt.«

»Dann solltest du dir vielleicht eine andere suchen, die das Betthäschen für dich spielt.«

Der Druck seiner Finger auf meiner Haut verstärkte sich, während Dorian noch näher an mich herantrat.

»Soll ich dir sagen, wieso ich nicht die beste Laune habe?«, knurrte er, wartete aber nicht auf meine Antwort. Unverwandt presste er seinen Schritt gegen meinen Bauch und verdeutlichte mir, welche Gefühle in ihm wüteten. Lust. Unbändiges Verlangen. Sein harter Schwanz drückte sich an mich.

Wie konnte ich das übersehen haben?

»Das ist der Dauerzustand seit gestern, Odette. Es ist unmöglich sich zu konzentrieren. Und das alles, weil ich in dir war. Wenn ich heute Morgen eine Sekunde länger geblieben wäre, hätten wir es eine gesamte Woche nicht mehr aus diesem Zimmer geschafft.«

Ich ließ mich fallen.

Ohne darüber nachzudenken, presste ich meine Lippen auf seine, was er mit einem gequälten Laut kommentierte. Aber anstatt, dass Dorian sich von mir löste, suchte sich seine Zunge einen Weg in meinen Mund und eroberte mich von innen heraus.

Das war er. Der Kuss, welchen ich mir so oft vorgestellt hatte. Seine Hände wanderten unter meinen Hintern und hoben mich problemlos hoch. Mit den Beinen um seine Hüfte geschlungen, rieb ich mich an seiner Größe, was meine Mitte nach mehr lechzen ließ. Alles in mir brauchte ihn. Jetzt. Auch ihm war es nicht möglich von mir abzulassen. Seine Fingerspitzen glitten über meine aufgerichteten Nippel und stimulierten sie durch den Stoff hindurch.

Schweratmend riss er sich von meinen Lippen los, um sogleich meinen Hals zu liebkosen.

»Deine Pussy ist so eng, *mon petit cygne*. Ich hätte dir um einiges mehr Spaß bereiten können, wenn du nicht so verdammt gut wärst«, brummte er zwischen seinen Zungenschlägen.

Mein Kopf prallte hart gegen die Wand, wodurch Dorian einen noch leichteren Zugang zu mir hatte. Seine Zähne schabten über die dünne Haut. Die Erektion wurde immer definierter, was mir ein leises Stöhnen entlockte. Die anfängliche Wut und die unzähligen Fragen, die Tag für Tag mehr wurden, verschwanden.

Er entzog mir meinen Genuss und stellte mich zurück auf die Beine. Wacklig stand ich da, während Dorian sich, mit wildem Blick, mit einer Hand neben meinem Kopf abstützte. Mir war klar, was seine tiefste Begierde war. Er wollte mich. Dennoch hielt er inne.

»Sag mir eins, meine kleine Odette, wer hat dich zuletzt besessen?«

Wie vom Donner gerührt wurde meine pochende Lust von dieser Frage abgelöst. Schnell versuchte ich Abstand zwischen uns zu bringen.

»Ich wüsste nicht, was dich das angehen sollte.«

»Es geht mich sehr wohl etwas an.« Er lachte auf und drehte sich zu mir, da ich mich mittlerweile wieder am Tisch befand. »Ich hatte gestern kein Kondom an. Mein Sperma ist in dir.«

»Gut, dann ist eher die Frage, wen du in der letzten Zeit gevögelt hast.«

»Wir haben doch gestern bereits gesehen, wer hier das Sagen hat. Rück mit der Sprache heraus. Wer und wann.«

Trotzig verschränkten sich meine Arme vor der Brust. Eigentlich ging es ihn wirklich nichts an. Aber er hatte recht, wir waren unvorsichtig. Und ich konnte mir nicht vorstellen, dass Dorian dumm und leichtsinnig war.

Da keine Antwort aus meinem Mund kam, bestätigte er meinen Gedanken nochmals. »Odette, ich muss es wissen. Mir ist es noch nie passiert, dass ich es einfach vergessen habe.«

Er hatte gestern die Kontrolle verloren. So wie ich. Wie Dorian wohl sonst mit Frauen im Bett war? Genauso versessen und dominant?

Ich wollte es nicht wissen.

Geschlagen gegeben drehte ich meinen Kopf beiseite. Ihm bei den nächsten Worten in die Augen zu sehen, war unmöglich. Deshalb breiteten sich die Holzfasern der dunklen Tür vor meinem Sichtfeld aus, während ich die richtigen Worte suchte.

»Iwan. Vor einem halben Jahr. Du musst dir keine Sorgen machen. Wir waren vorsichtig und er war mein erstes Mal. Außerdem habe ich mich zwischenzeitlich auf jegliche Krankheiten testen lassen. Es ist nichts.«

Es wurde beunruhigend still. Sein Ausdruck war undurchsichtig. Die Wut dafür umso deutlicher. Dorians gesamter Körper war angespannt – sogar sein Kiefermuskel zuckte. Hätte er den gesamten Raum mit mir darin niedergerissen. Mich hätte es nicht überrascht. Aber er blieb ruhig.

»Zieh dich an. In einer halben Stunde will ich dich unten vor dem Eingangstor haben. Komm nicht zu spät.«

Eine Möglichkeit nach einem einfachen ›Wieso‹ zu fragen, blieb mir nicht mehr, denn er verschwand bereits.

Als die Scham nachließ, kehrte die Wut zurück. Er besaß die Dreistigkeit sich meinen Fragen zu entziehen und mich im gleichen Moment in eine Ecke zu drängen. Am liebsten hätte ich ihn eiskalt stehen lassen, und doch war mir bewusst, dass Dorian mich holen würde.

Ein ›Nein‹ als Antwort ließ er nicht gelten.

~

Ungeduldig sah ich auf die alte Wanduhr im kahlen Eingangsbereich und wippte auf meinen Füßen auf und ab. Er war zu spät, ließ mich schon über eine Viertelstunde auf sich warten.

Und da sagte man, dass Frauen Stimmungsschwankungen hätten.

Ich war kurz davor auf dem Absatz kehrtzumachen, als Dorian gemächlich die Treppe hinunterschritt. Er sah so aus wie vorhin, außer, dass er zusätzlich einen dicken Mantel in der Hand hielt.

»Du bist zu spät«, merkte ich an und verschränkte trotzig die Arme vor der Brust. »Was soll das überhaupt? Ich habe noch andere Dinge zu erledigen.«

Wissend zog er einen Autoschlüssel aus der Hosentasche. »Und was wäre das? Im Bett liegen und schlafen? Das kannst du nachts machen.« Ein verschmitztes Grinsen huschte über seine Lippen. »Oder, wenn dir langweilig ist.«

Das Letztere traf es bedeutsam besser. Zumindest wenn man die gestrige Nacht betrachtete.

Er schlang einen Arm um mich und zog mich nach draußen. Obwohl ich mich am liebsten aus seinem Griff befreit hätte, vernebelte sein Geruch meine Gedanken. Zudem blockte sein starker Körper den Wind, was dazu führte, dass sich Dorians Wärme sogar durch den Stoff auf meine Haut ablegte. Seine Laune hatte anscheinend eine 180 Grad Wendung hingelegt.

Wir liefen die Einfahrt zu einem meist schneegehäuften Parkplatz hinab und machten vor einem schnittigen, schwarzen Sportwagen halt. Es strahlte Macht aus, demonstrierte mir abermals, dass der Mann neben mir mehr als nur ein einfacher Balletttänzer war. Aber was steckte hinter seiner Maske?

»Steig ein«, sagte er, wobei das Licht der Scheinwerfer aufzuckte.

»Was machen wir?«

»Wirst du schon sehen.«

Ich riss die Autotür auf und ließ mich ohne weitere Gegenworte auf den Beifahrersitz fallen. Der Innenraum war hell. Weißes Leder. Trotz der äußerlichen Form wirkte es hier elegant. Nichts, mit dem man zum Spaß einfach so durch die Gegend rasen würde.

»Gefällt es dir?«, fragte er und startete den Motor.

Nickend strich ich über die Mittelkonsole bis hin zu dem Bildschirm, welcher die sonst unzähligen Knöpfe ersetzte.

Willkürlich fingen meine Finger an, irgendwelche Symbole zu drücken, bis eine sanfte Melodie aus den Lautsprechern drang. Es waren Töne eines Pianos, gemischt mit den Saiten eines Cellos.

»Ich mag deinen Musikgeschmack.«

Klassische Musik zog mich immer in den Bann. Egal welche Stimmung in mir schwang, sie lenkte mich ab. Beruhigte mich und gab mir den Freiraum in Tagträumen zu versinken.

»Wo ist denn plötzlich deine kratzbürstige Art abgeblieben?«, schmunzelte Dorian, sein Blick weiterhin auf die leere Straße gerichtet.

»Was soll das denn bedeuten?«

»Und da ist sie schon wieder.«

Darauf sagte ich nichts mehr, sondern beobachtete die vorbeirauschende Landschaft, welche mit jedem Meter an Bäumen verlor, dafür aber vereinzelt Häuser beherbergte. Wir fuhren in die kleine Ortschaft, in der ich vorgestern erst gewesen war.

Ob Frau Zwetkowa immer noch hier war? Wo lebte ihre Familie überhaupt?

»Also, um deine Frage endlich zu beantworten«, sagte Dorian und lenkte meine Aufmerksamkeit wieder auf ihn. »Ich hole eine Bestellung ab.«

Meine Stirn warf Falten. »Und deshalb nimmst du mich mit?«

»Ich nehme dich mit, weil—« Die Knöchel seiner Hand traten plötzlich weiß hervor. Auch die Partie um seinen Kiefer zuckte. »Weil ich dich um mich haben will. Man hat gesehen, wozu es geführt hat, als ich nicht bei dir war.«

»Dorian, was ist mit ihnen passiert?«, fragte ich, um einen sanften Ton bemüht. Vielleicht auch, um das Zittern in meiner Stimme zu verstecken.

»Der eine, keine Ahnung, wie er heißt—«

»Andrej?«

»Wie auch immer. Er wird so schnell nicht mehr hier auftauchen. Das verspreche ich dir. Und Iwan«, er holte tief Luft. »Wenn du nicht mehr mit ihm tanzen oder unter einem Dach leben willst, dann werde ich einen Weg finden, auch ihn aus deinem Umfeld zu schaffen.«

Wie meinte er das? Wieso würde Andrej nicht mehr kommen? Gar nicht mehr? Das Blut schoss mir wieder in Erinnerung.

»Was ist mit ihm passiert?«

»Odette, was zur Hölle soll mit Iwan passieren? Er wollte dich vergewaltigen.« Seine Stimme stand vor dem Zerbersten. Eine unterschwellige Wut lag in seinem Ton, sodass sich sogar die Musik ihr anpasste.

»Lass ihn. Was auch immer du mit ihm gemacht hast, er wird mich nicht mehr ohne meine Zustimmung anfassen. Ich habe sogar die Befürchtung, dass er, selbst mit meinem Wort, ein schriftliches Einverständnis bei dir abholen würde.«

»Für das, was er mit dir alles machen wollte, ist er zu gut weggekommen«, flüsterte er, erhöhte das Tempo, sodass der Motor aufheulte.

Wortlos starrte ich ihn an. Mir lagen nicht die richtigen Worte auf der Zunge, weshalb allein das Piano den Innenraum ausfüllte.

Je fester ich die vergangene Nacht greifen wollte, desto schneller entglitt sie mir. Alles, außer Dorian, der mich in sein Zimmer trug und mir das gab, wonach ich mich schon lange gesehnt hatte.

Schließlich kam der Wagen vor einem kleinen Laden mit der Aufschrift *Polinas Ballettschuhe* zum Stehen. Fragend sah ich den immer noch brodelnden Mann neben mir an.

»Kannst du mir bitte die Liste geben? Sie liegt im Handschuhfach«, sagte er und griff nach seinem Geldbeutel in der Seitentür.

Die Liste entpuppte sich als eine Rechnung. Eine Rechnung über mehrere hunderttausend Rubel. Wie der Name des kleinen Ladens schon verriet, handelte sich der Einkauf um Ballettschuhe in jeglichen Größen.

»Außerdem habe ich dich mitgenommen, weil du mal raus musst.« Mein Mund setzte zu einer schnippischen Erwiderung an, da riss er jedoch bereits die Autotür auf. »Komm, je schneller wir reinkommen, desto früher kannst du dich wieder in deinem Bett verkriechen.«

Das hatte er also aus meinem Schweigen gezogen. Dorian dachte, dass ich nicht bei ihm sein wollte. Ich fragte mich, ob das der Wahrheit entsprach. Es gab Teile in mir, die seinen Worten Wahrheit zusprachen. Wenn es hart auf hart kam, war mein Rückzugsort immer mein dunkles Schlafzimmer. Im gleichen Atemzug aber wollte ich von ihm gehalten, berührt werden. Sodass alles um mich herum verblasste.

Kopfschüttelnd schob ich den Gedanken beiseite und folgte ihm.

Der dämmrige Laden erinnerte eher an ein vollgestopftes Lager. Die Regale platzten beinahe. Überall waren Schuhe in allen erdenklichen Farben – weiß, rosa, blau, sogar braun. Man fand gleichzeitig auch die anderen Dinge, die man zum Tanzen brauchte.

Dorian stand an einem kleinen Tisch und redete mit

einer Frau. Dem Namensschild auf ihrer Brust zufolge war das Polina. Während er die restlichen Dinge klärte, streifte ich durch die Reihen.

Mit der Fingerkuppe strich ich über die Stoffe. Alle hatten verschiedene Texturen, sodass meine Neugier auf die nächste Entdeckung immer wieder neu geschürt wurde – bis ich bei einem bestimmten Paar ankam.

Die Schuhe waren pechschwarz und hatten goldene, wirbelartige Muster als Verzierung. Alle anderen Schuhe waren schmucklos und einfach. Alle, außer diese. Ein kleiner Stein zierte sogar die Mitte des Zehenbereichs.

Wunderschön.

»Gefallen sie dir?«, fragte Dorian, der plötzlich neben mir aufgetaucht war.

»Ja, aber es wäre die reinste Geldverschwendung, sie zu kaufen.« Schnell legte ich sie wieder zurück und drehte mich zu ihm. »Fertig?«

»Die Kartons müssen noch ins Auto geladen werden.«

»Ist das der wahre Grund, wieso du mich mitgeschleppt hast? Ich, dein persönlicher Packesel?«

Ein Grinsen umspielte seine Züge. »Klingt doch gut.«

Augenverdrehend stieß ich ihm meinen Ellenbogen in die Rippen. Obwohl dieser Tag ein Wirrwarr aus seinen und meinen widersprüchlichen Emotionen war, glitzerten auch meine Augen amüsiert.

Dorian

Der Schuhladen war nur mein erster Stopp gewesen. Natürlich hatte ich dazu kein Wort gesagt, weil ihre Reaktion vorhersehbar gewesen wäre. Sie war verwirrt, wusste nicht wohin mit ihren Gefühlen. Genau wie ich, weshalb ich einen Ort suchte, wo wir nicht allein waren. Außerdem gab es noch Dinge zu bereden, die vor dem unausweichlichen Akt geklärt werden mussten.

Also schob ich sie durch die Tür eines kleinen französischen Cafés, welches mir schon vor längerer Zeit ins Auge gefallen war. Ein himmlischer Geruch von frischem Gebäck hing in der Luft. Daher war es kein Wunder, dass der winzige Raum prall gefüllt war. Unter den Köpfen machte ich sogar einen Bekannten aus.

Konstantin.

Er war hier. Natürlich war er mir gefolgt.

Und ich ... Ich hatte es nicht gemerkt. Wegen ihr. Ihre Nähe reichte aus, um mich blind werden zu lassen. In meinem Fall war das mehr als gefährlich.

»Wieso sind wir hier?«, wollte Odette wissen, sah sich prüfend um und rückte ihr cremeweißes, dickes Wollkleid zurecht, während sie sich mir gegenüber auf einen gepolsterten Stuhl setzte. Ihre Wangen waren von der Kälte mit einem zarten Rot überzogen, was meine Gedanken abschweifen ließ. An einen anderen Ort, einen anderen Moment, an dem ihre Haut ebenfalls mit diesem verräterischen Ton gefärbt war.

»Es ist unser freier Tag, da sollte man doch ein bisschen unter Leute gehen.«

Ihre Augen verengten sich. »Was soll das hier?«

»Darf ein Mann nicht mit einer Frau einen Kaffee trinken gehen?«

Ehe ich darauf eine Antwort bekam, trat eine Bedienung an unseren Tisch und überreichte uns die Speisekarte.

»Odette, wir müssen über die Nacht sprechen«, sagte ich, während ich in meine Seitentasche griff.

»Haben wir das heute Vormittag nicht schon?«

Meine Fingerspitzen erfassten das Gestell und setzte es auf meine Nase, was ihr ein schallendes Lachen entlockte. Die Stimmung schwappte, worüber ich froh war, obwohl sie sich über mich lustig machte.

»Noch nie einen Mann gesehen, der eine Brille trägt?«

Mit der Augenbraue nach oben gezogen, blickte ich ihr entgegen. Grinsend schüttelte sie den Kopf und blätterte die Karte durch.

»Doch, ich habe es bloß nicht von dir erwartet.«

Sachte lehnte sich mein Oberkörper zu ihr, die kommenden Worte würden für potenzielle Zuhörer unverständlich bleiben. »Wieder diese Klischees, *mon petit cygne*. Wieso sollten meine Augen nicht schlecht sein? Wegen meines Aussehens oder weil ich so gut im Bett bin?«

Ihr Atem stockte, was ein sicheres Lächeln auf meine Lippen setzte. Die Spannung hielt nicht lange, denn die Kellnerin kam wieder. Ich hatte keine Chance gehabt, mir etwas auszusuchen, trotzdem stand meine Wahl fest.

»Einen Kaffee mit fettarmer Milch, bitte«, sagte Odette und stützte die Ellenbogen auf die gläserne Tischplatte.

Mein Magen formte sich zu einem Klumpen. Wieso tat sie sich das selbst an? Die Neugier war zu groß. Und irgendwas anderes. Sorge? Was es auch sein mochte, es fühlte sich komisch an.

»Einen Pfefferminztee und zwei Stücke von dem Schokokuchen.« Das ›Bitte‹ sparte ich mir, dennoch lächelte die Alte. Sie hatte meinen leichten, französischen Akzent gehört.

Und dann war sie bereits verschwunden.

»Zwei Stück?«

»Eins für mich und eins für dich«, stellte ich klar und packte die Brille wieder weg.

Hinter Odette zog Konstantin die Augenbraue nach oben. Sein Haar war heute offen, sodass es sein gesamtes Gesicht verdeckte. Na ja, nur beinahe. Anscheinend fragte auch er sich, woher die verdammte Fürsorge kam.

»Das ist nicht—«

»Über was wollen wir reden? Über den Fakt, dass du kaum etwas isst oder über den Abend? So oder so, es wird alles ausdiskutiert werden.«

Seit längerem musste ich mir das nun schon ansehen. Bei den Essenszeiten tauchte sie manchmal gar nicht auf, und wenn, dann ausschließlich mit einer kleinen Schüssel Joghurt und Obst. Bisher hatte sie unter meinen Augen höchstens drei warme Mahlzeiten gegessen.

»Darüber gibt es nichts zu sagen.«

Als Odette den ernsten Ausdruck auf meinem Gesicht erkannte, sackten ihre Schultern geschlagen hinab. Obwohl mir schon vorher bewusst gewesen war, für was sie sich entscheiden würde, drängte ich sie nicht weiter. Es würde aber sicher nicht in Vergessenheit geraten.

Odette, du wirst dich nicht vor meinen Augen in Nichts verwandeln. Das lasse ich nicht zu …

»Die Nacht«, sagte sie und sah mir fest in die Augen.

»Was hast du im Archiv gesucht?« Meine Frage

schien sie zu überraschen. »Hast du gedacht, ich will nochmal das breittreten, was danach passiert ist?«

Ertappt zupften ihre Finger an einem Ärmel, während ihre Zähne sich in ihren Lippen vergruben.

»Das haben wir heute früh schon. Nochmal reden wäre die reinste Zeitverschwendung, wenn ich es dir stattdessen heute erneut zeigen kann«, flüsterte ich und zog ihr Gesicht zu mir. Da der Tisch klein genug war, stellte es kein Problem dar. Meine Lippen berührten ihre Wange. Allein ihr Geruch und das Gefühl ihrer Haut reichten aus, damit meine Fantasie mit mir durchging. »Ich will dich wieder schreien hören.«

Ich streifte mit meinem Mund ihren und fuhr mit der Zunge zwischen ihre Lippen. Sie schmeckte genauso wie in meiner Erinnerung.

Frisch. Feminin. Leicht.

Schließlich entzog ich mich dem Verlangen weiterzumachen. Eher gesagt, wurde mir die Entscheidung abgenommen, als unsere Speisen kamen. Nun waren Odettes Wangen nicht von der Kälte gerötet.

Die alte Dame war verzückt über unsere offenkundige Zuneigung, weshalb sie uns nicht länger stören wollte. Selbst wenn, ich hätte es nicht gemerkt. Meine alleinige Aufmerksamkeit galt der Frau vor mir.

Küsse an jemanden zu verschenken, war eigentlich nicht mein Ding. Doch nach ihren war ich süchtig. Konnte mich nur mit all meiner Willenskraft losreißen.

»Also, was hast du mitten in der Nacht im Archiv gemacht?«, fragte ich erneut und versuchte mich auf das Hier und Jetzt zu konzentrieren.

Es dauerte ein wenig, bis auch sie ihre Gedanken gesammelt hatte. Doch war ihre Stimme fest. »Ich glaube nicht daran, dass das mit Sonja ein Unfall oder Selbstmord war. Als du weg warst, habe ich ein wenig im Internet recherchiert. Vor 30 Jahren ist ein fast identischer ›Unfall‹ passiert. Die Autopsie hat die Vermutungen des Drogenmissbrauchs bestätigt.«

»Ist das nicht Zufall?«, murmelte ich und schob mir die Sahnehaube des dunklen Kuchens in den Mund.

»Nein«, fauchte sie und schlug auf den Tisch. Das Geschirr klirrte, was die Aufmerksamkeit der anderen Gäste auf uns zog.

Mein Blick tastete zu Konstantin, der seine Hand verräterisch nahe bei seiner versteckten Waffe hatte. Mit einem Augenverdrehen, welches ihm galt, glitt meine Hand an ihre Wange. Die Finsternis tobte in ihr und wartete darauf, freigelassen zu werden. Sie brauchte ein Ventil, welches ich ihr gestern gezeigt, auch wenn sie es vielleicht nicht als solches erkannt hatte. Sex – roh und drängend.

»Beruhig dich.« Es war eine Mahnung.

Ihre Stimme ertönte erst wieder, als sich alle Augenpaare von uns gelöst hatten. Außer die von Konstantin, aber der saß hinter ihr.

»Sie hat *nie* Drogen genommen.«

»Ihr kanntet euch nicht gut.« Wir verharrten weiterhin in dieser Position. Nur ich konnte die freien Emotionen auf ihrem Gesicht entschlüsseln. »Das führt zu nichts. Lass dieses Thema fallen. Sie sind tot, daran kannst du nichts mehr ändern.«

»Das mag sein, dennoch habe ich Zeit mit Sonja verbracht. Du kannst mir glauben oder es lassen, das ist mir scheiß egal. Ich werde die Antwort finden«, knurrte sie und schlug meine Hand weg.

Angespannt griff sie zu ihrem Kaffee und nippte an der hellbraunen Flüssigkeit. In mir kochte währenddessen Wut. Sie stellte sich gegen mich – machte was sie wollte – und das sollte sie nicht.

Das, was ich jetzt machte, war das Dümmste aller Zeiten. Meine Entscheidungen lagen schon lange nicht mehr bei mir. Diese Frau ließ mir keine andere Wahl – mein dummer Kopf ließ mir keine andere Wahl.

Mit einer forschen Handbewegung winkte ich Konstantin an unseren Tisch. Misstrauen nistete sich in ihm ein, trotzdem befolgte er meine Order.

Verdammt, sie würde Fragen stellen, die ich ihr nicht beantworten konnte. Beantworten wollte. Und doch musste ich ihr Gemüt irgendwie ruhigstellen. Odettes Aufgabe war es gerade sowieso nicht irgendeinen Mörder aufzuspüren, sondern sich vollkommen auf Moskau zu konzentrieren. Und auf mich.

»Setz dich«, murmelte ich und versuchte ihren fragenden Ausdruck zu ignorieren, als ihr Blick über unseren ›Gast‹ glitt. »Odette, das ist ein Freund von mir. Er kann dir möglicherweise helfen.«

»Ach, kann ich das?«

»Ja, kannst du. Konstantin, darf ich dir Odette Petrova vorstellen?«

Dumm. Leichtsinnig. Dumm.

Unbeeindruckt musterte er sie. Alles ein Schauspiel, da er sie bestimmt schon gesehen hatte. Und ihr Name war ihm auch schon bekannt.

»Was soll ich machen?«, fragte der Mann neben mir. Obwohl er mich dabei ins Auge fasste, war Odette es, die den Mund aufmachte. Irgendwie hatte sie ihre Stimme gefunden.

»Die Abschlussklasse vor 30 Jahren. Man findet nichts über sie. Zudem Details über Sonja und Nadia, Mädchen aus—«

Nickend rückte er bereits seinen Stuhl zurück, wartete nicht ab, bis sie zu Ende geredet hatte. Mir war klar wieso, dennoch war ich angespannter denn je.

»Ich werde mich darum kümmern«, sagte er an mich gewandt und streifte durch die Tür, welche einen eisigen Windstoß rein ließ.

Odette schien das Geschehene noch immer nicht vollkommen realisiert zu haben, denn ihre Augen wandten sich nach unten, während die Finger nachdenklich an der Kaffeetasse spielten.

Ich musste das erklären. Spätestens, wenn wir wieder im Internat waren.

Jetzt war der Zeitpunkt mir irgendeine Geschichte auszudenken.

Jetzt, da sie noch zu überrumpelt war.

Kapitel Dreizehn

Odette

Meine Gedanken drehten sich im Kreis. Es wurden so viele neue Fragen aufgeworfen, dass ich keine Ahnung hatte, wie sie im Einzelnen lauteten.

Mit meiner Gabel malte ich mit der Schokoladenglasur Muster auf den schneeweißen Teller, bis er vollkommen beschmiert war. Einen Bissen bekam ich nicht runter.

Dorian hingegen schien es anders zu ergehen. Stück für Stück verschlang er das Gebäck, und wenn er nicht gerade aß, trank er seinen Tee. Als wollte er seine Erklärung hinauszögern.

Ich war nicht dumm. Irgendetwas stimmte bei der ganzen Sache nicht. Ein Mann, der plötzlich auftauchte, und mir Antworten geben sollte? Und er, der nicht mal mit der Wimper gezuckt hatte? Das ließ sich nicht mit einem ›Das ist nicht wichtig‹ unter den Tisch kehren.

Jedoch hatte ich meine Chance ergriffen und Dinge gefordert, obwohl alles undurchsichtig war. Wer wusste, ob ich jemals wieder eine solche Möglichkeit bekommen würde. Selbst wenn es im Sande verlief, wäre ich genauso weit wie vorher.

Außer natürlich die Fragen und der Zweifel an Dorian.

Wer war er?

Jede Sekunde, die wir schweigend im Café verbrachten, lockte mich in eine dunkle Kammer des Misstrauens. Es wäre einfacher, wenn er mir eine Erklärung geben würde. Aber das passierte selbst auf dem Rückweg nicht.

Somit hatten meine Zurückhaltung und der erste Schock seine Grenzen, als wir die Schwelle zu seinem Zimmer übertraten. Mein Plan war es sicher nicht, schweigend in meines zu gehen.

»Mach endlich deinen verdammten Mund auf und erklär mir die Scheiße. Erst Andrej und dann dieser komische Typ? Wer verdammt bist du?«, schrie ich, während seine Zimmertür ins Schloss fiel.

»Das geht dich nichts an.«

»Ach, mich soll das nichts angehen? Was sagt mir, dass du Sonja nicht umgebracht hast? Vielleicht weil dir ihre Kleidungswahl nicht gepasst hat, oder war es wegen ihres Aussehens?«

Ihm solche Dinge an den Kopf zu werfen, war töricht. Dorian war es nicht gewesen. Aber ich ließ mich gehen, weil ich wusste, dass er mich einfangen würde. Mich unter Kontrolle bringen würde. Und mir gefiel es, obwohl es einem Teil in mir nicht passte.

Seelenruhig streifte er sich die Jacke von den Schultern und hängte sie ordentlich auf. Es war die Ruhe vor dem Sturm. Ich wartete nur darauf, von ihm verschluckt zu werden.

»Du hast mir immer noch nicht gesagt, was mit Andrej passiert ist«, stichelte ich weiter, einen Schritt auf ihn zu machend.

Dorian drehte sich zu mir und griff in seine Hosentasche. Zum Vorschein kam das Messer, welches er gestern an mir benutzt hatte. Meine Augen wanderten automatisch zu der Stelle, an der ich gestern gehangen hatte. Er bemerkte es und quittierte es mit einem Grinsen.

»Deine Gedanken schreien mir förmlich entgegen, *mon petit cygne*. Wenn du nicht willst, dass ich sie lese, dann solltest du sie besser verstecken.«

»Fick—«

Er machte einen Satz auf mich zu, legte eine Hand auf meinen Mund und erstickte meine Beleidigung. »Lass dir etwas Besseres einfallen. Wir wissen beide, dass du es nicht ernst meinst.«

»Das meine ich«, nuschelte ich und versuchte meine Ellenbogen in seine Seite zu stoßen. Es sollte schmerzen.

»Mach das nicht. Sonst bin ich nicht mehr gnädig.«

Was sollte das denn bedeuten?

In seinen Augen stand ein gefährliches Funkeln, wobei sein Körper eine Anziehung ausstrahlte, welche mich schier umhaute.

»Willst du wirklich wissen, was ich mit ihm gemacht habe?«, brummte er, wobei seine Hand sich wieder zurückzog. Dennoch blieb Dorian dicht vor mir stehen. Ich wich nicht zurück – nicht so wie gestern Nacht.

»Ja.«

Die wunderschöne Klinge des Messers klappte auf. »Hiermit habe ich die Sehnen und Nerven seiner Beine durchtrennt. Er wird nie wieder in seinem Leben tanzen können.« Mein Herz stolperte. »Du kannst dem komischen Typen dankbar sein, wenn er nicht gewesen wäre, hätte ich diesen kleinen Bastard mit Freuden umgebracht. Ganz langsam, bis er um sein Leben gebettelt hätte.«

Jetzt wich ich dennoch zurück und fiel prompt auf einen Sessel. Er war mit einem butterweichen, samtgrünen Stoff überzogen.

»Und wie willst du damit durchkommen? Man wird ihn fragen, wie es passiert ist.«

Er legte das Messer auf einen metallenen Kaffeetisch, sodass er vibrierte. Entweder wollte er mich beruhigen oder bis zum Anschlag spannen. Ich wusste es nicht.

»Nicht nur dein geheimnisvoller Mörder versteht sich in der Kunst, Spuren zu verwischen. Glaub mir, das war nicht das erste und auch nicht das letzte Mal.«

Sprunghaft fand ich mich auf den Füßen wieder.

»Ich muss gehen.« Es war nur ein beiläufiges Murmeln, dennoch packte er mich am Arm und hielt mich davon ab. »Ich mein's ernst. Außerdem ist morgen Training, wir wollen doch nicht, dass ich wieder zu spät komme.«

»Denkst du wirklich, ich lasse dich gehen? Nach all dem, was du jetzt über mich denkst?«

Sein braunes Haar fiel ihm in die Augen und warf tiefe Schatten über sein Gesicht.

Fang mich ein! Jetzt!

Es war eine kleine Stimme in meinem Kopf, die ich über alles verfluchte. Denn eine Lust schwappte bei seinem Anblick über mich, welche nach Befriedigung lechzte.

»Was willst du denn machen? Mir Honig ums Maul schmieren, bis ich alles vergesse?«

»Du weißt, was auf dich zukommen wird. Und es gibt dir den Kick, den du brauchst. Nicht wahr?«, flüsterte er und schob seine Hände über meinen Körper. »Du wirst nass, obwohl du ahnst, was in mir steckt. Dein gesamter Leib erzittert, wenn ich allein deine Haut streife.«

Seine Berührungen wurden drängender, während seine Lippen meinen Hals versengten.

Er hatte recht. Ein kranker Teil von mir wollte ihn mehr als jeden anderen. Die Vorstellung, dass Blut an seinen Händen klebte und er mich damit zum Orgasmus trieb, machte mich wahnsinnig. In mir verlor Dorian vollkommen die Kontrolle über sich selbst.

»Und da bist du dir so sicher?«

Seine Hand verirrte sich unter mein Kleid, direkt in die Strumpfhose. »Kein Slip«, lachte er und fuhr über meinen Venushügel zu meinen feuchten Schamlippen. Seine Sinne saugten die Feuchtigkeit zwischen meinen Beinen förmlich ein.

Als er einen Finger in mich schob, knallte meine Stirn gegen seine Schulter. Seine andere Hand hielt mich in meinem Genick, während er sich in mir bewegte. Dann folgte ein weiterer. Sie pumpten in mich, gaben mir einen Vorgeschmack auf das, was noch alles kommen würde.

»Erst bringst du mich dazu, dich übers Knie legen zu wollen und im gleichen Moment denke ich daran, mich in dir zu versenken. Du bist ein kleines Luder, Odette. Hat dir das schon einmal jemand gesagt?«

Ein Stöhnen entfuhr mir, welches ich zu dämpfen versuchte. Mein Gesicht vergrub sich in seinem Pullover, welches ich bereits im Café von seiner Brust reißen wollte. Und das, obwohl ich innerlich getobt hatte.

»Odette, hast du eigentlich eine Ahnung, was du mit mir machst? Sag mir, dass ich Iwan töten soll. Ich werde es machen. Ich würde dir sein Herz auf dem Silbertablett servieren.«

Sein Daumen drückte auf meine Klitoris, sodass seine Worte in den Hintergrund rückten.

»Nein«, ächzte ich und klammerte mich an ihm fest. »Bleib bei mir.«

Er lehnte sich ein wenig zurück. Dorians Ausdruck war unergründlich.

Hatte ich zu viel gesagt?

»Das werde ich, Odette. So schnell wirst du mich nicht los.«

War das ein Versprechen? Wenn ja, wollte ich es?

»Ich weiß gar nicht, was ich wann mit dir anstellen soll«, brachte er hervor, wobei seine Finger aus mir glitten. Gemächlich landete meine Kleidung, mit Ausnahme meiner Strumpfhose, auf dem Boden. Als Erstes das Kleid, dann mein BH. »Wie willst du heute kommen? Durch meinen Mund oder meinen Schwanz?«

Allein die Vorstellung von seiner Größe ließ mich wimmern. Mein sonst so großer Mund war winzig. Ich sehnte mich nach jeglicher Berührung.

»Das Letztere«, hauchte ich.

Er fuhr über meinen Hintern und hoben mich hoch. Dabei trafen unsere Lippen aufeinander. Unsere Zungen spielten miteinander, seine Zähne vergruben sich in meiner Unterlippe.

Er ließ mich auf die Matratze seines Bettes fallen, während er sich aufrichtete. Sein Pullover landete neben mir, gewährte mir einen Blick auf sein Muskelspiel. Seine Augen erforschten meine Figur, wodurch sich ein Prickeln auf meiner gesamten Haut ausbreitete. Ausschließlich die Strumpfhose hüllte mich ein und bot gleichzeitig eine Sicht auf meine Scham.

»Du bist fürs Ficken geschaffen.«

»Dann mach's endlich.«

Ein schelmisches Lächeln umspielte seine Lippen,

welches ein Vorgeschmack auf das war, was alles auf mich zukommen würde.

»Gierig, wie gestern.« Dorian nestelte an dem Knopf seiner Hose, hielt aber keine Sekunde später in der Bewegung inne. »Dreh dich um.«

Wie von selbst hörte ich auf seine Order. Nun sah ich nichts mehr, wodurch die kommenden Berührungen umso dominanter wurden.

Seine Lippen strichen über den dünnen Stoff – von meiner Kniekehle hinauf zu meinem Hintern. Dorian ging mit den Händen nicht so sanft um. Wieder war ein Reißen zu hören.

»Ich mach ganz schön viele Sachen von dir kaputt«, sagte er und glitt mit einem Finger durch meine Pobacken. »Aber ein normales Ausziehen wäre doch zu langweilig, oder wie siehst du das?«

»Ja!«, stöhnte ich, da er mich nun wieder stimulierte. Er nahm mir jegliche klaren Gedanken und verwandelte sie in Verlangen. Verlangen nach ihm.

»Hm. Was mache ich jetzt bloß mit dir?«

Bevor ich die Möglichkeit hatte zu antworten, vergruben sich seine Zähne in meiner linken Pobacke. Ein spitzer Schrei entfuhr mir. Keinen Augenblick später linderte seine Zunge bereits den Schmerz und verwandelte ihn in eine süße Qual, die mich heftiger denn je stöhnen ließ.

»Beißt du jede, mit der du schläfst?« Hilflos versuchte ich meine Wange an den Laken zu kühlen. Vergeblich.

»Nein.« Der Ton in seiner Stimme verriet, dass ihm ein Grinsen entfuhr. »Aber keine Sorge, ich habe nicht den Hang zur Vorarephilie.«

»Vora– was?« Von was redete er?

Sein Mund wanderte an mir nach oben, bis heißer Atem mein Ohr streifte.

»Zerbrich dir darüber nicht den Kopf. Ich mag es nur, wenn du auch nach dem Akt noch siehst – spürst –, dass du mir gehörst.«

Ich gehöre dir. Seit der ersten Minute.

Es kam nicht über meine Lippen. Nichts, außer ein unverständliches Murmeln.

»Weißt du, dass Odette ein französischer Name ist?«

Wortlos schüttelte ich den Kopf.

»Vielleicht sollte ich auf dich treffen«, sagte er, während er auch den restlichen Stoff von meinen Beinen entfernte. Doch nicht nur der landete auf dem Boden, sondern auch seine eigene Hose, da sich seine nackte Haut nun gegen meine presste. Die Größe seines Glieds lag heiß in meinem Rücken. »Du fühlst dich perfekt an.«

Gott, ich konnte nicht fassen, dass das nochmal passierte.

Dorian drehte mich zu sich. Seine dunklen Augen sahen mich an. Unter seinem Blick fing mein Blut an zu kochen.

»Soll ich ein Kondom benutzen?«, fragte er und stützte sich neben meinem Kopf ab. Aber anstatt mich gefangen zu fühlen, breitete sich eine Wärme der Geborgenheit aus.

»Nein.«

Er glitt in mich und ich schnappte nach Luft, atmete mit einem lauten Stöhnen aus. Seine Größe füllte mich auf einen Schlag aus, ließ mir keine Zeit, mich daran zu gewöhnen. Doch die brauchte ich nicht, da meine Muskeln ihn fordernd umklammerten.

Seine Augen waren zusammengekniffen, als würde ich ihm Schmerzen bereiten. Nachdem er sie aber aufschlug, stand pures Verlangen in ihnen. Eines, welches zu intensiv war – für uns beide.

»Odette«, stammelte er und senkte sich mit seinen

Lippen zu meinem Ohr, wobei er Zentimeter für Zentimeter aus mir herausglitt, bis er schließlich mit seiner Eichel an meinem Eingang verweilte. »Was machst du mit mir?«

Meine Hände umschlossen sein Gesicht und zogen ihn zu meinen Lippen. Wenn er mich jetzt nicht küsste, würde ich mit meiner Stimme die Wände zum Erzittern bringen.

Dorian ging meinem Wunsch nach, erstickte meine Laute mit seinem Mund. Seine Zunge strich beruhigend über meine, während meine Finger sich in dem dichten Haar verirrten.

Mit jedem Stoß, welcher tief in mir widerhallte, zog ich daran.

Es war zwar nicht so wild wie gestern, die Explosion aber gleichzeitig nicht minder. Der ansteigende Druck in meiner Mitte wurde unerträglich.

»Dorian!«, schrie ich jetzt trotzdem und presste meinen Kopf in die dicken Kissen. Dorian sah es als Einladung an, nun anderen Körperteilen Aufmerksamkeit zu schenken.

Das Tempo wurde schneller. Sein Schwanz unerbittlicher.

»Verdammt«, ächzte er, schob eine Hand unter meine Hüfte und veränderte somit den Winkel. Nun berührte er einen Punkt, der meine letzte Zurückhaltung zerriss.

Meine Muskeln krampften sich zusammen, sodass all meine Glieder zuckten. Welche Worte – oder Laute – meinen Mund verließen, wusste ich nicht. Das Ziehen, das bis in meine Zehen reichte, überschattete alles.

Egal was, es war nicht von Belang. Dorians Blick, der mich nicht losließ, überzog sich mit einem Nebel, während er sich unkontrolliert in mich trieb.

Die Ekstase holte schließlich auch ihn ein.

Er umschloss meine Nippel, um sein kehliges Stöhnen zu dämpfen. Schmerz durchfuhr mich, als seine Zähne das empfindliche Fleisch durchbohrten. Dieser wurde sofort abgelöst, denn eine wohlige Wärme breitete sich in meiner Mitte aus. Dorian pumpte mit jedem Stoß seinen Samen tiefer in mich, bis sein Leib atemlos auf mir verweilte.

Beruhigend tastete ich seinen Rücken ab. Muskelstränge drückten sich gegen meine Handinnenfläche, was meinem Blut erneut Aufschwung gab.

Ich wollte es wieder. Ich wollte mehr.

Das hier war fürs Erste genug, doch meine Bedürfnisse waren noch lange nicht gestillt. Dieses Wissen brachte Angst mit sich. Was, wenn das Verlangen nach ihm nie gesättigt werden würde?

Meine Gedanken wurden jäh unterbrochen, als Dorian die Kontrolle über seinen Körper wiedererlangte.

Küsse, so leicht wie eine Frühlingsbrise, verteilten sich auf meinem Schlüsselbein, meiner Halsbeuge und letztendlich auf meinem Mund.

»Wir sollten duschen«, murmelte er und entfernte sich aus mir, nur um mich einen Augenblick später an sich zu ziehen.

»Nicht jetzt.« Meine Beine konnten mich jetzt unmöglich tragen.

Ermattet legte ich meinen Kopf auf seine Brust und lauschte dem Atem, welcher langsam seinen gewohnten Rhythmus gewann.

Schon den zweiten Tag in Folge lag ich in seinem Bett und bereute es kein bisschen. Und das, obwohl mir völlig unklar war, wer dieser Mann in Wirklichkeit war.

~

Erneut wachte ich mitten in der Nacht auf. Oder war es erst spät am Abend? Keine Ahnung, das Himmelszelt hatte allerdings eine dunkle Farbe an sich gerissen.

Es war so, als würde Dorians unruhiges Wesen auf mich überspringen und an meinen Nerven zerren.

Der Mann stand an einem geöffneten Fenster mit einer Zigarette zwischen den Lippen. Sein Blick war in die Nacht gerichtet, wobei der graue Rauch sein Gesicht umrahmte. Ausschließlich eine Hose hing auf seinen Hüften.

Obwohl dieses Bild perfekt war und sich in mein Herz brannte, konnte ich nicht widerstehen, zu ihm zu gehen. Geräuschlos schlüpfte ich in seinen schwarzen Rollkragenpullover, der neben mir lag, und schlich mich zu ihm.

Natürlich blieb ich nicht lange unbemerkt. Fragend, aber wortlos, hielt er mir die halb heruntergebrannte Stange hin, die ich dankend annahm. Eigentlich rauchte ich nicht, aber dieses Mal brauchte ich es.

»Kein Wunder, dass Iwan verrückt nach dir ist«, sagte er und stützte sich auf das Fensterbrett.

»Wie meinst du das?« Eine Rauchschwade verließ meinen Mund, welche das flatternde Gefühl in meiner Brust ein bisschen beruhigte.

Lächelnd schüttelte er den Kopf. »Wenn du dich beim Sex erleben könntest, würdest du diese Frage nicht stellen.« Sein Kopf schwang zu mir. »Dein Gesicht während deines Höhepunkts ist die Krönung.«

»Das hat er nicht gesehen.« Bevor er es falsch deutete, stellte ich die Dinge klar. »Er hat's einfach nicht gebracht.«

Ein amüsierter Laut entfuhr ihm, welcher mich auch zum Grinsen brachte. Iwan wäre niemals an Dorian herangekommen. Selbst, wenn es nicht mein erstes Mal gewesen wäre.

»Ich brauche klare Antworten, Dorian.«

Gemeinsam blickten wir auf die grellen Sterne, die in der rabenschwarzen Nacht strahlten. Der silberne Mond war nicht sichtbar, und doch funkelte das Licht der Tupfen fade auf unsere Gesichter.

»Auf welche Fragen?«

»Wo soll ich da nur anfangen?«, murmelte ich, nahm einen letzten Zug und schnipste den Filter in die Tiefe. Das Fenster blieb geöffnet, hielt unsere überhitzten Gemüter im Zaum. Es war ein heikles Thema, für uns beide.

»Das ist nicht einfach. Vertrau mir einfach und lass uns eine gute Zeit haben.«

Fragend blickte ich ihm entgegen. Gott, er war schöner, als es erlaubt sein sollte. »Wie—«

Dorian umfasste mein Gesicht. »Der Sex mit dir ist grandios. Lass uns ein bisschen Spaß haben. Fragen würden alles nur kompliziert machen. Und ich weiß, dass ich dieselbe Wirkung auf dich habe, wie du auf mich.«

»Das ist unfair. Du instrumentalisierst mich.«

»Nein. Du willst es genauso sehr wie ich«, hauchte er und umschloss meinen Mund mit seinem. Ich stellte mich auf meine Zehenspitzen, meine Hände um seinen Nacken schlingend. Mit den Fingern spielte ich mit seinem dicken Haar. Wir hielten uns beide zurück, dennoch breitete sich das knisternde Verlangen bereits zwischen uns aus.

Mir war klar, dass meine Fragen mit seinen Worten kein Ende fanden. Aber er hatte recht. Leider.

»Dorian«, flüsterte ich, als er sich unter den Stoff schob und meinen nackten Hintern umfasste, welcher wahrscheinlich immer noch Abdrücke von seinen

Zähnen zierte. Zumindest durchzuckte mich allein bei der Berührung ein Ziehen.

»Eigentlich wollte ich dich heute von hinten nehmen. Deine Hände an der Kopflehne, deine Hüften in meinen Händen, während ich in dich pumpe. Auch das habe ich mir schon oft vorgestellt. So oft lag ich nachts wach und habe mir Szenarien ausgemalt. Um mit einem halbwegs normalen Verstand zum Training zu kommen, musste ich mir mehrmals am Tag einen runterholen, sodass ich es überhaupt in deiner Nähe aushielt. Wir haben etwas angefangen, was sich nicht mehr beenden lässt.«

Seine Worte erweckten all meine Nerven. Aber nicht mehr beenden? Er konnte mein Verlangen binnen Minuten mehrmals stillen, das hatte er bereits bewiesen.

Mein Schweigen war eine stumme Frage, die er verstand. »Nicht der Moment, das Ganze hier. Wir können uns nicht voneinander fernhalten. Egal, wie sehr wir es versuchen.«

»Kannst du deswegen nicht schlafen?«

»Möglicherweise«, grinste er und knetete mein wundes Fleisch. Die Reaktion darauf entging ihm natürlich nicht. »Und weil es hier nach Sex stinkt.«

»Vielleicht wäre jetzt eine Dusche angebracht.«

Wir wussten beide, zu was es führen würde. Es war so, als würde unser gegenseitiges Verlangen uns steuern. Wahrscheinlich tat es das auch.

»Das klingt doch nach einer Idee«, sagte er und dirigierte mich Richtung Badezimmer. »Heiß oder kalt?«

»Die Temperatur der Hölle, bitte.«

Lachend schob er seine Hände höher und entfernte den restlichen Stoff von meiner Haut.

Spaß – genau das, was ich nach der sich überschlagenen Zeit brauchte.

Kapitel Vierzehn

Dorian

Heißes Wasser floss meinen nackten Körper hinab, welches aber schon lange in den Hintergrund geraten war. Besonders das Rauschen, da es durch Odettes und meinen schweren Atem gänzlich unterging.

Ihre zuckenden Muskeln umschlossen mich weiterhin, während meine Stirn sich versuchte an den Fliesen abzukühlen.

Eigentlich wollte ich nur mit ihr duschen gehen – ohne eine besondere Intention –, doch ein Blick auf sie, und die Lust sprang auf uns über. Die kleinen Tropfen, die über ihre Nippel rollten. Ihr Körper, der in meinen Händen Perfektion war. Ihre Augen, die bei meinem Anblick Feuer fingen. All das hatte zusammengespielt. Bevor wir uns versahen, hatte ich sie gegen die Wand gedrückt, meinen Mund auf ihren gepresst und mich in ihr verloren.

Und das passierte beinahe zu jeder Tageszeit, an jedem Ort. Im Studio, wenn wir allein waren. Im kleinen Raum, in dem die Ballettschuhe gelagert waren; dort hatte ich sie einmal geleckt und einmal so hart gegen ein Regal gevögelt, dass es zusammen mit uns zu Boden geworfen wurde. Beim Aufprall waren wir gemeinsam gekommen, wodurch der Schmerz übertönt wurde. Jeder Ort wurde ein Platz unserer unstillbaren Lust. Selbst die Nachmittagspause musste ich von einer halben auf eine ganze Stunde verlängern. So weit war es schon gekommen.

Die Zeit, in der sie tanzte, war die schlimmste. Iwan fasste sie an, wenn auch zögerlich. Vor jeder Berührung wandte sich sein Blick zuerst zu mir, ehe er es wagte. Und danach – jede Minute, die wir allein verbrachten – hingen wir zusammen. Wir konnten nichts dagegen tun. Die Distanz machte uns verrückt.

Wochen waren vergangen und doch fühlte es sich an wie ein paar Tage. Das lag alles an der Frau, die kraftlos an mich geklammert war.

Mein Mund suchte ihren, während mein Schwanz aus ihr glitt. Diese Reibung reichte aus, um ihr ein Wimmern zu entlocken. Es verschwand sogleich wieder, als meine Zunge über ihre fuhr.

Ich stellte sie auf ihre weiterhin zitternden Beine und trat aus der kleinen Dusche. Immerhin wartete das Bett.

»Kommst du?«, fragte ich und zog meine Jogginghose an.

»Ich brauche noch einen Moment«, murmelte sie und rutschte die Fliesen hinab.

»Ist alles okay?«

Ihre Augen erfassten meine, was mich dazu veranlasste, mitten in der Bewegung innezuhalten. Nur sie hatte diese Wirkung auf mich. Mit ihrer gesamten Aufmerksamkeit meine Welt aus den Angeln zu reißen. Ob sie sich dessen bewusst war?

»Anstrengender Tag.«

Ja, tanzen und fünf Orgasmen stellte ich mir für sie nicht leicht vor. Trotzdem hatte ich kein Interesse daran, sie jetzt hier einfach allein zu lassen.

»Komm«, sagte ich, das Wasser abdrehend. »Irgendwann musst du aufstehen. Lass uns ins Bett gehen und schlafen.«

Das war noch etwas, was nun zur Normalität gehörte. Odette schlief jede Nacht bei mir, ging höchstens für wenige Minuten in ihr Zimmer, um frische Kleidung zu holen. Ich konnte mir nicht mehr vorstellen, mit einer leeren Bettseite einzuschlafen. Trotzdem war es komisch. All das, was sie in mir auslöste, wusste ich nicht einzuordnen.

Geschlagen ließ sie sich von mir hochziehen, damit ich uns beide mit einem weichen Handtuch abtrocknen konnte. Mit einem befriedigenden Gesichtsausdruck schnappte sie sich aus der Kommode ein graues T-Shirt von mir. Es war schade, da ihre rosigen Nippel nun verdeckt waren, aber einen weiteren Orgasmus hätte sie heute nicht ausgehalten. Also nahm ich mich zurück, obwohl mir der Geschmack von ihr bereits fehlte.

Ihr Rücken war mir zugewandt, sodass ich auf eine Idee kam. Schnell umfasste ich ihre Hüfte, drehte sie zu mir und hob sie hoch.

»Wieso?«, lachte sie und schlang ihre Beine um meine Mitte.

Auch meine Mundwinkel hoben sich. »Du bist müde. Ich will nicht, dass du dich zu sehr verausgabst.«

Spaß, Dorian. Halt dich an deine Worte, verdammt!

Odettes anhaltendes Lachen vertrieb die kleine Stimme in meinem Kopf.

»Was machen wir morgen? So viel freie Zeit …«

Der freie Tag der Woche. »Lass uns den Morgensport schwänzen und ausschlafen. Wir bleiben im Bett bis Mittag und gehen dann in die Stadt«, sagte ich mit der Hand an der Türklinke. »Immerhin brauchst du eine Auszeit. Zumindest für ein paar Stunden.«

Ich machte einen Schritt nach vorn, aus dem kahlen Badezimmer, und gefror schlagartig in der Bewegung. Mein Blick richtete sich auf den Mann, der auf dem Bett saß und uns entgegenstarrte. Seine Augenbrauen schnellten nach oben, während seine Augen nach Süden wanderten.

Schnell zog ich das Shirt an Odettes Körper, das durch unsere Position nach oben gerutscht war, nach unten. Ihr Kopf drehte sich, während Konstantin uns weiterhin fixierte.

Super …

Die vergangenen Wochen hatte er sich nicht blicken lassen. Auch Odette hatte keine Fragen mehr gestellt, wodurch er immer weiter in Vergessenheit gerückt war.

Das war ein weiteres Problem.

Ich war hier nicht zum Ficken – oder was auch immer das war. Und doch war es so einfach, alles, außer sie und mich, zu vergessen.

»Was willst du?«, fragte ich und setzte Odette ab.

Konstantin hob einen braunen Umschlag hoch und streckte ihn in ihre Richtung.

Misstrauisch nahm sie ihn entgegen. »Was ist das?«

»Die Unterlagen, nach denen du gesucht hast.«

Ihre Augen wanderten zu mir. Fragen über Fragen brauten sich in ihrer Kehle zusammen, die ich später, in irgendeiner Weise, beantworten musste.

Lügen, mehr würde es nicht werden.

»Es ist besser, wenn du jetzt gehst, Konstantin«, sagte ich und deutete mit meinem Kopf in Richtung Tür.

Zu meinem Glück erhob er sich kommentarlos und begleitete mich zum Ausgang.

»Du hättest ihn mir geben können.« Ich sprach leise, damit Odette es nicht hörte. Die Frage war gerade sowieso, ob sie irgendwas mitbekam. Sie wirkte abwesend, stierte auf den verschlossenen Umschlag und nestelte unschlüssig mit den Fingern daran herum. Sie wirkte verloren. Ihr nasses Haar klebte in ihrem Nacken. Ihre Augen waren leer.

»Damit du die Welt weiterhin in einem ekligen Rosa sehen kannst?«

Ekligem Rosa ... Diese Bezeichnung kam mir vage bekannt vor. Hatte ich nicht auch ähnliche Worte an meinem ersten Tag am Internat in Gebrauch genommen? Mich hatte es angewidert. Und nun ... Vanillasex hatten wir zwar nicht, das zeigten meine Bissspuren und die blauen Flecken – wenn ich ein bisschen grober wurde – auf ihrer sonst makellosen Haut, dennoch hing nicht nur mein Schwanz an ihr.

Ich riss die verdammte Tür auf und schmiss ihn quasi raus. »Viel Spaß in einem Busch. Pass auf, dass du dir kein Ungeziefer einfängst.«

»Du bekommst noch weniger mit, als ich dachte«, lachte er und fuhr sich übers Gesicht. Ein Bartschatten lag über seinen Zügen, wodurch die blauen Nuancen unter seinen Augen umso mehr hervorstachen.

»Wie meinst du das?«

Die Matratze quietschte, die Bettdecke raschelte. Mir war klar, obwohl mein Rücken zu ihr gewandt war, dass ihre Augen weiterhin starr auf die verpackten Papiere gelenkt waren. Was sich genau darin befand? Keine Ahnung. Bilder, Tabellen, Verträge? Das würde sich bald herausstellen.

»Ich bin jede Nacht vor deiner Tür und passe auf deinen scheiß Arsch auf.«

»Dein Ernst?«

Ich wollte es aus den verschiedensten Gründen nicht. Wie gesagt, es war mein verdammter Fehler gewesen, der uns alle in diese Situation gebracht hatte. Niemand sollte etwas riskieren. Und doch waren wir Familie. Auf eine schräge Art und Weise. Dann war da natürlich auch der offensichtlichere Grund.

»Glaubst du, es ist schön, euch stundenlang beim Sex zuzuhören? Mal ehrlich, schlaft ihr überhaupt?«, flüsterte er und steckte die Hände in die Hosentaschen.

Im Hintergrund ertönte das Reißen von Papier. Odette hatte also ihren Stolz heruntergeschluckt.

»Wenn du nicht in meinem Bett gelegen hättest, dann hätten wir jetzt schon geschlafen. Du hättest den Umschlag auch mir geben können.«

»Vertrau ihr nicht, Dorian.«

Mein Kopf wandte sich der Frau zu, die von einem Stapel Blätter umgeben war. Ihre Hand wanderte über jedes einzelne, als hoffte sie auf eine Eingebung.

»Du redest Müll, sie ist Vladimirs Tochter«, knurrte ich und umklammerte den Türgriff. »Falls du also gehen möchtest. Hier.«

»Es tut nichts zur Sache, wer ihre Eltern sind. Sie ist nicht mit ihm aufgewachsen.«

»Durchschnüffelst du jetzt auch noch ihr Leben, oder was?«

»Ja«, sagte er gepresst. »Das ist unter anderem mein Job. Wir sind deinetwegen hier, also reiß dich zusammen und fick nicht ein unbedeutendes–«

»Raus!« Meine Stimme erhob sich, aber es war mir

egal. Odette wollte ihn hier nicht haben und das galt für mich in diesem Moment auch. Konstantin und ich verstanden uns eigentlich gut, besonders wenn ich jemanden brauchte, der mir den Kopf klärte. Doch das traf jetzt nicht zu.

»Sie hat deine Akte in den Händen gehalten, als wir von Moskau zurückgekommen sind. Nicht die eines der toten Mädchen. Nein, deine! Vergiss nicht, dass sie hier aufgewachsen ist und nicht in Moskau bei ihrem Vater«, murmelte er und trat über die Schwelle.

Er verschwand nicht, sondern machte es sich an der gegenüberlegenden Wand bequem.

Brummend knallte ich die Tür zu.

»Lohnt es sich, Fragen zu stellen?«, fragte Odette und nahm wahllos einen Stapel Papier in die Hand.

»Odette—«

»Lohnt es sich, oder nicht?«

Ihr Blick hob sich, woraufhin ich den Kopf schüttelte.

Es ist schwer zu erklären. Es ist besser, wenn du in die Sache nicht hineingerätst.

Meine Lippen formten nur ein Wort. Ein Wort, welches mir sogar einen Stich in die Magengegend trieb. »Nein.«

Wieso kümmerte es mich? *Spaß*. Wie oft würde ich es noch sagen müssen, bis es endlich in meinem Kopf angekommen war? Oder war es schon zu spät?

Leicht ließ ich mich neben sie sinken, wobei ihre Finger meine streiften. »Ich helfe dir dabei. Aber du musst mir vertrauen. Manche Dinge sollen einfach unkommentiert bleiben.«

Mit zusammengepressten Lippen betrachtete sie die Bettdecke. Was wohl gerade in ihrem Kopf passierte? Was flüsterten ihr ihre Gedanken zu? Wahrscheinlich Dinge, die nicht für mich sprachen.

»Du wirst mir helfen?«

»Ja«, sagte ich, raffte die Blätter zusammen und ließ sie auf den Boden fallen. »Aber jetzt ist nicht die richtige Zeit dafür. Wie du schon sagtest, es war ein anstrengender Tag.«

Geschlagen ließ sie es sich gefallen. Ich wusste allerdings, dass in ihrem Kopf zu viele Gedanken schwirrten. Heute hatte ich Glück, aber irgendwann – irgendwann würde auch Odette antworten wollen.

Odette

Gestern Abend hatte ich mir den Tag anders vorgestellt. Es hatte mit nackter Haut, intensiven Berührungen und gedankenlosen Aktionen zu tun.

Was hatte ich stattdessen bekommen?

Einen Kopf voller Gedanken.

Dieser Mann ... Was hatte er mit Dorian zu tun? Wieso war er hier? Es hüllte den schlafenden Mann neben mir in ein Kleid voller Geheimnisse, welche sich in die Unendlichkeit zu spinnen schienen.

Verloren in meinen Gedanken zupfte ich an seinen Fingern, die mich umschlangen.

Unzählige Nächte hatten wir bereits in dieser Position verbracht – er mit seiner Brust an meinem Rücken, während seine Hände stets meinen Körper umklammerten. Als hätte Dorian Angst, ich würde eines Tages weglaufen.

Bestand für mich überhaupt noch die Wahl?

Ich genoss den Sex, seine Aufmerksamkeit, seine Nähe. Wir konnten miteinander reden, lachen. Selbst beim Training ließ er mich Iwans Berührungen vergessen, die mich bis zum heutigen Tag in die Enge trieben. Natürlich nicht in Aktion, dafür hatte er viel zu viel Angst vor Dorian, aber mental. Allein sein Geruch sorgte dafür, dass sich mein Magen überschlug. Manchmal schreckte ich mitten in der Nacht auf, merkte aber sofort, dass Dorian bei mir war.

Ich würde dir sein Herz auf dem Silbertablett servieren ... Seine Worte entsprachen der Wahrheit. Erschreckend. Dennoch gab es mir die Sicherheit, vollkommen bei ihm abzuschalten.

Jetzt aber zeichnete sich nichts klar in meinem Kopf ab. Alles war wirr und verstrickt. Es mussten Antworten her, sonst hatte das keinen Sinn mehr. Natürlich, unsere Beziehung bestand aus Sex. Doch konnte ich mich auf ein körperliches Verhältnis einlassen, bei welchem ich dem anderen kein Vertrauen schenken konnte?

Ein Murmeln durchschnitt die morgendliche Ruhe.

»Morgen.«

»Morgen«, flüsterte ich und befreite mich aus seinem Griff. Eigentlich war das der Zeitpunkt, an dem er mich küsste oder seine Hand tiefer wandern ließ. Jedoch verwehrte ich ihm heute die Möglichkeit.

Immer noch müde tappte ich ins Badezimmer und benetzte mein Gesicht mit kaltem Wasser. Dorian sollte mir nicht meinen klaren Verstand rauben, denn das konnte er am besten. So oft war er meinen Fragen – wenn sie denn über meine Lippen gekommen waren – ausgewichen oder hatte sie mich vergessen lassen. Dafür benötigte es nicht viel.

Heute musste ich die Papiere durchgehen. Es war meine einzige Chance. Die Frage war, die Chance auf was? Was wollte ich damit bewirken? Beweisen, dass Sonja und Nadia keine Drogen genommen hatten? Selbst wenn, sie waren tot, also würde es ihnen kein bisschen helfen.

Bevor ich mich weiter in den Gedanken verlor, schnappte ich mir ein enges Shirt und eine Jogginghose aus einem Fach der Kommode, welche inoffiziell mir gehörte, und warf es mir über.

Auch Dorian hatte sich aus dem Bett gequält. Ihm fiel es nie leicht in die Gänge zu kommen, besonders an Tagen, die düster vor uns lagen. Kein klarer Himmel. Regen, der sich langsam wieder in Schnee verwandelte.

»Kaffee?«, fragte er, woraufhin ich nickte.

Wieder ein dummes Ritual, welches wir uns über die Zeit angewöhnt hatten. Er fragte nach Kaffee, ich nickte und setzte mich an den kleinen Tisch und beobachtete seine Gestalt, wie sie das Pulver in den Filter löffelte.

Jetzt aber wurden meine Sinne vom Umschlag eingenommen, der säuberlich unter meiner leeren Tasse klemmte.

»Warst du heute schon mal wach?«, fragte ich. Er hatte die Papiere gestern Nacht verstreut auf den Boden geworfen. Die Zeit hätte niemals ausgereicht, um sie alle wieder zusammen zu sammeln.

»Ja, ich habe den anderen gesagt, dass der Sport auf heute Abend verschoben wird. Du brauchst ihn, Moskau rückt Tag für Tag näher.«

Meine Augen schnellten zwischen ihm und dem braunen Papier hin und her. Ob er sich die Freiheit genommen und schon einen Blick auf den Inhalt geworfen hatte? Letztendlich änderte es nichts daran, dass mich meine Neugier schier umbrachte. Somit war das spröde Holz binnen Sekunden mit Dokumenten überhäuft.

Mit der Kaffeekanne in der Hand setzte sich Dorian

zu mir.

»Sag mir, nach was ich suchen soll«, bat er und füllte meinen Becher bis zur Hälfte, sodass die Milch, welche kurz darauf folgte, ihren Platz hatte. Selbst das wusste er – wie ich am liebsten meinen Kaffee trank.

»Wenn ich das nur wüsste.«

In diesem Moment fiel mir eine Klarsichtfolie ins Auge, die viele kleine schwarz-weiße Bilder beinhaltete. Vielleicht war sie deswegen untergegangen, weil die Farbe fehlte.

Jedes Foto platzierte ich einzeln vor uns. Sie hatten ein Wasserzeichen auf der Rückseite, welches ein Datum trug. Es lag 30 Jahre in der Vergangenheit. Um genau zu sein, war es ein Sommer, wobei das in manchen Ländern eher einem milden Winter glich.

»Das sind fast nur kleine Kinder«, stellte Dorian fest und begutachtete die Fotografien. »Sie wurden alle hier vor dem Internat aufgenommen. Ist das etwa eine Wiese?«

Meine Hoffnung auf irgendwas Hilfreiches sank, da nur noch ein Einzelnes übrigblieb. Ich rechnete bereits mit einem Bild vom Gebäude oder von Kindern, die spielten, doch mich erwartete etwas vollkommen anderes.

Es zeichneten sich vier Jugendliche ab, allesamt strahlend in die alte Kamera lächelnd. Zwei Jungen und zwei Mädchen, die auf einer karierten Decke saßen.

»Das ist unmöglich«, murmelte ich und konnte meinen Blick nicht von den Menschen lösen.

»Was ist?« Dorian legte es so hin, dass auch er es betrachten konnte. »Sie sieht aus wie du. Und er—«

»Konstantin«, beendete ich seinen Gedanken und zeigte auf einen Mann, der seinen Arm um ein Mädchen mit wilden, braunen Locken geschlungen hatte. Sie war die mir einzig Unbekannte.

Natürlich waren das nicht Konstantin und ich. Immerhin befanden wir uns im Hier und Jetzt und ich hatte den Mann bisher ausschließlich zwei Mal zu Gesicht bekommen.

»Das sind meine Eltern.« Mein Finger schwebte über der Frau, deren Kopf auf der Schulter der jungen Gestalt meines Vaters lag. »Aber ich wusste nicht, dass sie auf dieses Internat gegangen sind. Außerdem hat meine Mutter nie etwas von Ballett erzählt. Meines Wissens hat sie irgendwo im Ausland studiert.«

Kopfschüttelnd strich er über die vergilbten Kanten.

»Komisch.«

Da seine Augen auf dem anderen Pärchen verweilten, fragte ich: »Kennst du die beiden?«

»Es sind seine Eltern.«

Mehr kam nicht aus seinem Mund. Dorian war sichtlich verwirrt. Aber über was? Was hatte ihn aus der Bahn geworfen? Als er dabei war, sich einen Tee zu machen, nahm ich einen kleinen Schnipsel von einem Stapel.

Es war eine ausgeschnittene Zeitungsüberschrift.

Tod eines Schülers – Selbstmord mit Drogen?

Was, wenn alles wirklich nur ein dummer Zufall war? Täglich starben Menschen an einer Überdosis. Aber Sonja ...? Nein. Doch was erhoffte ich mir zu finden? Einen Zusammenhang? Das war dämlich. Dennoch machte der Fakt, dass meine Eltern hier an dieser Schule gewesen waren, die Sache auf eine ganz neue Ebene interessant.

Mein Blick glitt zum Wecker. Es war bereits Nachmittag. Hatte ich wirklich so lange geschlafen? Es würde nicht mehr lange dauern, bis wir ins Studio mussten.

»Wer sind seine Eltern?«, fragte ich, da meine Gedanken immer wieder zum Bild glitten.

An die Arbeitsplatte gelehnt, wartete Dorian auf den Wasserkocher, der bereits ein leises Pfeifen von sich gab.

»Vielleicht sagt dir ja sein Nachname etwas. Putchenko.«

Mir fiel die Kinnlade herunter. »Er ist Jaroslaw Putchenkos Sohn?« Dieser Mann war der Leiter des gesamten Theaters in Moskau. »Ich habe gehört, sein Sohn tanzt selbst im Ensemble.«

»Ja, Alexander. Konstantins Bruder.«

»Aber was machte er hier?« Ich stand unvermittelt vom Stuhl auf und ging auf ihn zu. »Wieso sollte ein Mann, welcher aus einer der einflussreichsten Familien Russlands stammt, sich hier herumtreiben? Wieso?«

»Das kann ich dir nicht erklären.« Seine Miene wurde verschlossen, was meinen Ärger schürte. »Lass uns nicht über dieses Thema reden.«

Es war ein Stich mitten ins Herz. Obwohl er mir die Tür zu seinen Gedanken vor der Nase zuschlug, glitten seine Hände über meine und versuchten mich somit abzulenken. In den vergangenen Tagen hatte es möglicherweise funktioniert, heute aber nicht.

Enttäuscht wandte ich mich aus seinem Griff und ging wieder zum Bett. Mit mir nahm ich eine willkürliche Auswahl der Dokumente und führte meine Recherche fort.

Wir sagten die nächsten Stunden nichts mehr. Dorian saß am Tisch und blätterte die restlichen Papiere durch, während ich dasselbe weniger als fünf Meter neben ihm machte. Wir brauchten beide gerade unseren Raum zum Denken, als aber die Stunden näher an den Frühsport, welcher zu Abendsport geworden war, rückte, erhob sich der Mann.

»Ich gehe duschen«, sagte er und streckte seine steifen Arme in die Höhe. »Willst du mitkommen?«

Ich verneinte und ließ meine Augen über einen interessanten Artikel wandern. Es addierte sich ein weiterer Aspekt, welchen die beiden Fälle gemeinsam hatten. Eine Chance für junge Balletttalente, in einem hochrangigen Ensemble angenommen zu werden. Wie der Zufall es so wollte, war es auch vor 30 Jahren Moskau gewesen. Meine Eltern waren in ihrem Abschlussjahr gewesen.

Ob jemand von ihnen unter den Teilnehmern gewesen war? Mein Vater war zwar jetzt ein Mitglied, aber man gelangte auch über andere Wege in eine solche Gemeinschaft. Meistens kamen sie auf einen zu. Freie Bewerbungen waren meist reine Zeitverschwendung.

Das Rauschen des Wassers trug mich in meinen Gedanken voran, bis ein schriller Ton meine Sinne jäh in die Wirklichkeit zurückholte.

Verwirrt glitt mein Blick zu meinem Handy. Ich benutzte es nicht oft, weshalb ich sichtlich überrascht war. Dass es überhaupt hier war, war Zufall. Dorian hatte es eines Tages mit ein paar sauberen Klamotten in sein Zimmer mitgenommen. Bis zu diesem Zeitpunkt hatte es seinen Ort nicht gewechselt – auf dem Nachttisch auf ›meiner‹ Seite an ein Aufladekabel gesteckt.

Ein Blick auf den Namen, der aufleuchtete, und mein Herz schlug schneller.

Mutter.

Zufall?

»Hallo.«

»Odette, schön dich zu sprechen. Ich muss unbedingt mit dir reden«, dröhnte ihre Stimme aus dem alten Handylautsprecher.

»Hmm ... Geht mir genauso.« In meinem Schoß lag weiterhin das Bild. »Fang du an.« Ich wollte ihr nicht die Möglichkeit geben, leichtfertig das Thema zu wechseln.

»Dein Vater kommt bald mit einer sehr guten Tänzerin aus Moskau. Sie schauen euch an. Streng dich an. Dein Gesamteindruck zählt.«

»Ja, mach ich«, sagte ich und beobachtete Dorian, der ausschließlich mit einem Handtuch um die Hüften geschlungen aus dem Badezimmer kam. Sein Haar war mit glänzenden Tropfen durchzogen, welche langsam seine Haut hinunterrollten. Allein dieser Anblick brachte mich aus dem Konzept.

»Odette, hörst du mir zu?«

»Äh ... Sorry, war gerade woanders.«

Ein schelmisches Lächeln glitt über Dorians Mund, sodass er sich prompt ein Kissen an den Kopf einhandelte.

Bastard.

»Aber—«

Wieder wurde sie durch den Mann vor mir in den Hintergrund gerückt. Geräuschlos formte er mit den Lippen: *Wer ist das?*

»Mutter«, sagte ich laut, woraufhin er nickte. »Wie oft haben wir die Diskussion schon geführt? Ich strenge mich an. Immerhin geht es um meine Zukunft, nicht um deine.«

Am anderen Ende der Leitung war nichts mehr als ein tiefes Seufzen zu hören. Die übliche Reaktion, diesmal war es mir egal.

»Aber jetzt muss ich dir eine Frage stellen«, fing ich an, wobei Dorian in der Bewegung gefror. Er war gerade dabei sich eine Hose anzuziehen.

»Was denn?«

»Du hast mir nie erzählt, dass du selbst getanzt hast. Ich habe ein Bild gefunden auf dem du, Vater und andere abgebildet sind. Vor dem Internat, als ihr noch Schüler wart.«

Schweigen. Gähnende Leere.

Auf frischer Tat ertappt. Na ja, oder auch nicht. Ihre Tonlosigkeit war jedoch etwas, was mich beunruhigte. Sonst hatte sie auf jede Frage eine Antwort, selbst, wenn ihr Gegenüber schlechte Absichten hatte. Irgendwie schaffte sie es immer, die Dinge für sich zu drehen.

Diesmal aber – nichts.

»Wieso hast du es mir nicht erzählt?«

Ein Räuspern drang bis zu mir. »Ist das denn wichtig? Ich habe studiert, das weißt du. Mehr ist nicht von Belang.«

Mit meiner Mutter schien sich auch Dorian aus der Starre gelöst zu haben. Schnell streifte er sich seine Kleidung über und fuhr sich durch das angetrocknete Haar.

Wieso war er so nervös? Wusste er etwas – etwas über meine Mutter?

Kopfschüttelnd wandte ich mich wieder der Frau zu. Dorian würde mir nicht weglaufen. Sie allerdings ...

»Doch, ist es. Woran ist der Junge in deinem Abschlussjahr gestorben? In einem Zeitungsartikel —«

»Odette«, mahnte sie mit ihrer strengen Ich-Bin-Deine-Mutter-Stimme. Ich sah sie beinahe vor mir, wie ihre Lippen sich zu einer dünnen Linie formten. »Das ist sehr lange her. Wieso stellst du mir diese Frage überhaupt?«

Ein Klopfen breitete sich aus. Erst dachte ich, dass es aus dem Lautsprecher drang, vielleicht Mutters Haushälterin, da schwang Dorians Kopf bereits in Richtung Tür. Unserer Zimmertür. Nein, nicht unserer, sondern seiner.

Falten zeichneten sich auf seiner Stirn ab, dennoch schlüpfte er geräuschlos hinaus. Die Tür hatte sich nur einen winzigen Spalt geöffnet, weshalb ich nicht erkannte, wer sich auf dem Gang befand. Meine Sinne richteten sich sogleich auf meine Mutter.

»Sonja und Nadia.«

Wieder unterbrach sie mich, wobei diesmal Wut in meinen Adern hochkochte.

»Odette, konzentrier dich aufs Tanzen. Sie sind tot. Das ist nicht deine Schuld, also auch nichts, was du auf den Zahn fühlen musst. Sie haben Drogen genommen und sind daran gestorben. Ihre Verantwortung, ihre Schuld. Ich lege jetzt auf, deine Großmutter ruft nach mir.«

Und schon ertönte ein Piepen am anderen Ende der Leitung.

Sie hatte aufgelegt. Einfach so.

Entnervt warf ich das Klapphandy auf das Bett und stapfte zur Tür.

Der neue Elan stieg mir zu Kopf. Aber Dorian wusste etwas. Er hatte Geheimnisse, die mich bis in den Schlaf jagten. Seit Wochen taten sie das. Unterbewusst. Langsam wurde es mir zu viel. Während er wahrscheinlich einen Plausch – über was weiß ich – mit dem mysteriösen Typen abhielt, zerbrach ich mir meinen Kopf über Dinge, von denen ich keine Ahnung hatte.

Er sollte Antworten liefern. Jetzt. Sofort. Sonst würde mein Nervenkonstrukt in sich zusammenfallen.

Es war aber nicht Konstantin Putchenko, der mit Dorian redete. Allgemein hatte es wenig mit dem Austausch von Worten zu tun, sondern Speichel.

Es waren dünne Arme einer Frau, die sich um den Hals von Dorian klammerten. Ihr schwarzes Haar fiel ihr locker auf den weißen Pulli, der in einem wunderschönen Kontrast zu seiner dunklen Kleidung stand.

Nichts erschien mir aber wunderschön. Mir stieg besser gesagt die Galle bei diesem Bild hoch.

Ewa, wie sie Dorian küsste. Ihre Zunge in seinen Mund stieß.

Und er. Er wehrte sich nicht.

Kapitel Fünfzehn

Dorian

Gewaltsam löste ich Ewa von mir, die sich fest an meinen Hals geklammert hatte. Es war das Knarren der Tür, welches mich aus der Starre gerissen hatte.

Nun starrte mir Odettes ungläubiges Gesicht entgegen. In ihrer rechten Hand hingen weiterhin ein paar Blätter, die langsam nach unten wanderten, sodass sie binnen Sekunden verstreut auf dem Boden lagen.

Sie zog Ewas Augen auf sich. Die beiden Frauen standen sich wortlos gegenüber. Die, die mir am nächsten war, fing sich aber schneller.

»Natürlich fickst du mit ihm. Wie sonst hättest du die Rolle bekommen sollen«, lachte die schwarzhaarige und tätschelte meine Brust, als hätte sie die Oberhand über die Situation. »Wieso hast du sie denn nicht mitgenommen, als wir es miteinander getrieben haben?«

Odettes Blick schweifte zwischen mir und Ewa hin und her. In ihrem Kopf ratterten förmlich die Zahnräder.

»Aber das ist, glaube ich, nicht nach deinem Geschmack, oder Dorian?« Ewa sah Odette lächelnd an. »Wir wissen ja beide, dass er ziemlich besitzergreifend ist. Wenn er einmal in einem steckt, hört er nicht auf.«

Fuck!

Mein Herz setzte aus. In mir tobte es, im gleichen Atemzug war aber auch alles still. Ich wagte nicht, mich zu bewegen. Zu hoffen, dass dadurch der Moment eingefroren blieb, war dumm.

Und es funktionierte nicht.

Odette trat einen Schritt zurück und knallte die Tür hinter sich zu. Was dazu führte, dass ich erneut mit Ewa allein auf dem Flur stand.

»Bis gleich«, sagte sie und ging in Richtung der Studios.

Was ist gerade passiert?

Kein weiterer Gedanke durchschnitt meinen Kopf, da ich ihr bereits folgte. Nicht Ewa, sondern Odette. Odette, die mit dem Rücken zu mir stand und die Hände zu Fäusten geballt hielt.

Schwer schluckend machte ich einen Schritt auf sie zu.

»Wann, Dorian?«

»Vor dir.«

Ein eisiger Luftzug drang durch das geöffnete Fenster, welcher die Temperatur ihrer nächsten Worte perfekt widerspiegelte.

»Wann genau?«

Sie drehte sich zu mir. Ihre Augen trugen wieder diese Leere in sich. Was sich jedoch gerade tief in ihrem Inneren abspielte, blieb verschleiert.

Egal was es war, es sah nicht gut für mich aus.

Mit angespanntem Kiefer starrte ich ihr entgegen. Es sollte mir gleichgültig sein. Gleichgültig, was sie dachte oder wie es in ihr in diesem Moment aussah. Aber leider war es das nicht.

Verdammt, ich hätte Ewa die Tür vor der Nase zuknallen sollen. Dann wäre diese Diskussion mit der Frau, die ich mehr begehrte, als ich sollte, hinfällig.

»Dorian«, zischte sie und verschränkte die Arme vor der Brust. »Wann?«

Sie wird mich dafür hassen.

»Einen Tag bevor ich's dir das erste Mal im Studio gemacht habe. Das war das erste und das letzte Mal.«

Ein höhnisches Lachen entfloh ihr. »Ich glaube dir kein Wort. Wieso sollte ich auch? Mit Antworten und der Wahrheit hast du es ja eh nicht so.«

In meinen Adern stieg Wut hoch. Wut auf Ewa. Wut auf mich. Wut auf Odette, da sie das Thema nicht einfach fallen lassen konnte.

Ein letzter Schritt und ich stand dicht vor ihr. Meine Hand schloss sich prompt um ihren Hals. Ihr Puls war schnell, ihr Atem abgehackt. Es roch nach Angst, ihr wunderschönes Gesicht schrie währenddessen vollkommene Sturheit aus.

»Denkst du wirklich, ich lüge dich an? Ich verbringe jede freie Minute bei, beziehungsweise, in dir. Du nimmst jede Faser meines Körpers in Beschlag. Selbst wenn ich wollte, es würde nicht gehen.« Meine Stimme war ein einziges Knurren.

Es kümmerte sie nicht. »Zeig mir, wie du sie gefickt hast.«

»Nein.«

»Zeig's mir!«, schrie Odette. »Ich will wissen, auf welche Weise du sie angefasst hast.«

Wie wäre es mir ergangen? Wenn ich sie mit Iwan

auf dem Gang erwischt hätte, wie sie miteinander rummachten? Er hätte keinen weiteren Sonnenaufgang erlebt. Und sie … Sie hätte so schnell nichts weiter als mein Schlafzimmer gesehen.

Dennoch blieb meine Antwort die Gleiche. »Nein.«

Bevor ich mich versah, befreite sie sich aus meinem Griff, wobei ihre Handfläche mit einem ohrenbetäubenden Klatschen an meiner Wange landete. Obwohl Odette nicht gerade die Stärkste war, breitete sich ein brennender Schmerz aus. Auch ohne einen Spiegel wusste ich, dass sich ein roter Handabdruck abzeichnete.

Odette hatte mich ernsthaft geohrfeigt.

»Willst du es wirklich?«, knurrte ich und packte sie an ihrem Handgelenk, um zu verhindern, dass ihr dieses Missgeschick noch einmal passierte.

»Ja.«

Meine Gehirnzellen brannten durch. Sie konnte ja nicht ahnen, in welcher Lage sie sich befand, ansonsten wäre ihre Antwort anders ausgefallen.

Ich hätte Odette hier ficken können, aber das war nicht mein Plan. Dieses Erlebnis sollte sich in ihren verdammten Kopf einbrennen. Sie sollte endlich merken, was in mir steckte, denn in den letzten Wochen tanzte sie auf meiner Nase herum.

Mein Weg führte durch die engen, dunklen Gänge zu den Studios. Ihre Mitschüler waren schon seit zehn Minuten darin und holten die morgendlichen Stunden nach, auf uns wartend.

Vielleicht hatte Ewa es deshalb gewusst – weil ich und Odette spät dran waren. Das kleine Reh hatte die Spannung zwischen mir und ihrer Konkurrentin richtig gelesen. Eifersucht lag in ihrem Handeln. Und das, obwohl das mit ihr niemals etwas Echtes gewesen war.

Nicht so wie mit Odette, die mich mit ihrem Blick erdolchen wollte.

Ich drängte sie in einen Raum, der nicht für Schüler gedacht war. Eine Wand bestand vollkommen aus Glas und machte uns die Sicht auf die anderen im angrenzenden Raum frei. Sie sahen nur ihr eigenes Spiegelbild, wir aber ihre gesamten Bewegungen. Hörten ihr Lachen. Bemerkten jede Regung, von denen sie glaubten, sie wären unbeobachtet.

Leichte Musik drang zu uns durch. Melancholisch – wie passend. Es würde das unterstreichen, was gleich mit ihr geschehen würde.

»Fick dich«, knurrte sie, als ich sie gegen das Glas drückte. Anscheinend kümmerte sich Odette nicht darum, wo wir waren.

»Falsches Wort. Du hast ›dich‹ mit ›mich‹ verwechselt.« Mit einem Ruck glitt ihre Jogginghose nach unten, sodass ich einen freien Blick auf ihren Hintern hatte. Kein Slip, wie so oft. Nichts, was mich noch aufhielt.

Obwohl Odette mich in diesem Moment hasste, unternahm sie nichts gegen meine Berührungen. Und ich, ich wurde schon bei dem Gefühl ihrer glatten Haut hart.

Ich ging auf die Knie und spreizte ihre Pobacken. Ihre Rosette war rosa – wie ihre Nippel und ihre nasse Pussy. Wie ein Stück rohes Fleisch. Meine Erektion wuchs, platzte beinahe, als mein Daumen über die runzlige Haut strich. Das hatte ich bei Ewa nicht getan, aber Odette wie sie zu behandeln, war so gut wie unmöglich.

Ehe ich mich weiter in meinen Gedanken verlor, befreite ich mich so weit wie nötig aus meiner Hose und stellte mich wieder auf die Beine.

Sie sagte nichts. Selbst, als ich ihren Arsch gegen meinen prallen Penis drückte. Ihre Muskeln verrieten jedoch, was sich hinter ihrer kalten Fassade wirklich abspielte.

Wieder legte ich mein Ziel frei und spuckte im selben Moment auf die Stelle. Es würde schmerzen. Aber sie wollte es nicht anders und Odette sollte endlich kapieren, was in mir steckte. Ich war sanft geworden, doch war das nicht mein wahres Ich.

Oder war es das doch?

Darüber wollte ich mir jetzt keine Gedanken machen.

Unverwandt packte ich mein Glied und schob es Stück für Stück in ihren Arsch. Es war schwer, aber irgendwie gelang es mir.

Und verdammt, sie war eng. Noch enger als ihre süße Spalte.

Ein Knurren entwich meiner Kehle. Sie blieb weiterhin stumm. Kein Anzeichen von irgendeinem Gefühl. Sie krampfte sich um mich; sagte mir stumm, wie kräftig ich in ihr abspritzen würde.

In einem gleichbleibenden Rhythmus trieb ich meinen Schwanz in ihren Arsch, während ihr Oberkörper wiederholt gegen die Abtrennung stieß.

Vor uns erstreckten sich die anderen. Auch Ewa, die entweder kicherte oder zur Tür schielte. Sie wartete. Auf mich. Auf Odette.

Ich würde aber nicht kommen, außer in der Frau, in der ich gerade steckte. Meine Hand wickelte sich um ihr Haar – wie eine goldene Peitsche –, sie dicht an meinen Körper ziehend.

»Sieh sie dir an und stell dir vor, wie ich mit ihr dasselbe mache wie gerade mit dir«, raunte ich und stieß fester zu. »Wie ich sie in ihr Arschloch ficke. Wie sie unter meinen Stößen schreit!«

Meine Stimme erhob sich. Obwohl wir die Musik

hörten, waren die anderen nicht in der Lage, einen Laut meiner lustgemischten Wut zu hören.

»Denkst du wirklich, ich würde sie nicht alle ficken, wenn ich wollte? Mir ihre Fotzen und Münder nehmen, wann immer ich will?«

Es fühlte sich an, als würde ich eine Sexpuppe nehmen. Odette lag einfach nur in meinen Händen. Keine Bewegung. Kein Laut. Ausschließlich das pochende Herz unter meinen Fingern verriet mir, dass Leben in ihr steckte.

Mein Tempo verlangsamte sich nicht. Während ihr Blick weiterhin auf die Menschen konzentriert war, glitt meiner an ihrem wunderschönen Körper auf und ab.

An manchen Stellen zeichneten sich kleine Blutergüsse ab. Meist in Form von Zahnabdrücken oder kleinen Kreisen, die meine Fingerabdrücke darstellten. Selbst jetzt war ich grob, sodass ihr Körper länger etwas davon hatte.

Mein Schwanz glitt aus ihr heraus, zog ihren Arsch jedoch sofort zu mir. Die Haut unter meinen Fingern war gereizt, mit einem zarten Rot überzogen. Leider war es nach meinem Geschmack noch nicht kräftig genug.

Ich holte aus und ließ meine Hand auf ihre Pobacke schnellen. Das Klatschen erfüllte den gesamten Raum, mehr aber nicht. Kein schmerzerfülltes Schreien. Nicht mal ein Ächzen. Selbst nach weiteren Schlägen – nichts. Verdammt, wieso war Odette so kontrolliert?

Sag mir endlich, dass ich aufhören soll. Schrei und ich werde sofort von dir ablassen.

Kein Laut.

Knurrend stieß ich wieder in sie. Obwohl ihre kleine Fotze nass war – bereit für mich – würde ich unser Werk so zu Ende führen, wie Odette es wollte. Mein Samen würde sie auch endlich an dieser Stelle markieren.

In voller Rage zerriss ich den Stoff ihres Shirts und biss in ihre Schulter, wobei diesmal sogar Blut hervortrat. Kleine, rubinrote Tropfen, die aus den kleinen Wunden hervortraten. Meine Zunge fuhr darüber, saugte den metallischen Geschmack tief in mich, bis meine Lendengegend drohte zu zerbersten.

Es bestand kein Zweifel, dass es mich anturnte. Sie hätte es um einiges einfacher haben können, wenn sich ihr Schreien, ihr Schmerz, bemerkbar gemacht hätte.

Schließlich war der Zeitpunkt schneller gekommen, an dem ich in ihr kam. Es gefiel mir nicht, auf diese Weise mit ihr zu ficken. Nicht mit einem leblosen Wesen. Und dennoch geschah es, da sie darum gebeten hatte.

Als ich ihren zarten Körper losließ, verlor sie ihr Gleichgewicht. Mit der Jogginghose bis zu den Kniekehlen lag Odette auf dem Boden und vergrub das Gesicht in den Händen. Ein Blick auf das Glas vor mir bestätigte meine Befürchtung.

Tränen.

Sie versuchte sie zu verbergen.

Fluchend zog ich meine eigene Hose hoch. Der Orgasmus hatte mich in die Realität zurückkatapultiert.

Ohne jeglichen Halt schluchzte sie, zitterte am gesamten Leib. Mit jeder Sekunde, die verstrich, wurde ihre Atmung unkontrollierter. Wenn sie vor meinen Augen zu Staub zerfallen würde, hätte es mich nicht gewundert.

»Komm«, murmelte ich, zog sie an und hob sie hoch.

Wahrscheinlich merkte sie es nicht. Merkte nicht, wie ihre Fingernägel in meine Brust schlugen. Wie die Tränen den Stoff meines Pullovers durchnässten. Wie ich sie in ihr Zimmer trug.

Und wie ich sie verließ.

Kapitel Sechzehn

Odette

War es möglich, nichts mehr zu fühlen? Zu einer Hülle zu werden, die mit vollkommener Leere gefüllt war?

Denn genau das war passiert.

Keine Ahnung, wie ich in mein Bett gekommen war. Keine Ahnung, wer die Bettdecke über meinen Körper gezogen hatte. Alles lag schemenhaft vor mir.

Alles. Außer der Schmerz. Er hatte mehrere Ursprünge. Meine Schulter, an der getrocknetes Blut klebte. Mein Hintern, der mir ausschließlich erlaubte, auf dem Bauch zu liegen.

Mein Herz, welches Dorian in Fetzen gerissen hatte.

Ich war zu keiner Träne mehr fähig. Das Einzige, was die abklingenden Wellen verursachten, war das Zittern, welches meine Nerven überschwemmte. Das einzig Hörbare war der Wind, der über das gesamte Land zog. Eisig. Schneidend.

Immer wieder fand ich mich gegen das Glas gedrückt wieder, während er erbarmungslos in mich stieß. Die Lust, welche mich sonst bei seinen Berührungen eingenommen hatte, hatte sich in eine markerschütternde Angst verwandelt.

Irgendwann würde er kommen, denn von selbst ging ich sicherlich nicht mehr aus meinem Bett. Allerdings hatte ich es irgendwie geschafft, unter Tränen den Schlüssel im Schloss umzudrehen, um jede Seele von mir fernzuhalten.

Ich schlang die Decke enger um meinen Körper. Die Hoffnung, dass der Abdruck seiner Selbst somit verschwand, war vergeblich. Dieser Tag hatte sich in mich gefressen und würde mich nie wieder loslassen.

Ein zögerliches Klopfen mischte sich in das Zerren des Windes am Fenster. Mein Puls schnellte sofort in die Höhe.

»Odette?«

Wimmernd kroch ich so nah an die Wand, bis die Kälte der Backsteine sich durch den ruinierten Stoff meines Shirts tief in meine Haut fraß.

Geh!

Die Türklinke senkte sich. Für einen Moment glaubte ich, das Schloss würde nachgeben, jedoch hielt es seiner Kraft stand.

Geh!

»Bitte, lass uns reden.«

Mein Atem ging abgehackt, während sich mein Sichtfeld trübte. Schluchzer entwichen meiner Kehle. Mir fehlte die Luft zum Atmen.

»Odette!« Er musste es mitbekommen haben, denn seine Stimme hatte einen Hauch Hysterie angenommen.

Trotz der dicken Wände wusste er, wie es in mir aussah. Dennoch bewegte ich mich keinen Zentimeter. Im Gegenteil, all meine Muskeln erstarrten.

Es fühlte sich an, als ob sich meine Brust nicht mehr heben konnte. Das betäubende Gefühl breitete sich von meinen Zehenspitzen nach oben aus – bis zu meinem Kopf.

Ab diesem Moment hörte ich nichts weiter als das Rauschen meines eigenen Blutes. Kein Wind, kein Dorian. Vielleicht hatten beide aufgegeben.

Vielleicht war es aber auch der Punkt, an dem ich endgültig zerbrach.

Dorian

Der nächste Tag brach an und sie war nicht hier.

Nicht beim Frühsport. Nicht beim Frühstück. Nicht beim Training.

Ungeduldig trat ich von einem auf den anderen Fuß. Keiner hatte ein Wort über Odette verloren, keiner scherte sich um sie. Ewas Züge hatten allerdings eine Zufriedenheit an sich gerissen, welche meine ganze Geduld ausreizte. Am liebsten hätte ich sie gegen die verdammten Spiegel gedrückt und angeschrien.

Dennoch hielt ich mich zurück, blieb stehen und beobachtete alles mit einer starren Miene. Meine Wut an ihnen auszulassen, war nicht der richtige Ausgangspunkt.

Es war meine Schuld. Ich hatte Odette auf diese Weise angefasst. Obwohl sie darum gebeten hatte, hätte ich nicht darauf eingehen sollen. Es wäre einfacher gewesen, sie mit mir in meinem Zimmer einzusperren und bis zur Besinnungslosigkeit zu vögeln. Das Mindeste, was ich hätte machen sollen, wäre bei ihr zu bleiben. So hätte sie mich nicht aussperren und sich in ihren dunklen Kokon verkriechen können.

Aber das hätte unsere Probleme auch nicht beiseitegeschafft. Es lag so viel tiefer als die kleine Sache mit Ewa. Odette vertraute mir nicht – und ich konnte es ihr nicht verübeln. Nach dieser Aktion würde sie es wahrscheinlich nie tun.

Alles deine Schuld.

Müde rieb ich mein Gesicht und wartete, bis ich allein war. Es war Zeit fürs Abendessen.

Noch immer kein Anzeichen von ihr.

»Du siehst verspannt aus«, sagte Ewa, auf mich zu kommend. Wir waren unter uns, sodass sie sich die Freiheit nahm, mit ihren Händen meinen Körper zu berühren. »Wir sollten etwas dagegen unternehmen.«

In den Wochen mit Odette hatte sie mich in Ruhe gelassen. Kein Versuch, das zu wiederholen, was sie gegen mich in der Hand hatte. Aber Ewa war zu weit gegangen. Mit allem. Es war nicht richtig, sie zur Verantwortung zu ziehen, doch das, was mich über Wasser gehalten hatte, war nicht mehr bei mir.

Meine Finger schlossen sich um ihr Handgelenk und rissen ihre Berührungen von meiner Brust. Noch einmal würde ich mich sicher nicht überrumpeln lassen. Und dieses Ding sollte endlich verstehen, was hier ablief.

»Es gibt kein ›Wir‹, Ewa. Das hat es nie, und wird sich in der Zukunft nicht ändern.«

»Aber –«

Genervt stieß ich sie von mir. Meine Gedanken kreisten die ganze Zeit um Odette – ihr geschockter Gesichtsausdruck, als sie den Kuss gesehen hatte. Ihr markerschütterndes Schluchzen, nachdem ich in ihr gekommen war.

»Ich habe dich einmal in deinen Arsch gefickt. Mehr war da nicht. Du bist mir egal, verstehst du das nicht? Wenn du hier und jetzt Iwan einen blasen würdest, mir wäre es mehr als egal.« Es war hart, aber anders würde sie es nicht kapieren.

Kälte setzte sich in ihren Augen fest. »Ach, und Odette stellt etwa eine Ausnahme dar? Sie ist nichts mehr als eine verdammte Schlampe«, schrie Ewa und stapfte wütend auf.

Im Gegensatz zu Odette verhielt sie sich wie ein kleines Kind, welches ihr Spielzeug nicht bekam.

All meine Kraft war notwendig, mich zusammenzureißen. »Die Diskussion ist beendet. Aber du sollst noch eines wissen. Dich zu vögeln, war die dümmste Idee, die ich jemals hatte. Es hat nichts als Probleme mit sich gebracht. Ab jetzt erwarte ich, dass du mich wie einen Lehrer behandelst.«

Weitere Worte lagen mir auf der Zunge. Doch ehe ich noch mehr Zeit verschwendete, drehte ich mich um und ließ sie stehen.

Odette

Unruhig wälzte ich mich von der einen auf die andere Seite. Der Regen der letzten Tage hatte sich wieder in eine dicke Schneewand verwandelt, sodass der Wind sein alleiniges Solo sang.

Ich wusste nicht, wie viel Uhr es war. Das Einzige, was den Tag von der Nacht unterschied, war das milchige Licht, welches durch das kleine Fenster auf meinen bedeckten Körper fiel.

Ich war rastlos, fand keinen Moment der Ruhe. Wenn Schritte durch den kleinen Schlitz unterhalb der Tür durchdrangen, begann mein Herz in einem ungewohnten Rhythmus zu schlagen.

Je weiter der Tag seinen Lauf nahm, desto klarer wurde es, was nicht stimmte – was fehlte. Dorian. Allein den Klang seines Atems vermisste ich. Er war mein Fixpunkt gewesen und nun war er nicht mehr hier.

Es war krank. Mehr als das.

Wie konnte man in einer solch kurzen Zeitspanne von jemandem derart abhängig geworden sein? Mir fehlte der Appetit, der Schlaf. Kein Auge hatte ich geschlossen, selbst als ich es versuchte, wachte ich Minuten später schweißgebadet auf.

Und das lag daran, dass er nicht hier war.

Obwohl er mir diese Dinge angetan hatte. Die Wunde an meiner Schulter wurde jetzt von Blutergüssen untermalt, sodass es umso gewalttätiger wirkte.

Ich hatte mich daran gewöhnt, dass er ein bisschen

anders war. Genoss es sogar, dass er mich an meine Grenzen und ein bisschen darüber hinausbringen konnte. Das aber. Dieser Schmerz – er war zu viel.

Keine ruhige Minute würde mir vergönnt sein, wenn ich ihn nicht endlich wieder um mich hatte, weshalb meine nächste Entscheidung notwendig war. Und vielleicht dumm, aber wen kümmerte das schon.

Bevor ich es mir anders überlegte, schlüpfte ich in meine Hausschuhe, warf einen Satinmantel über meine Schultern, um die kriechende Kälte von meiner freien Haut zu schützen, und sperrte das erste Mal seit 24 Stunden die Zimmertür auf.

Meine Hände fingen an zu zittern, also umklammerte ich die Kordeln meines Morgenmantels und machte mich auf den Weg. Er war in meinem Gehirn eingebrannt, weshalb mir jede Abbiegung bekannt war. Innerlich verfluchte ich mich bei jedem einzelnen Schritt, da mein Platz in meinem Zimmer war. Nicht bei dem Mann, der mir Schmerzen bereitet hatte. Und doch ließ mein Wesen nichts anderes zu.

Mein Leib gefror mitten in der Bewegung, als ich fast bei Dorians abgelegener Tür angekommen war. Genau davor zeichnete sich eine Gestalt ab. Nicht er, aber trotzdem ein Mann, den ich kannte.

Konstantin.

Er stand einfach nur da und starrte an die gegenüberliegende Wand.

Hatte er mich bereits bemerkt? Wenn ja, ließ es mich keine Regung von ihm wissen. So oder so war es unbedeutend, da sich mein Vorhaben in keiner Weise geändert hatte.

Sein Kopf schwang in meine Richtung, als ich einen weiteren Schritt machte.

»Es wäre einfacher zu fragen, ob du in sein Bett darfst, als sich vor seiner Tür die Beine in den Bauch zu stehen. Ich meine, immerhin lässt er ja jedes Ungeziefer rein«, sagte ich und stellte mich vor ihm hin. Irgendetwas hatte er an sich, was mich störte. Er war ein weiteres Geheimnis von Dorian, welches mir nicht offenbart wurde.

»Geh zurück in dein Bett, Kind«, murmelte er und starrte wieder geradeaus an mir vorbei.

Verärgert ballten sich meine Hände zu Fäusten. *Kind* ... Eigentlich war es mir egal, wie er mich betitelte, da mir auch kreative Bezeichnungen auf der Zunge lagen, aber dass er mich wegschickte, ging mir gegen den Strich.

»Lass mich zu ihm.«

Ich versuchte mich unter seinem Arm hinweg zu ducken, da packte er den Stoff meines Mantels und zog mich zurück. Erst jetzt merkte ich, wie riesig er war. Vielleicht nicht massig, aber das benötigte er nicht. Die glänzende Waffe an seinem Gürtel sprach für sich.

Wieso zur Hölle trägt er eine Pistole bei sich?

»Du handelst ihm nur unnötige Probleme ein«, knurrte er und zog mich nah an sich. »Und jetzt geh!«

Ohne zu überlegen, riss ich mein Knie hoch, direkt in seinen Schritt. Er hatte es nicht kommen sehen, weshalb er mich losließ und gegen die Wand knallte. Sein mürrischer Ausdruck war jetzt mit Schmerz durchzogen.

Er fing sich jedoch schneller als erwartet. Denn nur wenige Momente später, in denen ich das Ganze noch nicht realisiert hatte, wurde ich gewaltvoll gegen die Wand gestoßen. Mit dem eiskalten Pistolenlauf direkt vor der Stirn.

Es wäre eine Lüge, wenn ich behauptete, nicht in Angstschweiß ausgebrochen zu sein. Ehe eine kleine, silberne Kugel mir das Licht ausknipsen konnte, wurde die Tür aufgerissen.

Er. Mein Peiniger, nach welchem ich mich sehnte.

»Nimm die verdammte Waffe weg«, forderte Dorian und packte ihn am Arm. »Was ist hier überhaupt los?« Anscheinend hatte er schon geschlafen, denn sein Körper war spannungslos und in seinen Zügen spiegelte sich pure Müdigkeit.

Ich sagte nichts, sondern ergriff meine Chance. Geräuschlos bahnten sich meine Beine einen Weg in sein Zimmer. Die Bekanntheit mit diesem Ort überwältigte mich sofort. Das Bett, in welchem wir Stunden über Stunden verbracht hatten. Die Küche, in der sich manchmal leichte Gespräche abgespielt hatten. Dieser Geruch, der nur ihm gebührte.

»Odette …« Ein letzter Blick von ihm auf Konstantin und schon waren wir allein. Abgeschlossen von anderen Seelen.

Wie konnten weniger als 48 Stunden vergangen sein, seit dieses Schlamassel passiert war? Es fühlte sich an wie eine halbe Ewigkeit. Doch ließ es sich nicht bestreiten, dass es mir ein Stück besser ging.

Wie gesagt, ziemlich krank.

»Odette, geht es dir gut?«

Nein, es geht mir nicht gut. Wie kannst du nur den Gedanken haben, dass es mir nicht ansatzweise an die Nieren gegangen ist?

Ich ignorierte ihn, nahm die kleinen Dekokissen vom Sessel und baute damit eine lückenhafte Abtrennung in der Mitte seines Bettes. Währenddessen beobachtete Dorian mich, aber sagte kein Wort mehr.

»Ich nehme die Seite und du die andere. Und wenn du mich anfasst, dann schneide ich dir deinen Schwanz ab«, presste ich hervor, schlüpfte unter die Bettdecke und drehte ihm den Rücken zu.

Jeder seiner Schritte breitete ein Kribbeln in meinem

Körper aus. Es übertönte sogar das Pochen meiner Schulter. Ob es nun wegen der Erinnerung oder der Nähe war, war unklar. Als sich aber die Matratze senkte, durchfuhr mich ein Zucken. Wie ein Stromschlag.

»Odette …«

»Halt die Klappe! Ich bin zum Schlafen hier, weiter nichts. Dazu brauche ich Ruhe.«

»Ich brauche aber auch ein bisschen Decke.«

»Über der Sessellehne liegt eine«, sagte ich knapp und schob eine Hand unter das Kopfkissen.

Die Hoffnung, dass Dorian sie sich holen und mich endlich schlafen lassen würde, schwand, denn er drehte sich ausschließlich zu meinem Rücken – das verriet mir das leichte Ziehen an der Bettdecke.

»Ich konnte auch nicht ruhig schlafen, weißt du?« Kein Kommentar, gefolgt von einem Seufzen seinerseits. Mein Schweigen verleitete ihn nur dazu, mit seinem russischen Monolog fortzuführen. »Irgendetwas hat einfach gefehlt. Es ist schön zu wissen, dass ich nicht der Einzige bin, dem es so ergeht. Auch beim Training—«

Mir wurde es zu viel. Entnervt fuhr ich auf und sah von oben auf ihn herab. »Kannst du endlich deinen Mund halten?!«

Darauf warf er mir ein verschmitztes Lächeln entgegen.

»Wäre es dir lieber, wenn ich Französisch rede?«

»Gar nicht. Du sollst gar nicht sprechen«, merkte ich an und legte mich wieder hin.

Das half nichts, denn nun fing er wirklich an, in der mir unbekannten Sprache zu reden. Zähneknirschend stellte ich fest, dass es angenehm klang. Wie eine Melodie, welche perfekt zu ihm passte. Das Kissen, das auf mein Ohr gepresst war, dämpfte es auch nur zu einem bestimmten Grad, sodass der Klang stetig präsent war.

Doch war es letztendlich dieser stetige Laut – seine Stimme – der mich in den langersehnten Schlaf entführte und mir all den Schmerz und die Gedanken nahm.

Zumindest für ein paar Stunden.

Kapitel Siebzehn

Odette

Es hatte sich nicht viel geändert.

Beim Training nahm ich alles kommentarlos hin, bei den Essenszeiten ließ ich mich nicht blicken. In den Unterrichtsstunden redeten die anderen nicht mit mir. Nichts Ungewöhnliches, doch sie sprachen hinter vorgehaltener Hand über mich. Ewa musste ihnen erzählt haben, dass sie mich in seinem Zimmer erwischt hatte. Auch manche Lehrer sahen mich mit einem schrägen Blick an, wenn ich ihnen auf dem Gang begegnete. Niemand von ihnen sagte ein Wort, was vielleicht daran lag, dass mein Vater viel Geld an das Internat spendete. Sie konnten es sich also nicht leisten, mich rauszuschmeißen. Selbst wenn ich Sex mit einem Lehrer hatte.

Ich sprach nicht mit Dorian, verbrachte die meiste Zeit allein in meinem Zimmer und mied ihn. Außer, wenn die Nacht anbrach, da verschlug es mich immer zu ihm.

In diesen Stunden machte er es mir nicht leicht. Seine Stimme nistete sich in meinem Herzen ein und entführte mich in unbekümmerte Gedanken, die mir am Tag fehlten. Komisch, dass derjenige, der das heraufbeschworen hatte, gleichzeitig ein Heilmittel war.

Dieser Tag war aber anders.

Schon am Morgen machte es sich bemerkbar.

Während ich meine Beine aus dem Bett schwang, kippte der Raum vor meinen Augen. Alles drehte sich, sodass mein leerer Magen sich zusammenzog. Mit zusammengekniffenen Augen schüttelte ich den Kopf und ignorierte den Schmerz, der sich über Nacht in meinem ganzen Körper ausgebreitet hatte.

Dieses Gefühl verschwand auch beim Tanzen nicht. Mit jeder Bewegung, jeder Drehung, verschwamm mein Sichtfeld. Selbst die Musik schien durch eine meterdicke Wand zu dringen. Meine Brust hob und senkte sich, auf meiner Haut breitete sich kalter Schweiß aus. Selbst Iwans Berührungen verblassten.

Als mich die auch noch verließen, gaben meine Beine unter mir endgültig nach. Hart traf ich auf das glänzende Parkett und gab ein gequältes Stöhnen von mir.

Alles wurde plötzlich schwarz. Mehr als ein Rauschen drang nicht mehr zu mir hindurch.

Nackte Angst ergriff mich. Mein Magen überschlug sich, sodass Galle meinen Hals hinaufwanderte. Ich hatte nicht mehr genug Kraft es herunterzuschlucken.

Blind hievte ich mich mit den Armen hoch, wollte zu einer Toilette. Doch es war zu spät. Es floss sauer aus meinem Mund und verteilte sich auf dem Boden.

Wieder betrogen mich meine Muskeln. Wieder

knickten meine Gliedmaßen weg. Der einzige Trost war, dass mein Kopf nicht im Erbrochenen landete.

Bekam es überhaupt jemand mit? Um mich war nichts weiter als tosende Dunkelheit und eine leise Stimme, die sich über mich lustig machte. Über mein gesamtes Wesen; flüsterte mir Dinge zu, die mir Tränen in die Augen trieben.

Aber dann flackerte etwas auf. Das gleißende Licht der Leuchtstoffröhren fiel in meine Augen. Hände schoben sich unter meinen Rücken, vertrieben meine Gedanken mit einer wohligen Wärme, welche sich mit der leichten Berührung ausbreitete.

Über mir erschien Dorians Gesicht.

Lass mich!

Geh!

Lass mich liegen und verschwinde!

Nichts davon kam über meine Lippen. Keiner meiner Muskeln bewegte sich. Wie eine Marionette, welcher man die Fäden abgeschnitten hatte, lag ich da und ließ alles über mich ergehen.

Bevor ich mich versah, trug mich Dorian auf seinen Händen. Er drückte meinen Kopf an seine Brust, sodass er nicht gen Boden baumelte. Es hatte keinen Sinn sich zu wehren. Mein Leib war auch im normalen Zustand schwächer als seiner.

Lass dich fallen. Ich werde dich auch halten, versprochen. Das waren einmal seine Worte gewesen. Lügen? Nein, in diesem bestimmten Moment nicht. Jetzt aber ...? Keine Ahnung. Keine Ahnung, was ich denken sollte.

Also ließ ich es über mich ergehen.

Eine Tür fiel tief ins Schloss. Es umgarnte mich nun der bekannte Geruch seines Zimmers. Das Gefühl der Sicherheit hielt mich. Dennoch war ich immer noch nicht in der Lage mich zu wehren, sodass er mich ohne Probleme auf sein Bett legen konnte.

»Odette«, flüsterte er und streckte die Hand nach mir aus. Instinktiv zuckte ich zurück, wodurch seine Augen ermatteten. Kein Glänzen. Keine Freude. Das Blau war flach.

»Kannst du mir bitte das graue Shirt auf dem Boden geben? Ich schwitze.« Es war seins. Eines, welches ich manchmal beim Schlafen getragen hatte.

»Wann hast du das letzte Mal etwas gegessen?«, fragte er, statt meiner Bitte nachzugehen. Seine gebräunte Hand lag wenige Zentimeter neben meiner. Am liebsten würde ich sie nehmen und mir selbst damit Schmerzen zufügen. Alles, um mich diese Leere vergessen zu lassen.

Seine Trostlosigkeit sprang auf mich über. Aufkommende Tränen trübten mein Sichtfeld, die ich wegzublinzeln versuchte.

»Gib mir das Shirt.«

Wortlos gab er es mir, wobei ich die Chance ergriff, mich aufzurichten. Da mich nicht wie zuvor die Schwärze übermannte, schwang ich meine Beine aus dem Bett und versuchte mein Glück.

Erneut erklang mein Name. Erneut entzog ich mich ihm.

Stolpernd suchte ich einen Weg zu dem kahlen Badezimmer. Währenddessen versuchte ich den Stoff, welcher mit kaltem Schweiß getränkt war, von meinem Körper zu zerren. Alles klebte und überzog mich mit einem unangenehmen Film.

Sobald nichts weiter als Dorians Oberteil an mir hing, umtosten meine Nerven nichts als Geborgenheit. Das Bekannte. Die Erinnerungen. Die Nächte, die wir ruhig schlafend nebeneinander verbracht hatten.

Dinge, die die letzten Tage in die Tiefen der Vergessenheit geraten waren.

Schweratmend und mit brennenden Tränen beugte ich mich über das Waschbecken. Es kostete enorme Kraft mich auf den Beinen zu halten, doch irgendwie schaffte ich es. Meine Fingernägel aber brachen unter dem Druck auf den Keramikrand.

Seufzend spülte ich den Mund aus und benetzte das Gesicht mit kühlem Wasser. Meine Haut hatte die Farbe eines Lakens.

Als ich den Kopf hob, stand Dorian im Türrahmen und beobachtete mich. Lange, bis ich sogar an meinem Verstand gezweifelt hatte, ob er nicht nur eine Einbildung war. In seinem Blick lag Besorgnis.

Er kam auf mich zu – langsam, um mich nicht zu verschrecken. Ich war zu nichts in der Lage, außer ihn zu beobachten. Bei der ersten Berührung löste sich die Starre meines Körpers. Zumindest ein wenig. Nicht wegen dem sonst unguten Gefühl, sondern, weil sich jede Faser in mir insgeheim danach sehnte.

Sachte glitten seine Fingerkuppen über den Stoff, wo meine Wirbelsäule war. Wirbel für Wirbel, welche ihm knochig entgegenreckten. Es war das erste Mal, seitdem er mir ungemeine Schmerzen zugefügt hatte, dass ich es wissentlich zuließ.

»Rede mit mir«, flüsterte Dorian, was mir einen Stich ins Herz trieb. Ich wusste nicht, ob ich ihm vertrauen sollte. Nicht nach dem, was er mit mir gemacht hatte. Aber war nicht ich diejenige, die zu ihm zurückgekehrt war?

Immer wieder trieb mich etwas zu Dorian.

Mein Spiegelbild starrte ihm durch den Spiegel entgegen. Es löste sich kein Satz, geschweige denn ein Wort aus meinem Mund. Es war nicht möglich.

Geschlagen schüttelte ich den Kopf und wand mich unter seiner Berührung. Die Erinnerungen kamen in mein Gedächtnis gekrochen und stürzten mit einem Schauer über mich.

Doch Dorian versperrte mir den Weg zurück in sein Bett.

»Bitte«, murmelte er, packte mich an meinen Schultern und drehte mich zu sich.

Es war unmöglich ihm zu entkommen. Mit dem Handrücken strich er über meinen Rippenbogen, der sich in den letzten Tagen definierter unter meiner weißen Haut abzeichnete. Nun stand in seinen Zügen Verzweiflung.

»Vertrau mir.« Seine Stimme war ein einziger Hauch, der sich wie tausend kleine Küsse auf meiner Wange entfaltete.

Ich wusste, was er von mir hören wollte. Aber war ich bereit, mich ihm nackt zu präsentieren? Emotional. Er wäre in der Lage mich zu zerstören. Das konnte er allerdings auch jetzt schon.

Beim ersten Ton, der von mir stammte, flossen ungehindert Tränen über meine Wangen. »Sonja war immer besser als ich und jetzt ist sie tot. Und ein kleiner Teil von mir ist froh darüber, denn ... Vielleicht will ich deshalb herausfinden, wieso sie sterben musste. Ich stehe jetzt an ihrem Platz. Und ich genieße es. Aber ich werde niemals so gut sein wie sie. Weil ich nicht genug bin. Ich war es nie und werde es nie sein!«, schrie ich.

Meine Beine gaben unter mir nach, sodass ich auf die kalten Fliesen aufschlug. Mein Körper war wie betäubt. Diesmal war aber nichts still. Schluchzer und Schreie kamen aus mir.

Heuchlerin.

Du bist nichts, ein Niemand. Selbst für Dorian bist du nicht gut genug.

Mein Atem ging so schnell, dass ich das Gefühl hatte, mein Kopf wäre in Watte gepackt. Ausschließlich meine Laute existierten. Diesmal waren sie ohrenbetäubend. Als wäre ich in einem Brunnen – allein, fallend, wartend, bis ich endlich auf dem Boden zerschellte.

Alles in meinem Inneren fiel in sich zusammen. Der Schmerz, die Eifersucht, die Trauer. Sie hatten es geschafft mich zu übermannen. Und ich war zu schwach mich länger aufrecht zu halten.

Das Gefühl des Nichts breitete sich aus und verdunkelte sich. Es war mir fremd. So fremd, dass ich mich im ersten Moment wehrte. Es entsprang nicht der Wut, welche mich in einen Sturm reißen würde. Nein, es war mein Abgrund. Wenn die Dunkelheit in meine Seele eindrang, dann würde ich nie wieder herauskommen.

Als sie mich an der Kehle gepackt hielt, erklang eine Stimme. Wie ein leises Donnern, welches von weit weg über das Land rollte. Innerlich klammerte ich mich an das Geräusch, das an eine melancholische Melodie erinnerte. Ob es die bittersüßen Töne der Tiefe waren, die mich zu sich locken wollten oder meine Rettung, wusste ich nicht. Doch mir blieb keine Wahl.

Es war, als würde ich nach einer Hand greifen, welche mich an die Oberfläche zog. Mit jeder Sekunde, die verstrich, nahm mein Umfeld wieder Konturen an. Trotz meines weiterhin verwackelten Sichtfeldes erkannte ich einen Fleck, der sich als Dorian herausstellte.

Seine Hände hielten mich fest umschlungen, während ich kraftlos gegen ihn gesackt war. Eine strich über meinen Körper – über den Rücken, meinen Nacken, meine Wangen-, während die andere sich fest auf meine Brust drückte. Dieser Druck war wie ein Feuer in einem eiskalten Winter. Es schmolz das Eis um mein Herz und taute es Sekunde für Sekunde auf.

Je mehr ich wahrnahm, desto lauter wurde meine Umgebung. Als würde jemand langsam den Regler eines Radios aufdrehen. Irgendwann wurde es so laut, dass seine Stimme durch mich hindurch drang.

»Odette!« Immer wieder schrie er meinen Namen. »Odette, bitte!« Noch nie hatte ich ihn derart verzweifelt erlebt.

Dorians Geruch, sein Griff oder seine pure Anwesenheit halfen mir dabei, meinen Atem auf ein normales Tempo zu bringen. Damit gewann ich auch meine Sicht zurück. An den Ecken war es zwar noch ein bisschen konturlos, jedoch sah ich eines klar und deutlich.

Das wunderschöne Gesicht des Mannes, welches mich sogar in die tiefsten Träume verfolgte. Purer Schock spiegelte sich darin.

»Hörst du mich?«, brachte er hervor. Seine Stimme war rau. Ohne zu überlegen ließ ich es zu. Meine aufgeriebenen Nerven brauchten diese Nähe. Mein Herz brauchte sie.

Dennoch wollte ein Teil, diese verdammte Stimme in meinem Kopf, es nicht zulassen.

»Lass mich los!«

»Du bist genug«, murmelte er immer wieder, während ich mich versuchte zu wehren. Er war zu stark und meine Muskeln zu ermattet, weshalb selbst meine größten Bemühungen nichts bewirkten. Doch wollte ich das überhaupt? Mit jeder Bekundung und jedem Flüstern seinerseits wurde das Brennen in meiner Brust minder.

»Du bist so viel, Odette. Mehr, als du dir vorstellen kannst.«

Sein Mund streifte meinen und verlor sich in dem

Kuss. Wir beide verloren uns. Er zog mich mit sich hoch und trug mich wie eine Braut. Eine Braut, die sich nicht mehr auf den Beinen halten konnte.

Gott, ich genoss seine Stärke, die all meine Sinne umtanzte. Und nun begann meine Gegenwehr in mir zu brechen und wurde von einem Sog in eine Tiefe gezogen, aus der sie nie wieder entfliehen konnte.

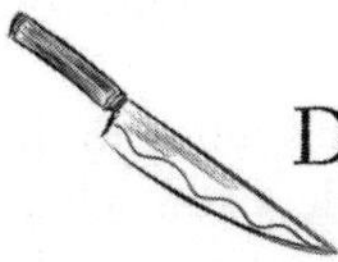

Dorian

Wie eine zerbrechliche Glasfigur trug ich sie zu meinem Bett. Dabei ließ ich für keine Sekunde von ihren butterweichen, nach Salz schmeckenden Lippen ab. Vorsichtig ließ ich uns darauf fallen und zog sie auf meinen Schoß. Odette konnte sich von mir lösen, aber mein Griff hielt ihre Seele zusammen, die auseinanderzubrechen schien.

Je mehr Akte unsere Zungen miteinander tanzten, desto schwächer wurde ihr anfänglicher Wiederstand. Im Gegenteil, ihr Körper kam meinem sogar entgegen, schmiegte sich an mich.

So lange hatte ich mich danach gesehnt. So viele Stunden, in welchen sie leer neben mir verbracht hatte, ohne ein Wort von sich zu geben.

Odettes Hände vergruben sich in meinem Haar, während meine über ihre ausgemergelte Gestalt glitten. Nie versuchte ich unter den noch vorhandenen Stoff zu fassen. Es würde alles zerstören, was sich durch die Zärtlichkeiten gerade wieder aufbaute.

Sie ist so dünn geworden. Noch dünner als vorher.

Vorsichtig löste ich mich von ihr und verlor mich im selben Moment in ihren geröteten Augen. Immer wenn ich sie ansah, wollte ich sie noch mehr. Und das nicht nur in einem körperlichen Sinn. Allein diese Erkenntnis überrumpelte mich.

»*Mon petit cygne*«, murmelte ich und fuhr ihr über die Wange. Anstatt dem verschreckten Zucken bekam ich jetzt ein warmes Entgegenkommen ihrer Haut. So viele Worte brauten sich in meiner Kehle zusammen, und doch wagte keines von ihnen zwischen uns zu treten. Es wäre einfach nicht passend gewesen.

Wie konnte sie von sich selbst in dieser Weise denken? Und wieso zur Hölle hatte ich das nicht früher erkannt?

Erneut traten Tränen in ihre Augen, die ich mit meinen Lippen im Zaum hielt. »Warte hier, ich komme gleich wieder«, sagte ich, einen Kuss auf ihre Wange drückend. Diesmal brachte ich es über mich, mich vollkommen von ihr zu lösen.

Obwohl sich der Widerwillen deutlich in ihr widerspiegelte, schlüpfte ich aus dem Bett und bahnte mir einen Weg zu der Küchenzeile. Prüfend öffnete ich den Kühlschrank, wodurch das weiße Licht meinen Körper umschmeichelte.

Schließlich setzte ich mich mit Erdbeerkonfitüre, einem Croissant und einem Teller wieder zu ihr. Bei der Suche hatte sie mich keine Sekunde aus den Augen gelassen.

Odette wusste, was mir vorschwebte und hatte im gleichen Zug keine Ahnung, wie sie damit umgehen sollte. Sie ergriff aber nicht sofort die Flucht, was ein Fortschritt war.

Langsam riss ich etwas vom Gebäckstück ab und tunkte es in die Marmelade.

»Ich kann das nicht«, murmelte Odette und presste instinktiv die Lippen aufeinander. »Das ist doch blödsinnig.«

»Nein ist es nicht.« Ich würde sicher nicht aufgeben. »Du solltest deinen Körper nicht für etwas bestrafen, was dir eine unbedeutende Stimme ins Ohr flüstert. Es ist nicht wahr.«

In ihren Augen fand gerade ein Kampf zwischen dem Willen mir zu glauben und der Macht ihrer toxischen Gedanken statt. Als meine Finger zu zittern begannen und der Blätterteig auf das graue Spannbetttuch rieselte, hatte ich fast alle Hoffnung verloren. Sie würde aufstehen; mich hier sitzen lassen – regungslos, mit einem Ende eines Croissants in der Hand.

Aber als sie erneut den Blick hob, nickte sie. Ganz leicht. Bildete ich mir das nur ein? Nein. Odettes Mund öffnete sich einen kleinen Spalt, womit sie mir ihr Einverständnis gab.

Langsam führte ich das Essen zu ihr. Mittlerweile lief ein Teil der Konfitüre meine Hand hinab. Mich kümmerte das keines Weges. Allein die Frau mit dem goldenen Haar und dem himmelsähnlichen Gesicht zählte.

Nervös beobachtete ich Odette dabei, wie sie vorsichtig kaute und schließlich den kleinen Brocken hinunterschluckte. Es fiel ihr schwer. Zu schwer. Es zerriss mein Herz von innen heraus.

»Schmeckt ... nicht schlecht«, log sie. Ihre krampfhafte Haltung löste sich nicht, was mich erneut reizte. Nicht in der Weise, wie ihr schönes Wesen es sonst immer tat, sondern auf eine andere. Eine Weise, von der ich glaubte, sie nicht mehr zu besitzen. Dieser Glaube war dumm, denn hatte Odette nicht schon immer diese Wirkung auf mich?

Ja.

Bevor sie sich mir entzog, machte ich weiter. Nach und nach riss ich jeweils ein Stück ab, überzog es mit der Frucht und schob es ihr in den Mund. Dabei breitete sich ein Schweigen aus, welches keiner von uns zu unterbrechen drohte. Es hüllte uns in Sicherheit – in ein Universum, das ausschließlich uns gehörte.

Doch auch als das letzte Stück verschwunden war, wusste ich, dass wir die größten Hürden noch vor uns hatten. Mit dieser Geste würden sich ihre Probleme nicht plötzlich in Luft auflösen. Diese Unsicherheit steckte tief in ihr.

Wir waren beide zerbrochene Gestalten, die darauf warteten, zusammengesetzt zu werden. Gleichzeitig waren wir messerscharf. Es war also beinahe unmöglich.

Unverwandt strich ich durch ihr Haar, wobei sich die Marmelade dadurch zog. Gold mit einem zarten Rot. Als hätte ich mich verbrannt, nahm ich die Hand wieder zu mir.

»Es tut mir leid.«

Diese Worte galten nicht nur dem klebrigen Unfall, sondern so vielem mehr. Am liebsten hätte ich es ihr, mit der Hoffnung die Zeit zurückzudrehen, entgegengeschrien. Letztendlich war es nicht mehr als ein Flüstern.

Ehe Odette etwas sagte, schüttelte sie stumm den Kopf und setzte zu einem Kuss an. Er war sanft. Zögerlich. Ich überließ ihr das Tempo, was dazu führte, dass sie diejenige war, die ihre Zunge über meine Lippen flattern ließ. Eine wortlose Bitte, welcher ich sofort nachging.

Ihr sonst herber Geschmack besaß nun einen süßen Unterton, der mich schwach werden ließ. Diese Frau machte mich zu einem Mann, der tief unter Blut und Asche vergraben war. Ihre Küsse wurden fordernder. Mir war bewusst, was sie vorhatte. Das würde aber heute nicht passieren.

»Du solltest duschen.«

»Ja«, sagte sie mit kratziger Stimme und nahm die verklebten Strähnen in Betracht. »Wirst du mitkommen?«

»Ich weiß nicht, ob ...«

»Ich brauche dich.«

Obwohl es nur drei kleine Worte waren, trafen sie mich mitten in die Brust. Sie brauchte mich. Wir hatten eine Grenze überschritten. Eigentlich hatten wir sie bereits weit hinter uns gelassen, denn auch mir ging es nicht anders.

Ich wollte es nicht wahrhaben. Es länger zu bestreiten war seit heute allerdings nicht mehr nötig.

Schweigend nahm ich sie an die Hand und führte sie in die Dusche. Erst als wir in der kleinen Kabine standen, fiel mir wieder auf, dass sie ausschließlich mit meinem Shirt bekleidet war.

Vorsichtig, da ich Angst hatte, sie würde unter meiner Berührung zerfallen, schob ich den Stoff beiseite. Ungeachtet landete er außerhalb der Glasscheibe, die uns vom Rest des Raumes trennte. Sekunden später lagen meine Klamotten neben ihren.

Wir standen uns nackt gegenüber.

Meine Hand konnte beinahe ihre gesamte Bauchdecke ausfüllen. Es musste sich etwas ändern. So schnell wie möglich. Mein Inneres formte sich zu einem Klumpen.

Sie war ausgelaugt. Wir beide waren das. Bevor uns also die Müdigkeit übermannte, rauschte heißes Wasser nieder. Genauso, wie Odette es liebte.

Genüsslich schlossen sich ihre Lider, wobei dicke Tropfen in ihren Wimpern kleben blieben. Ich hätte sie ewig dabei beobachten können.

Dennoch stellte ich den Schauer ab und nahm das Shampoo in die Hand. Es war meins, dennoch protestierte Odette nicht, als meine Finger es in ihrem nassen Haar verteilten. Mit jeder kreisenden Bewegung wurde ihr Atem tiefer. Wenn es ein bisschen länger gedauert hätte, wäre sie in den Schlaf geglitten.

Als ich mich ihrem Körper zuwandte, öffneten sich ihre Augen. Angst stand in ihnen.

»Ich bin vorsichtig. Versprochen.«

Sie zuckte trotzdem leicht zusammen. Bald wurde es von einem erleichterten Stöhnen abgelöst, da sich die Kreise zwischen ihren Schulterblättern wiederfanden.

Die Narbe meines Bisses presste sich rau gegen meine Fingerkuppen. Erinnerungen kamen über mich. Ihr Blut auf meiner Zunge. Mein Handabdruck auf ihrem Po. All die blauen Flecken waren verschwunden, die Abdrücke meiner Zähne würden sie aber für die Ewigkeit zieren.

Erschlagen von den eigenen Empfindungen lehnte sie sich gegen mich. Suchte Halt. Wahrscheinlich ging ihr dasselbe durch den Kopf wie mir.

Obwohl wir schon so oft intim miteinander gewesen waren, war das hier etwas vollkommen Neues. Es ging tiefer, direkt unter unsere Haut. Diese Sache entwickelte sich unheimlich schnell und war derart intensiv, dass ich keinen klaren Gedanken fassen konnte.

Odette hob ihren Kopf für einen Kuss, welchen ich zu gerne erwiderte. Derweilen fuhren meine Hände über ihren Hals zu ihrem Bauch. Trotz der überwältigenden Gefühle wurde mein Glied hart. Diesmal widerstand ich meinem natürlichen Trieb, Odette hier und jetzt zu nehmen. Es würde alles zerschmettern, was ich an Vertrauen zurückbekommen hatte.

Nie wieder würde ich es aufs Spiel setzen.

Nicht bei ihr.

»Dorian«, stöhnte sie, als das Wasser wieder auf uns

hinabregnete.

»*Ma bien-aimée.*«

Erst einige Sekunden später drangen die französischen Worte aus meinem Mund in mein Bewusstsein. Als hätte mir jemand einen Eimer voller Eiswasser über den Kopf gekippt, schnellte mein Puls in die Höhe.

So hatte mein Vater meine Mutter genannt. Es war eine Seltenheit bei uns im Haus gewesen, dass er sie bei ihrem richtigen Namen angesprochen hatte. Er hatte immer diesen Kosenamen verwendet.

Ma bien-aimée.

Meine Geliebte.

Ein Nebel legte sich über meine Sinne, bis auch Odettes seifige Hände über mich glitten. Sie hatte das Wasser ausgestellt und tastete nun jeden Zentimeter sorgsam ab. Vorsichtig und unschuldig, sodass sich das zerbrechliche Bild von ihr unwiderruflich in meine Seele einbrannte. Es gesellte sich zu dem Störrischen und dem Starken.

Sie ließ sich Zeit, auch mit meinem Haar. Ich ließ es zu – genoss es sogar. Somit verging es umso schneller.

Mir war klar, dass Odette nun genügend Kraft gesammelt hatte, um zu laufen, dennoch trug ich sie zum Bett. Die Kleidung ließen wir achtlos hinter uns.

Wir blieben aber nicht nackt. Nein, eine Schlafhose landete auf meinen Lenden und ein dazu passendes T-Shirt bedeckte ihre Schultern. Odette versank förmlich darin.

»Schlaf jetzt«, flüsterte ich in ihr Ohr und zog sie nah an mich.

»Danke, Dorian.«

Kopfschüttelnd drückten ihr meine Lippen einen Kuss in die Halsbeuge, was als Antwort zu genügen schien. Die Wahrheit hätte alles nur kaputt gemacht.

Ich war nicht ihr Retter. Das war ich nie gewesen und würde es nie sein. Das Wesen hinter meiner Fassade zerstörte. Mehr nicht.

Ihr Atem an meiner Brust passte sich automatisch meinem Rhythmus an, sodass es ihr leichtfiel, in den Schlaf zu gleiten. Wir versuchten jeden möglichen Kontakt zwischen unserer Haut herzustellen.

Vor meinem inneren Auge zog der Abend ein letztes Mal vorbei. Er hatte mir Antworten auf Fragen geliefert, nach denen ich bereits unterbewusst seit Monaten gesucht hatte.

Eines stach dabei aber besonders heraus. Eine unwiderrufliche Erkenntnis.

Odette und ich waren gebrochen.

Wir sehnten uns nach dem Alten. Nach dem, was einmal gewesen war – einer Zeit, in der man unbekümmert gewesen war. Wie schön wäre es, die Zeit zurückzudrehen.

Doch mussten wir das wirklich, um uns wieder komplett zu fühlen? Viele Teile unserer Selbst waren schon lange verloren gegangen. Es war unmöglich, unsere frühere Form wieder anzunehmen. Also warteten wir, bis jemand kam, um uns neu zusammenzufügen.

Das Endergebnis war vorhersehbar: Rissig, unstabil, zerstörerisch.

Was, wenn es einen anderen Ausweg gab? Wenn unsere dunklen Scherben sich zu einem neuen Bild zusammenfügen konnten?

So widersprüchlich es sein mochte, es war die Antwort. Anscheinend passten unsere Stücke zusammen – auf eine verdrehte Weise.

Nun lag es an uns, ob es in einem Meisterwerk oder einem Wrack enden würde.

»Ich brauche dich auch, Odette.«

Kapitel Achtzehn

Odette

Ich wusste nicht, was mich aus dem Schlaf riss. Der Wind, der an den Fenstern zerrte, oder der Mann, der mich mit seinen starken Armen umschlungen hielt. Vielleicht war es die Kombination aus beiden.

Langsam sickerten die Ereignisse durch mich hindurch. Je mehr Zeit verstrich, desto näher drückte sich mein Körper an seinen Leib. Die Erinnerungen blieben aber nichts weiter als ein fader Schatten, wobei das einzig Kräftige – Klare – Dorian darstellte.

Mit verräterischer Vertrautheit wanderten meine Fingerspitzen über seine nackte Brust und verharrten schließlich an seiner Taille. Die Haut war warm. Samtig. So, wie ich es gewohnt war.

Doch nichts schien mit der Gefühlslage etwas zu tun zu haben, die mich sonst durchströmte. Mein Herz war bleischwer, sodass es mir die Luft abschnürte.

So wie Dorian vor mir lag – einzelne Strähnen, die ihm ins Gesicht hingen, die Lider geschlossen – wollte ich nichts mehr, als ihn für immer festzuhalten. Trotzdem war er es in diesem Moment, der mich fest umklammert hielt.

Hatte er Angst, dass ich gehen würde?

Dieser Grund war hinfällig. Gott, ich hatte es selbst dann nicht über mich gebracht, als er mir wehgetan hatte. Nach dem, was gestern passiert ist, drängte sich der Schmerz in Vergessenheit. Und dieser Mann. Dieser wunderschöne Mann machte es sich in meinem Herzen bequem.

Der Druck seiner Hand auf meinem Rücken verstärkte sich, worauf sein Kopf in meiner Halsbeuge landete. Ein Kitzeln breitete sich auf meiner dünnen Haut aus, da Dorians Lippen Liebkosungen vollführten. Kein Beißen, sondern verführerische, kleine Küsse. Sie waren es, die den Zustand zwischen Wachsein und Schlaf vollständig überbrückten.

»Ich habe das vermisst«, murmelte er mit dunkler Stimme und setzte nun trotzdem seine Zähne ein. Sanft, keine rohe Gewalt. Als Reaktion vergrub ich meine Nägel in die Muskelstränge zwischen seinen Schulterblättern.

Statt Angst, schoss Wärme in meine Mitte.

»Was denn?«

Ein kehliges Lachen entwich ihm, worauf er mich blitzschnell so positionierte, dass ich unter ihm lag. Seine Augen waren dunkel – sinnlich.

»Das weißt du ganz genau, Odette.«

Und wie ich es wusste. Diese Nähe war mehr wert als Gold.

Als hätte Dorian meine Gedanken gelesen, bildete

sich eine Falte auf der Stirn, was mir ein leichtes Kichern entlockte. Er schien mit dieser Situation noch beschissener umgehen zu können als ich. Möglicherweise fand ich es deshalb so amüsant.

»Pass auf, Monsieur *Immer-In-Gedanken.* Irgendwann wird deine Stirn voller Falten sein, wenn du so weitermachst.« Mit einem Finger strich ich die Furche glatt. Ich zog ihn nicht zurück, sondern ging damit auf Wanderschaft. Es war fast, als würde ich eine wertvolle Skulptur abtasten. Dabei ließ mich Dorian keine Sekunde aus den Augen.

Bei seinen Lippen angekommen, verharrte ich.

»An was denkst du?«, fragte er mit hochgezogenen Augenbrauen.

»An dich.«

»Wieso?«

Was war das überhaupt für eine Frage? Wie könnte ich nicht an ihn denken?

»Weil ich schon monatelang an nichts anderes denken kann.«

Ein fades Lächeln umspielte seine Züge, was sich sofort auf meinen widerspiegelte. Als wären wir verbunden. »Ich werde dich nie wieder gehen lassen.«

Bitte.

Mein Finger glitt zwischen seine Lippen. »An was denkst du, Dorian?«

Er nahm meine Hand beiseite. »An das«, flüsterte er und presste meinen Mund auf seinen.

Es war, als würde ich zum ersten Mal wieder Luft holen können. Seine Hände berührten meinen Körper, während ich meine Beine um ihn schlang.

Näher! Fass mich an! Schlaf mit mir und mach diese quälende Erinnerung rückgängig!

Keine dieser Sehnsüchte formten sich zu festen Worten.

Meine Zunge spielte mit seiner. Meine Hände strichen über seinen gebräunten, festen Unterbauch. Meine Füße versuchten die Schlafhose über seinen Hintern zu schieben.

Nur dieser eine Stoff trennte uns. Er könnte sofort in mir sein, denn ich war bereit. Die Feuchtigkeit benetzte sogar schon die empfindliche Haut meiner Oberschenkelinnenseiten. Nur wegen eines einfachen Kusses.

Ruckartig zog sich Dorian zurück.

»Das ist keine gute Idee.«

»Wirst du mich je wieder so berühren wie früher?«, murmelte ich enttäuscht und entfernte mich von ihm. Es tat weh, von ihm nun selbst auf körperlicher Ebene weggestoßen zu werden. »Das hätte gestern nicht passieren dürfen.«

Ich saß am Fußende des Bettes, die Arme um meine Mitte schlingend. Die Nacktheit fühlte sich jetzt nicht richtig an.

»Denkst du wirklich, ich will nicht mit dir schlafen, wegen dem, was du mir gesagt hast?« Er packte mich am Arm und zog mich wieder zu sich. In seinen Augen stand vollkommener Unglauben. »Glaub mir, ich will. Mehr als du dir vorstellen kannst. Aber es ist nicht der richtige Zeitpunkt.«

»Aber du konntest mit mir auch in der Nacht schlafen, als du von Moskau zurückgekehrt bist. Wieso also jetzt nicht?« Es war erbärmlich. Ich bettelte quasi nach ihm, und er – er stieß mich von sich.

»Ja. Siehst du den Grund denn nicht?«

Kopfschüttelnd richtete sich mein Blick nach unten.

Nein Dorian, ich sehe gerade nichts als das Offensichtliche.

»Sieh mich an, *mon petit cygne.*« Seine Finger drückten mein Kinn nach oben, sodass unsere Iriden sich miteinander verkeilten. »Ich habe mit dir geschlafen, weil es das Erste sein soll, was dir in den Kopf kommt, wenn du an diesen Tag zurückdenkst. Iwan und der andere Typ sollen nichts weiter als ein Schatten sein. Aber das hier – das lässt sich nicht einfach vergessen. Du kannst nicht vor dir selbst weglaufen, Odette. Dabei verlierst du dich.«

Ich war sprachlos. Die Wahrheit seiner Worte sprang mir ins Gesicht, dennoch war es schwer, sie zu akzeptieren.

»Aber wann ist der Zeitpunkt, Dorian?«

»Das werden wir sehen. Lass dir Zeit. Lass uns Zeit. Selbst wenn es nur ein Tag sein sollte«, sagte er und drückte mir einen kleinen Kuss auf den Scheitel. »Vorher mache ich uns aber Frühstück.«

Ich hielt ihn weiterhin umklammert, ließ nicht zu, dass seine Berührungen mich verließen. Mir war klar, dass ich überreagierte, dennoch fehlte mir ein Strang, an dem meine Gefühle sich festklammern konnten. Es standen Dinge zwischen uns, die ungeklärt waren. Das trieb mich in den Wahnsinn. Auch er erkannte es.

Müde fuhr er sich über das Gesicht, wobei ihm ein tiefes Seufzen entfuhr. »Gibst du mir bitte mein Portemonnaie. Liegt auf dem Nachttisch«, sagte er und nickte auf den ledernen Gegenstand neben der Lampe.

Verwirrt überreichte ich ihm es. Er starrte einige Sekunden einfach nur darauf, überlegte sich seinen nächsten Handgriff doppelt.

Doch dann klappte Dorian es auf, zog ein Stück Papier heraus und drückte es mir in die Hand.

Es war ein schwarz-weißes Foto, welches zwei Menschen zeigte. Beinahe wie das von meinen Eltern und den

Putchenkos. Auch hier handelte es sich um ein Paar. Sie standen an einem Strand und sahen sich gegenseitig an. Die Frau war wunderschön, zog wahrscheinlich alle Blicke auf sich, wenn sie einen Raum betrat. Währenddessen strahlte der Mann neben ihr Zurückhaltung aus, aber sah die Schönheit mit einem innigen Blick an.

Liebe.

Besser ließ es sich nicht beschreiben.

»Das sind meine Eltern.«

Überrascht sah ich zu ihm und dann wieder auf die Fotographie. Dorian hatte definitiv die Statur seines Vaters geerbt. Seine Schönheit spiegelte sich in der Frau wider. Es war schade, dass das Bild nicht in Farbe war. Von wem er wohl diese Augenfarbe hatte?

»Kommen sie dich oft in Moskau besuchen?«

»Sie sind tot.«

In seinem Blick stand purer Schmerz. Es hatte ihn einiges gekostet, mir diesen Teil von sich in die Hand zu drücken, und nun wusste ich auch wieso. Anstatt aufzuspringen und Sicherheit zu suchen, blieb er bei mir.

Ich wusste nicht, was ich sagen sollte, also legte ich meine Hand auf seine. Ein einfaches ›Es tut mir leid‹ wäre nicht das Richtige gewesen.

»Du siehst ihnen ähnlich. Wie hießen sie?«

»Nouel und Lille.«

»Die Namen passen zu ihnen«, sagte ich und steckte das Foto wieder in den Geldbeutel. Obwohl er mir etwas gegeben hatte, entfernte ich mich nicht von ihm. Noch nicht.

Stattdessen setzte ich mich auf seinen Schoß. Meine Hände schlossen sich um sein Gesicht, woraufhin sich ein zartes Lächeln auf seine Lippen stahl.

»Du kannst mit mir darüber immer reden. Das weißt du, oder?«, flüsterte ich und erwiderte seinen Ausdruck.

»Danke. Ich werde es versuchen.«

Ich lehnte mich vor und drückte ihm einen Kuss auf die dünne Haut hinter seinem Ohr. Sein dichtes Haar kitzelte mich an der Nase, weshalb ich kurz darauf wieder seine Gesamtheit vor Augen hatte.

»Lass uns den Tag im Bett verbringen. Aber jetzt mache ich uns wirklich etwas zum Essen«, sagte er und schob mich von sich. Es war unter keinen Umständen abwehrend, allerdings blieb ich noch lange nachdenklich sitzen. Das hielt ihn nicht davon ab, eine Pfanne und Eier hervorzuholen.

Sie sind tot.

Mich juckte es, mehr darüber zu erfahren.

Wieso?

Wann?

All diese Fragen waren nach einem Gedanken wieder zunichte. Wenn er darüber reden wollte, dann hätte er es getan. Dennoch war es zumindest schon einmal ein Anfang.

Somit dauerte es nicht lange, bis ich am Esstisch saß und mit nach unten gerichtetem Blick in dem gefüllten Teller herumstocherte. Mir war klar, dass mich Dorian bei jeder Bewegung beobachtete. Obwohl sich mein Herz um einiges leichter anfühlte, war diese Blockade – diese Stimme – in meinem Kopf immer noch da.

Bevor ich das Rührei noch vollkommen in einen Brei verwandelte, schlossen sich Dorians Finger um mein Handgelenk.

Besorgnis stand in seinem Gesicht.

»Hol dir bitte Hilfe.«

Erneut senkte ich meinen Kopf, da mir Tränen in die Augen schossen. Wieso eigentlich? Es war nur etwas in meinem Kopf. Er hatte mir gerade gesagt, dass seine Eltern nicht mehr am Leben waren. Und ich war diejenige, die weinte?

Erbärmlich …

»Ja, das muss ich wohl«, murmelte ich und schluckte den Klumpen der Gefühle herunter.

Beim Essen war es der einzige Dialog, welchen wir miteinander führten.

Die Stille schürte allerdings meine Gedanken. Es bestand kein Ausweg mehr, um die offenen Tatsachen weiter zu ignorieren. Wie man gesehen hatte, war ich eine tickende Zeitbombe. Es würde ein Schritt in die richtige Richtung sein, denn Dorian würde nicht immer da sein, wenn mir meine Nerven durchgingen. Es war nur eine Frage der Zeit.

Aus unerklärlichem Grund schaffte ich es, den gesamten Teller zu leeren. Unter keinen Umständen war es leicht und ich wusste auch genau, wieso ich es schaffte. Um ihn zu beruhigen.

Ich brauche definitiv Hilfe.

Der restliche Tag verlief so, wie wir es abgemacht hatten. Wir lagen im Bett und sahen uns unzählige Episoden irgendeiner Krimiserie an, welche ich ausgewählt hatte. Obwohl wir versuchten die Täter zu erraten, waren wir die meiste Zeit mit dem jeweils anderen beschäftigt. Blicke, zärtliche Berührungen und Küsse wurden ausgetauscht.

Nicht mehr.

Manchmal streifte mich der Gedanke, was ich sagen sollte, wenn mich jemand darauf ansprechen würde, was im Studio passiert war. Wohin mich Dorian gebracht hatte. Sie würden tuscheln. Ich wusste aber, dass mich niemand danach fragen würde. Seitdem Sonja tot war, sprach kaum noch jemand mit mir. Schon mein ganzes Leben lang war ich eher eine Einzelgängerin gewesen. Sie war eine Ausnahme gewesen. Und jetzt Dorian.

»Ich mache uns Abendessen«, sagte er, als der Abspann über den Bildschirm flimmerte. »Keine Sorge, es werden keine Schnecken werden.«

Trotz des heiklen Themas hoben sich meine Mundwinkel.

»Du erinnerst dich daran?«

Wie lange war das schon her? Sein erster Tag. Es war mein Versuch gewesen, mich über ihn lustig zu machen, um die überpräsente Anziehungskraft herunterzuspielen. Na ja, man sah ja, wo ich gelandet bin. Und ich konnte nicht glücklicher darüber sein.

»Es ist immerhin nicht so, als lägen Jahre dazwischen, *mon petit cygne*.« Leichtfüßig schlenderte er zu dem Gefrierschrank und zog zwei große, viereckige Kartons heraus.

»Tiefkühlpizza?«

»Nein, Flammkuchen.«

»Franzose«, lachte ich, schlang die dünne Tagesdecke um meine Schultern und setzte mich an den Tisch, während er die zwei Dinger, die mich vage an Pappe erinnerten, in den Backofen schob.

»Was hast du denn in deiner Kindheit immer gegessen, Russin?«

Bei dem Namen verdrehte ich grinsend die Augen. »Pelmeni. Das sind Teigtaschen«, fügte ich auf seinen fragenden Blick hinzu. »Sind wirklich gut, solltest du auf jeden Fall probieren.«

»Unter einer Bedingung.«

Meine Augenbraue wanderte nach oben, wobei seine Arme sich auf der Tischplatte abstützten. Sein Gesicht war nun direkt vor meinem, dadurch wurde das Funkeln seiner Augen umso deutlicher.

»Ich probiere deine russischen Teigtaschen, wenn du mit mir nach Frankreich gehst, um richtigen Flammkuchen zu probieren. Das hier«, er nickte Richtung Ofen, »ist ein billiger Abklatsch.«

»Du willst mit mir nach Frankreich?«

Ich schluckte – nicht, weil ich nicht wollte, sondern, weil es so überraschend kam. Die Zeit zwischen ›Wenn du mich anfasst, reiße ich dir die Eier ab‹ und den Urlaubsplanungen war kaum vorhanden. Und doch fühlte es sich an wie eine Ewigkeit. Und es schien richtig.

»Ja, nach Straßburg. Natürlich nur, wenn du willst.«

Bevor sich Zweifel einnisteten, hörte ich mich bereits antworten. »Ich will.« Gleichzeitig kam mir ein Gedanke, der mich nervös machte. »Ich spreche aber kein Französisch.«

»Darüber machst du dir einen Kopf?« Grinsend blickte er auf die Uhr. »In Straßburg sprechen sie sonst noch Deutsch und Englisch. Also mach dir keine Sorgen, irgendwie verstehen sie dich schon.«

Er hatte ja keine Ahnung, wie falsch er damit lag.

»Mir sind eure Buchstaben ein Mysterium, also wird das wohl nichts. Das einzige Wort, welches ich schreiben kann, ist ›Fuck‹. Damit komme ich – meiner Meinung nach – nicht weit.«

»Ach, Odette.« Sein Grinsen wurde immer breiter. »Dann bist du mir wohl schonungslos ausgeliefert.« Gespieltes Misstrauen schlich sich auf mein Gesicht. »Morgen kommt dein Vater und sieht an, was du in den letzten Wochen gelernt hast. Er kommt mit—«

Dorian wurde von einem spitzen Piepsen unterbrochen. Das Essen war fertig.

»Meine Mutter hat es damals am Telefon erzählt.«

Ehe mich die Erinnerungen an diesen Tag einholten, schüttelte ich leicht den Kopf. »Mach dir keine Sorgen, mir geht es schon besser.« Noch einmal würde ich nicht im Studio zusammenbrechen.

»Du kannst auch immer mit mir reden, Odette. Lass uns im Bett essen.«

Das ließ ich mir nicht zweimal sagen. Ich huschte unter die schwere Bettdecke, während Dorian die dünnen Teigstücke durchschnitt und auf einem Schneidebrett platzierte.

Diesmal blieben die Stimmen der Schauspieler nur ein Hintergrundgeräusch. Unsere Aufmerksamkeit galt ausschließlich dem anderen.

»Ist es eine Reise nach Frankreich wert?«

Prüfend biss ich eine Ecke des Essens ab und ließ ihn zappeln. Schließlich nickte ich. »Ja, ist es.« Es hätte nach feuchtem Dreck schmecken können, die Antwort wäre dieselbe gewesen.

Letztendlich aß ich ein Viertel der Stücke, was mir nicht so einfach gelang. Das Frühstück lag mir schwer im Magen, weshalb jeder Bissen eine Qual war. Dorian lenkte mich aber ab, indem er mir unseren geplanten Ort näher beschrieb. Anscheinend sollte die Zeit des jährlichen Weihnachtsmarktes die beste sein, um dorthin zu reisen.

Schläfrig lehnte mein Kopf an seiner Schulter, während er kleine Kreise mit den Fingern auf meinen Oberschenkel malte.

»Weißt du, dass du der Erste bist, der dieses Problem erkannt hat?«, flüsterte ich und sah zu ihm auf. Dorian saß aufrecht an der Kopflehne und starrte gedankenverloren auf den Computer. In den Gläsern seiner Brille spiegelten sich leicht die Schauspieler, die gerade um ihr Leben kämpften. Wahrscheinlich war auch er müde.

»Wir kennen uns noch nicht lange und doch siehst du mehr als jeder andere.«

Jetzt hatte ich seine volle Aufmerksamkeit.

»Viele Menschen haben Angst, der Wirklichkeit ins Auge zu blicken. Die Welt ist düsterer, als es den Anschein hat. Aber keine Sorge, *mon petit cygne*. Wo Dunkelheit herrscht, existiert immer ein Funken Licht.«

Wortlos betrachtete ich ihn. Wenn ich nur ein bisschen wortgewandter wäre, hätte ich etwas darauf geantwortet, doch mir blieb die Sprache weg. Dorian hatte recht, trotzdem überraschte er mich mit seiner Aussage.

»Meine Mutter hat es mit dem Nachthimmel verglichen. Irgendwo ist immer ein glühender Stern zu sehen.«

»Erzähl mir von ihnen«, bat ich und lauschte den kräftigen Schlägen seines Herzens.

»Eine Stadt in Frankreich heißt Lille. Meine Mutter wurde nach ihr benannt. Mein Vater hat an ihrem Geburtstag immer gesagt: *Lille, wollen wir heute nach Lille fahren?* Sie hasste diese Stadt. Um ehrlich zu sein, hasste sie jeden Ort, der mehr als 5000 Einwohner hatte. Dennoch hat er sie jedes Mal an ihrem Geburtstag gefragt. So oft, bis *Maman* eine Vase nach ihm geworfen hat.«

»*Maman?*«

»Mama auf Französisch.«

»Dann warst du oft bei ihnen zu Besuch? Moskau ist ja dann doch eine größere Stadt«, mutmaßte ich und genoss seine Erzählungen.

»Ja, aber mindestens zweimal im Jahr waren sie in Russland.« Dorian fuhr mir über das Haar. »Ich freue mich schon auf Moskau. Mit dir. Ich verspreche dir, dort wird alles klarer.«

Ich hoffte es, denn die Kraft meines Geistes wurde schwächer. Die Geheimnisse, die zwischen uns standen, würden mich früher oder später von innen heraus zerfressen.

Morgen würde der letzte volle Tag hier sein.

Für den Moment kuschelte ich mich näher an ihn und schlang meinen Arm um seine Mitte. Das Streicheln, welches mit der Zeit immer weiter in den Hintergrund drang, wiegte mich schließlich in den Schlaf.

Kapitel Neunzehn

Dorian

Odette flog durch das Studio. Jeder Schritt saß perfekt, ihre Haltung konnte nicht besser sein und der Ausdruck, der nur der Odile gebührte, schimmerte in ihren Augen.

Iwan und sie sahen uns nicht, da wir uns in dem Raum hinter der einen Spiegelwand befanden. Genau da, wo ich Odette erst vor Kurzem gefickt hatte. Und sie wusste, dass ich sie beobachtete.

Nicht nur ich. Ihr Vater und Chloe waren hier, um sich die Kandidaten anzusehen. Die ersten vier waren schon durch, jetzt fehlten ausschließlich die Odile und Siegfried.

Vladimir hing an seiner Tochter und war sprachlos. Chloe hingegen machte sich Notizen, aber auch ich war von Odette vollkommen eingenommen. Neid auf Iwan schwoll in mir an, da er mit ihr tanzen durfte. Wie er sie anstarrte. Am liebsten würde ich ihm die Beine zerschmettern, sodass er nie wieder in seinem gesamten Leben einen Schritt gehen konnte.

Mit der Musik endeten auch ihre Bewegungen. Die Spannung fiel ab, Odette entzog sich Iwan und sah ihn angewidert an. »Das nächste Mal, wisch dir deine Hände ab. Sie sind schwitzig.«

Ein Lachen entfuhr mir. Mein kleiner Schwan – wunderschön, aber bissig. Ihr Vater sah mich mit glühenden Augen an, wohingegen Chloe ein kaltes Kalkül darstellte.

Sie wusste es. Manchmal fragte ich mich wirklich, ob sie nicht hellsehen konnte.

»Das ist unmöglich«, murmelte Vladimir und fuhr sich durch das graue Haar. »Entschuldigt mich, aber ich muss zu ihr.«

Und schon verschwand er, ließ mich mit der dunkelhaarigen Frau allein. Das mir altbekannte Pokerface setzte sich auf ihre Miene. Was auch immer sich dahinter abspielte, verhieß nichts Gutes für mich.

»Hört man uns?«, fragte sie, als er das kleine Studio betrat.

»Nein. Was hast du denn auf den hübschen Zettel geschrieben? Bei den anderen hast du deinen Stift nicht gezückt.«

Sie hielt mir schweigend das Papier vor die Augen, woraufhin diese sich verengten. In ihrer hässlichen Schrift standen drei Wörter: Dorian vögelt sie.

»Deine kleine Präsentation, die du in Moskau vorzeigst? Was soll ich dazu sagen?«, fragte ich und verschränkte meine Arme vor der Brust. Chloe presste den Kiefer zusammen.

Sie konnte froh sein, dass wir von denselben Menschen gezeugt worden waren, sonst würde die Diskussion anders aussehen. Wir sahen uns ähnlich. Dieselbe Augenfarbe, dieselbe Haarfarbe, derselbe Hautton.

»Sie ist deine Schülerin.«

»Ja, und?«

Ein bitteres Lachen schallte durch den Raum. »Weiß sie, dass du ein Killer bist oder, dass dich jemand umbringen will? Sie ist seine Tochter Dorian, zieh sie nicht in Sachen hinein, mit denen wir selbst überfordert sind.«

»Und woher weißt du, dass ich nicht nur zum Spaß mit ihr schlafe? Sex, mehr nicht.« Mein Blick huschte zu Odette, die gerade herzhaft lachte. Iwan war bereits nicht mehr da, was mich mit Schadenfreude durchflutete.

»Als du in Moskau warst, hast du mit Alex über sie geredet. Du hast keinen Namen gesagt, aber jeder merkt, dass du Vladimirs Tochter ansiehst, als wolltest du schnellstmöglich mit ihr ins Bett.«

»Du hast keine Ahnung, Schwesterherz«, knurrte ich und ballte meine Hände zu Fäusten. Meine Beziehung zu Odette ging sie nichts an. Immerhin sagte sie mir auch immer wieder, dass ihre Partnerwahl ihre Entscheidung war.

Wir litten alle unter den letzten Monaten, doch war sie kaum wiederzuerkennen. Ihr gesamtes Wesen hatte eine 180 Grad Wendung gemacht. Anstatt der warmen Frohnatur blickte mir eine eiskalte Frau entgegen.

Augenverdrehend wandte sie sich von mir ab und lief in Richtung der Tür des Studios. Bevor Chloe die Klinke hinunterdrückte, gab sie mir eine Warnung. Sie klang ähnlich wie Alexanders. »Du fickst zum Spaß. Aber hier steckst du zu tief drin. Das habe ich nicht von dir erwartet. Ich hoffe nur, dass keine Unschuldige mit hineingezogen wird. Zu viele mussten bereits sterben.«

Eine Antwort war mir nicht mehr möglich, denn da überschritt ihr Fuß die Schwelle zu Odette und ihrem Vater, der vor Stolz platzte. Seine sonst so kalten Augen waren wie flüssiges Zinn.

Wir waren leise gewesen, sodass man uns nicht sofort gehört hatte, doch verrieten die unendlichen Spiegel unsere Anwesenheit. Aber auch ohne hätte sie meine Gegenwart gespürt. Bedeutungsloser Sex war es schon lange nicht mehr, da hatte Chloe leider recht. Unter anderen Umständen – wenn Odette nicht die Frau gewesen wäre, die sie war – hätte ich ihre Einwände verstanden.

Eine Wahl hatte ich schon lange nicht mehr.

Als Odette sie neben mir sah, verwandelte sich der dunkle Schimmer in einen Sturm. Es war eine Mischung aus Verlangen und Eifersucht.

»*Schwanenhälschen*, darf ich dir Chloe vorstellen«, sagte ihr Vater und zog sie zu uns. Der Ausdruck in ihren Augen verfestigte sich, was mir für einen kurzen Moment Fragezeichen in den Kopf setzte.

Sah sie es denn nicht?

»Hallo«, sagte Odette steif und hielt die Hände fest an ihren Körper gedrückt.

»Hallo.«

Jetzt passierte es. Die zwei Frauen, die zurzeit das Wichtigste in meinem Leben darstellten, standen sich gegenüber. Odette war ein nervöses Nervenbündel, während meine Schwester einen kalten Stein symbolisierte.

Nicht nur ich roch die Spannung, die sich binnen Sekunden in der Luft ausgebreitet hatte, sondern auch Vladimir. Für seine nächsten Worte war ich ihm mehr als dankbar. Es löste das unangenehme Schweigen sofort auf.

»Wollen wir später zusammen Essen gehen? In das Restaurant, in dem du, deine Mutter und ich vor deinen Sommerferien immer sind?«

Nickend stimmte sie zu. »Vorher muss ich aber duschen gehen.«

»Dann mach dich fertig. Wir treffen uns in einer Stunde in der Eingangshalle. Ist das genug Zeit?«

Ihre Augen glitten zu mir, was meiner Schwester nicht entging. Mit einem leisen Schnauben verschränkte sie die Arme vor der Brust und sah sich interessiert im Studio um. In einem kahlen Studio, welches nichts zu bieten hatte außer dünne Kratzer im Boden.

»Ja«, sagte sie, an uns vorbeilaufend.

Ehe sie vollkommen aus dem Raum verschwand, drehte sich ihr Kopf ein letztes Mal zu uns. Wieder nahm sie mich und Chloe in Betracht. Dabei verengten sich ihre Augen, was mich – auch wenn es sadistisch war – amüsierte.

Ach Odette, mach dir keine Sorgen. Ich habe dir doch gesagt, dass ich dich nicht mehr gehen lassen werde.

Sah sie denn nicht, dass ich ihr vollkommen verfallen war?

~

Ich fühlte mich wie in einem dämlichen Buch von meiner Schwester. Wir standen alle am Ende der Treppe und warteten auf die Prinzessin in ihrem wallenden Kleid.

Odette war aber keine Prinzessin und auch das Kleid hatte nichts mit dem aus einem Märchen zutun.

Als sie am Absatz der Treppe ankam, hielt sie einen Moment inne und blickte auf uns hinab. Ihre Augen glitten über meine Schwester und ihren Vater hinweg, bis sie schließlich mich fixierten.

Ihre Figur umhüllte ein schwarzes Kleid mit langen Ärmeln, wobei der Ausschnitt die leichte Wölbung ihrer Brüste deutlich hervortreten ließ. In ihrer Hand, die nun von goldenem Schmuck geziert war, hielt sie einen weißen Pelzmantel.

Mit einem katzenhaften Lächeln schritt sie Stufe für Stufe die Treppe hinab, ließ mich dabei nie mit den Augen los. Obwohl wir gestern um einiges weniger an unseren Leibern getragen hatten, war das hier die reinste Folter. Und je näher sie kam, desto bewusster wurde mir, wie schwer dieses Essen werden würde.

Ihre schwarz umrandeten Augen würden mich quälen. Ihre raue Stimme würde mich foltern. Und ihre vollkommene Gestalt würde mich letztendlich umbringen.

Schwer schluckend strich ich das Jackett glatt, während sie vor uns zum Stehen kam.

»Du siehst schön aus«, sagte ihr Vater und zog sie mit sich. Ich beneidete ihn dafür, dass er ungeniert seinen Arm um ihre Schultern schlingen konnte, um sie zu seinem Auto zu führen.

»Reiß dich zusammen«, flüsterte Chloe.

Ausdruckslos starrte ich ihr entgegen. Auch sie hatte sich umgezogen und Tonnen von rosé-goldenem Schmuck umgelegt. Passend zu einer Halskette mit blauen Steinen, welche sie seit längerem stets an sich trug. Zu ihr passte es leider nicht. In den letzten Monaten hatte sie sich von meiner Schwester zu einer Frau verwandelt, die mir unbekannt war.

»Ach, halt die Klappe.«

Beim Wagen ihres Vaters angekommen, riss Odette die Hintertür auf. Wir würden alle mit seinem fahren. »Chloe kann gern vorne Sitzen. Immerhin seid ihr die Gäste.«

Vladimir warf mir einen fragenden Blick zu, doch ich glitt bereits auf die Rückbank.

Es war ein schönes Auto. Braunes Leder mit einem dunklen Armaturenbrett. Man hatte sogar genug Fußraum, denn es wirkte um einiges größer, als es von außen den Anschein machte.

Dieser Raum war nötig, denn Odette scheute sich nicht mit ihrer einmaligen Ausstrahlung, all meine Sinne für sich zu beanspruchen. Eine Hitze entstand plötzlich, die selbst bis in meine Lendengegend reichte.

»Und Dorian, wie gefällt es dir im Internat?«, fragte ihr Vater, während er durch die dunkle Landschaft fuhr.

»Gut, aber ich freue mich schon auf Moskau.«

»Wie stellt sich denn meine Tochter so an? Hatte ich nicht recht, als ich sagte, dass ihr Talent jeder Blinde erkennt?«

Die nächsten Worte mussten sicher über meine Lippen kommen. Wenn Chloe bereits merkte, dass ich wie ein verdammter Jüngling Odette zu Füßen lag, dann war es unwahrscheinlich, dass es auch für ihren Vater unentdeckt blieb. Er war einer der Besten in der Hauptstadt, hatte von Jaroslaw alles gelernt – so wie ich von Alexander. Deswegen hatte mich seine sanfte Seite, welche er bei Odette zeigte, vielleicht überrumpelt.

»Das stimmt doch gar nicht«, nahm mir Odette die Antwort ab und drehte ihren Kopf zu mir. »Dorian hat mich in den letzten Wochen zu dem gemacht, was ich jetzt bin.«

Obwohl sie sich möglicherweise zum Ziel gesetzt hatte, mich in den Wahnsinn zu treiben, lag vollkommene Ehrlichkeit darin. Es waren Worte, die man – wenn man unsere Verbindung nicht kannte – auf das Tanzen beziehen konnte. Mir schrien sie aber um einiges mehr entgegen.

Ja, ich hatte sie verändert. Und sie auch mich.

»Er ist ein guter Lehrer. Wer weiß, wenn du in das Ensemble aufgenommen wirst, kann er dir helfen, dich ein bisschen einzuleben. Falls das nicht zu viel des Guten ist«, fügte er hinzu und bog in einen kleinen Parkplatz ein.

»Nein. Ist es nicht«, murmelte ich, während ich Odette fest in die Augen sah. Ein leichtes Lächeln huschte über ihren Mund, ehe sie ausstieg.

Verdammt, was hat sie nur mit mir gemacht?

~

Die Autofahrt war unschuldig gewesen. Das Essen hingegen hatte es in sich.

Das Restaurant stellte sich als ein exklusives, kleines Gebäude heraus, welches über mehrere Ebenen an Fläche verfügte. Es war klassisch und modern zugleich, trug ein asiatisches Flair an sich.

Eine elegante Kellnerin geleitete uns zu einem Platz, welcher einer der obersten Ebenen darstellte. Misstrauisch setzte ich mich auf einen Stuhl und ließ meinen Blick über die Gäste gleiten.

Gespickt, fast unscheinbar, saßen bekannte Gesichter um mich herum. Von den meisten war mir der Name unbekannt, doch vom Sehen her kannte ich sie. Natürlich. Chloe, Vladimir und ich waren zusammen an einem ungeschützten Ort, da waren Konstantins Männer nicht weit. Ihn erkannte ich nicht unter den Gästen, was auch besser so war.

Um Odettes Willen. Nach der Sache mit der Waffe war er mir kein weiteres Mal unter die Augen gekommen.

Odette setzte sich neben mich und blätterte die kleine Speisekarte durch, welche bereits auf dem Tisch lag. Sie benahm sich heute komisch. Und ich hatte eine gewisse Ahnung, was der Grund dafür war. Oder besser gesagt wer.

»Was kann ich Ihnen zum Trinken bringen?«, fragte die Kellnerin und holte ein elektronisches Gerät hervor.

»Den besten Rotwein, bitte«, sagte Chloe, wobei ich

mich ihr sofort anschloss. Alexander musste ihr also Geschmack beigebracht haben. Doch dieser Gedanke zuckte nur kurz auf, denn da spürte ich bereits Odettes graue Augen auf meiner Gestalt.

Ja, definitiv Eifersucht.

Ihr Vater nahm ein einfaches Wasser, wobei ihre Wahl gewagter ausfiel.

»Gin Tonic. Eins zu eins.«

Vladimirs Augen weiteten sich tadelnd, was Odette geflissentlich ignorierte. Die Bedienung schien davon keine Notiz zu nehmen, denn schon war sie verschwunden und wandte sich anderen Gästen zu.

»Also, wie wird das morgen ablaufen?«, fragte sie in die Runde und schlug das kleine Büchlein mit den Speisen zu.

»Du wirst mit den anderen nach Moskau fahren, dann sind die nächsten drei Tage Training. Das wird dir aber alles nochmal gesagt. Und dann ist bereits der Auftritt«, sagte Chloe.

»Chloe ist kein typisch russischer Name. Woher kommst du denn?«

Fragend wanderte der Blick meiner Schwester zu mir. »Ich habe vor Kurzem noch in Paris getanzt. Vor ein paar Monaten bin ich nach Moskau gekommen. Schließlich bin ich geblieben.«

»Und wir sind froh, dass wir dich haben«, fügte Vladimir hinzu und drückte für einen kleinen Moment ihre Hand. Zu den Männern war er grausam, zeigte keine Gnade, doch die Frauen ließen die Eisschicht um sein Herz schmelzen.

Odette atmete tief durch, bereit für einen Kommentar, wurde aber von den kommenden Getränken unterbrochen. In diesem Moment entschied sie sich, die Worte herunterzuschlucken und dafür zum Glas zu greifen.

Nach und nach bestellte jeder sein Essen. Die Frau neben mir entspannte sich keine Sekunde. Immer wieder glitten ihre Augen zu mir und Chloe, da wir manchmal Wörter miteinander wechselten.

Ich war schon kurz davor dieses Spiel zu beenden, da der Spaß selbst langsam abflaute, allerdings berührte mich plötzlich etwas.

Odettes Hand lag bleischwer auf meinem Bein. Meine Sinne waren alle auf diesen Punkt fixiert, weshalb das Gespräch gänzlich unterging. Ausschließlich von Weitem war Odettes Stimme auszumachen.

Welche Worte aus ihrem Mund kamen – keine Ahnung.

Wer sich noch daran beteiligte – keine Ahnung.

Wie konnte sie mit einer einzigen Berührung meine Welt aus den Angeln heben? Besonders, da sie nur auf meinem verfickten Bein war.

Ihre Finger zeichneten träge Kreise, als würden sie einen verspannten Muskel massieren. Doch schnell wurde die Berührung fordernder, indem sie sich mit jeder Sekunde weiter meinem Schritt näherte.

Meine Hand umschloss ihr Handgelenk, wobei meine Umgebung auf einen Schlag wieder klarer wurde. Odette lachte – *über was?* – und nippte dabei an ihrem Drink. Jetzt wurde mir bewusst, wieso sie gerade an diesem Abend zum Alkohol griff. In einem nüchternen Zustand hätte sie vielleicht nicht den Mut gefunden.

Die Eingeschränktheit ließ sie sich nicht gefallen. Heute wollte Odette etwas ganz Bestimmtes haben: Meine Qual. Sie wollte, dass ich meine Nerven verlor und ihr zeigte, wen ich begehrte.

Die Antwort war – zumindest für mich – mehr als klar.

Bevor ich die Möglichkeit dazu bekam, fiel ein kleiner Löffel zu Boden.

Er landete zu meinen Füßen, was ihr in die Karten spielte. Es war pure Absicht.

Vorsichtig krabbelte Odette vom Stuhl, während die anderen ruhig miteinander sprachen. Sie bekamen nichts mit, dafür ich umso mehr.

Sie hockte vor mir, die grauen Augen zu mir emporblickend, ihr offenes Haar über meine Schenkel fließend. Ein Grinsen huschte über ihre Lippen. Es besiegelte meinen Untergang. Ihr Kopf senkte sich über meinen Schritt, wobei ihre Hand sich einen Weg unter mein Hemd suchte. Der heiße Atem drang sofort durch den Stoff, direkt zu meinem Schwanz. Er liebkoste jeden Nerv. Als Krönung streiften ihre Lippen darüber.

Das war zu viel.

Mit angespannter Miene versuchte ich meinen Blick auf die Personen mir gegenüber zu halten. Ihren Vater und meine Schwester.

Ich wurde hart. Die Konturen meines Glieds zeichneten sich deutlich durch die Hose ab, was Odette zu genügen schien, denn da tauchte sie bereits auf, den goldenen Löffel in ihrer Hand.

»War nicht leicht zu finden«, sagte sie mit einem schelmischen Lächeln und sah mich herausfordernd an.

Das konnte sie doch nicht ernst meinen.

Ruckartig erhob ich mich und versuchte so gut wie möglich meine Erektion zu verbergen.

»Ich rauche schnell noch eine.« Knapp. Wirkungsvoll.

Ohne einen weiteren Blick auf meine Begleiter stieg ich die einzelnen Treppen hinab, hinaus in die volleingezogene Nacht. Ausschließlich die Außenbeleuchtung machte es mir möglich, weiter als eine Handbreite zu sehen.

Ich steckte eine Zigarette zwischen meine Lippen, zündete sie an und zog gierig daran, während die grobe Hauswand meinen überhitzten Körper abkühlte. Mich in eine Verfassung brachte, die es mir erlaubte, den Abend ohne ein Missgeschick zu überstehen.

Mit geschlossenen Lidern versuchte ich mich zu fassen. Es hatte nicht viel gefehlt und ich hätte Odette auf diesen Tisch geworfen und sie bis zur Besinnungslosigkeit gevögelt. Hätte ihr dieses schwarze Ding von ihrem Körper gerissen und meinen Schwanz in sie gerammt. Vor ihrem Vater – es wäre mir egal gewesen.

Ich stieß den Rauch aus, öffnete meine Augen, nachdem sich mein Puls ein wenig beruhigt hatte.

Vor mir stand das wunderschöne Biest, welches mich über den Rand meiner selbst trieb. Um ihre Schultern lag der Pelzmantel, welcher nicht geschlossen war. Wenige Meter trennten uns.

Langsam kam sie auf mich zu. Ihre Finger schnappten sich die Zigarette und führten sie zu ihrem Mund. Dieser verdammte Mund. Das Grau ihrer Augen lag dabei die ganze Zeit auf mir.

Ich gewährte ihr einen Zug, danach verlor ich meine Geduld. Der glühende Stängel landete im Schnee und ihr Körper an mir. Meine Lippen verschmolzen mit ihren. Herber Rauch drang in meinen Mund, da nun ihre Zunge vordrang und mit meiner einen Tanz aufführte, der meine Erektion beinahe zum Platzen brachte. Allein dieser Kuss hätte mich früher oder später kommen lassen, wenn Odette sich nicht zurückgezogen hätte.

Mit ihren schwarzumrandeten Augen sah sie mich von unten an, besaß sogar die Frechheit, mit dem Finger meinen Hosenbund nachzufahren.

»Heute so schweigsam«, gurrte sie und setzte ein siegessicheres Lächeln auf. Diese Frau wusste, dass sie mich an den Eiern gepackt hielt. Und ich war der Idiot, der es ihr immer wieder unterschwellig gesagt hatte.

»Du treibst mich in den Wahnsinn.«

»Das ist doch nur fair, oder nicht?«

Nein, war es nicht. Das hier war schon bei unserer ersten Begegnung nicht nach Plan gelaufen. Und ich hasste es, Pläne über Bord zu werfen.

Ficken mit ein paar unbedeutenden Mädchen, mehr sollte eigentlich nicht sein. Und jetzt ... Jetzt stand ich hier.

Meine Hand suchte den Weg zu ihrer Wange. Mit geschlossenen Augen schmiegte sie sich automatisch an meine Haut. Ihr dünner Körper presste sich wieder an meinen. Als sie meine Erektion streifte, entfuhr ihr ein Glucksen.

»Braucht es denn so wenig?«

»Das weißt du besser als ich«, brummte ich. »Geh wieder rein. Ich brauche Zeit, um mich zu beruhigen. Immerhin kann ich nicht mit einer Latte da reingehen. Außerdem fragen sie sich bestimmt, wo du bist.«

Kopfschüttelnd legte sie eine Hand auf meinen Bauch. »Ich habe ihnen gesagt, dass wir noch ein paar Dinge wegen morgen klären müssen. Uns bleibt also ein bisschen Zeit.«

»Bitte, Odette.«

Ich hatte wirklich gehofft, dass sie auf mich hören würde. Nur dieses eine Mal. Natürlich tat sie es nicht. Im Gegenteil, Odette vertiefte sich in einen Kuss, den ich erwiderte. Für etwas anderes war sie einfach zu gut.

Ihre Fingerspitzen nestelten am obersten Knopf meines Hemdes und mit ihrem Mund bahnte sie sich einen Weg zu der nackten Haut meiner Halsbeuge.

Was würde ich dafür geben, jetzt in meinem Bett mit ihr zu liegen? Oder in der Dusche zu stehen, wo meine Zunge ihre Klit bearbeitete, bis sich Schreie aus ihrem Hals lösten? Zu lange hatte ich sie nicht mehr auf diese Weise angefasst.

»Du gehörst mir. Vergiss das nicht«, murmelte sie und biss in mein Fleisch. Fest. Die Abdrücke ihrer Zähne würden sicher auch morgen noch zu sehen sein.

Noch nie hatte ich mich von jemandem beißen lassen. Bei ihr ließ ich es aber zu. Immer wieder versenkte Odette ihre Zähne in mir, sodass sogar meine Lider flatterten.

Odette ...

Ich wurde jäh in die Realität geholt, als sie mich mit einer Hand in eine bestimmte Richtung zog, was ich mir wehrlos gefallen ließ.

Ihr Ziel war eine Bank unter dem beleuchteten Heckentor. Mit glitzernden Augen ließ sie sich darauf fallen und zog meine Hüften zu ihrem Kopf. Mein Schritt war direkt vor ihrem Gesicht. Genau den wollte sie, denn ihre Finger öffneten schon den Knopf meiner Anzugshose.

Uns hätte jederzeit jemand entdecken können. Ich war mir sogar sicher, dass Konstantin hier irgendwo herumstreifte, doch hielt ich sie nicht davon ab, meinen Penis freizulegen.

Ihre Zunge fuhr lasziv über die Lippen, während ihre Finger meine Vorhaut zurückzogen. Sie waren eiskalt, was mich scharf die Luft einziehen ließ.

»Dir gefällt die Vorstellung, dass uns jemand zusehen könnte«, knurrte ich, da sie nun die dicken Adern, die sich über die gesamte Länge zogen, einzeln nachstrich.

Sie ließ sich alle Zeit der Welt, was mich langsam ungeduldig werden ließ. Ich musste an mich halten, um nicht meinen Schwanz in ihren Mund zu schieben und ihn ungehalten zu vögeln.

Sie packte zu, was mir einen schmerzerfüllten Ausdruck aufs Gesicht zeichnete.

Dafür werde ich dich heute in Fesseln legen.

»Wie ich dir einen blasen werde? Oder wenn ich *das* mache?« Odette löste eine Hand von mir und zog sich umständlich das Höschen aus. Achtlos landete es in meinem Gesicht.

Und dafür werde ich heute mit meinem Messer an dir spielen.

Der Schmerz schwang in Wut über. Wut auf sie, da sie mich zum Narren hielt und auf mich, da ich durch ihre unanständige Art nur noch geiler wurde.

»Du machst einen großen Fehler.«

Das interessierte die Frau nicht, denn sie führte meinen Schwanz bereits an ihre Lippen. Ihr heißer Atem traf die empfindliche Stelle. Alles in mir versteifte sich und wartete. Und dann glitt meine Eichel in ihren nassen Mund.

Reflexartig vergruben sich meine Hände in den goldenen Strähnen. »Odette!«, brachte ich stöhnend hervor, woraufhin sie mehr von mir in Beschlag nahm.

Ihre Zunge ertastete jeden Millimeter von mir. Während ihr Kopf hin und her wiegte, wanderte ihre Hand unter ihr Kleid. Ich musste an mich halten, um Odette das machen zu lassen, was sie wollte.

Als ihre Augen meine suchten, wusste ich, dass ich nicht mehr lange aushalten würde. Was auch immer ihre Finger unter dem Stoff anstellten, es bereitete Odette eine ungemeine Lust.

»Hör nicht auf«, presste ich hervor und übernahm langsam die Kontrolle.

Ihr gedämpftes Stöhnen ließ meinen gesamten

Körper vibrieren. Ihre freie Hand umfasste meinen Schaft und bewegte sich im gleichen Rhythmus wie ihre Zunge.

Jedes Saugen, jeder feste Griff trieb meinen Höhepunkt voran. Während er Odette übermannte, wurde ihr Mund umso gieriger. Sie forderte, dass auch ich meinen Verstand verlor. Und das schaffte sie binnen Sekunden.

Meine gesamte Lendengegend zog sich zusammen und meine Hüfte stieß unkontrolliert nach vorn. Mit voller Kraft eroberte meine Erektion ihren Mund. Bei jedem Zucken spritzte mein Samen kraftvoll hinein, wobei ihr Bild vor mir verschwamm.

Eines bekam ich noch mit. Sie schluckte. Lustvoll, während der Orgasmus weiterhin ihre Gliedmaßen erzittern ließ. Jede Faser meines Körpers war gespannt, wollten mehr von der Frau zu meinen Füßen.

Nachdem die Wellen über mich gebrandet waren, zog ich sie zu mir hoch und drückte meine Lippen auf ihre. Mich kümmerte es nicht, dass sie noch mit meinem Sperma benetzt waren. Mein Geschmack war mit ihrem vermischt. Ein Geschmack, welcher mich erneut bereit für sie werden ließ.

Verdammt, das konnte doch nicht sein.

»Du schmeckst gut«, murmelte Odette, sich ein bisschen zurücklehnend.

Unverwandt packte ich ihre Finger, welche zuvor in ihr gewesen waren, und schob sie in meinen Mund. Mit der Zunge versuchte ich jeden Rest ihres Saftes in mich aufzusaugen.

So lange hatte ich sie nicht mehr kosten dürfen.

»Bekomm ich meinen Slip zurück?«, fragte sie atemlos, als sie sauber waren.

»Nein.« Es verweilte immer noch in meiner Hand.

»Aber mein Vater wartet drinnen auf uns.«

Lächelnd steckte ich mir den kleinen Fetzen in die Jackentasche. »Das hat dich auch nicht davon abgehalten, mich derart geil zu machen, dass ich dich beinahe vor seinen Augen genommen hätte.«

Ein Schauer schüttelte ihre Schultern.

Langsam glitt meine Hand durch ihr zerzaustes Haar. »Wir sollten reingehen. Vorher müsstest du aber irgendwas mit deiner Frisur machen. Ich hätte zwar nichts dagegen, weil es unheimlich sexy aussieht, aber trotzdem.«

Was würde ich dafür geben, sie zu packen und zu gehen?

Bevor der Impuls auf mich überschlug, nahm ich sie am Arm und zog sie mit mir in den kleinen Eingangsraum des Restaurants.

»Du musst mir ab sofort öfter zeigen, was dein kleiner Mund alles kann«, sagte ich und hauchte einen Kuss auf ihre Wange. Sie waren weiterhin mit einer Röte überzogen, welche ein weiterer Grund war, wieso Odette zuerst in einen Waschraum musste.

Würde es irgendetwas nutzen? Immerhin steckte die Lust auch in meinem Körper. Außerdem stanken wir nach Dingen, die ein Lehrer nicht mit seiner Schülerin machen sollte.

Odette 

Die Frau, welche mir im Spiegel entgegenstarrte, hatte nichts mehr mit der zu tun, die vorgestern in Dorians Badezimmer zusammengebrochen war. Aber war ich die Gleiche wie vor Dorian?

Darauf gab es eine einfache Antwort.

Nein.

Er hatte mich zu einem Wesen geformt, mit dem ich besser klarkam. *Dorian hat mich in den letzten Wochen zu dem gemacht, was ich jetzt bin.* Meine eigenen Worte.

Unbeholfen versuchte ich mein Haar wieder in Ordnung zu bringen. Jetzt sah es nämlich aus wie ein Vogelnest. Aber diese kleine Unordnung war es wert gewesen. Dorian hatte es gebraucht. Und ich auch.

Wer wusste, was er in dieser Nacht alles mit mir anstellen würde. Anstelle von Angst durchfuhr mich eine Vorfreude, die schon zu lange auf sich warten lassen hatte. Er würde mich hart nehmen. Die Entscheidung zwischen wild und sanft hatte ich ihm mit der Aktion abgenommen.

Doch meine Gedanken wurden beendet, als die Tür zur Toilette ins Schloss fiel. Im Spiegel zeichnete sich Chloes Figur ab, die in einem eleganten Hosenanzug steckte. Im Gegensatz zu meinem, saß jede Strähne ihres dunklen, glatten Haares perfekt. Alles an ihr war perfekt. Mit Ausnahme des blutroten Lippenstiftes, welchen sie prompt korrigierte.

Hitze stieg mir in die Wangen, da ihre Augen immer wieder zu mir wanderten und mich von oben bis unten abtasteten. Ihr Blick verriet mir, dass sie ganz genau wusste, was Dorian und ich draußen gemacht hatten.

»Odette,«, fing Chloe an, »kann ich dir eine Frage stellen?«

»Natürlich.«

»Wieso schläfst du mit ihm? Was siehst du in ihm?«

Es brauchte eine Weile, bis ihre Worte in mein Bewusstsein drangen. Allein diese zwei Fragen reichten aus, um wieder meine offensive Seite zu Tage treten zu lassen.

»Er sieht mich.« Ich machte einen Schritt auf sie zu. »Und das schon seit unserer ersten Begegnung.«

Es war die Wahrheit. Etwas, was ich zu verdrängen versuchte, doch nun seinen Weg an die Oberfläche gekämpft hatte. So wurde es um einiges realer.

Auf ihrer Stirn bildete sich eine Falte, die mir bekannt vorkam. Schnell schüttelte ich den Gedanken ab und fuhr fort. »Du hast mit ihm gevögelt, nicht wahr?«

Die Vertrautheit hatten sie. Und ich würde lügen, wenn ich sagte, dass es mich nicht in den Wahnsinn trieb. Das war ein Problem. Ich wusste, dass ich nicht seine Erste war. Er war immerhin auch nicht mein Erster. Man konnte aber keinen Vergleich zwischen ihm und Iwan ziehen.

Dorian ging mir direkt in meine zerschundene Seele.

»Oh nein«, lachte sie. »Ich bin seine Schwester. Um genau zu sein, seine Zwillingsschwester.«

Gut, jetzt fühlte ich mich wie die letzte Idiotin.

Die Ähnlichkeit war nicht mehr zu übersehen. Die gleiche gebräunte Haut. Die gleichen mitternachtsblauen Augen. Die gleiche Eleganz, die selbst bei der kleinsten Bewegung in ihrem Körper steckte.

Mir war es noch nie leicht gefallen eins und eins zusammenzuzählen, aber die Vorstellung von Dorian und ihr hatte mich blind gemacht – seit dem Zeitpunkt, als sie heute Nachmittag zusammen das Studio betreten hatten. Sie sahen aus, als gehörten sie zusammen. Was auch der Fall war. Beide waren miteinander aufgewachsen.

»Es tut mir leid«, murmelte ich und blickte zu Boden. Die Fugen, die die Fliesen miteinander verbanden, wurden plötzlich interessant.

Kommentarlos ging sie, während ich wieder versuchte, mein Äußeres zu einem ansehnlichen Bild zu ordnen. Doch je länger ich allein in diesem Raum war, desto lächerlicher fühlte ich mich. Deshalb brachten mich meine Beine sofort wieder auf die Treppe, die zu unserem Tisch führte.

Allein bei seinem Anblick pochte mein Herz schneller. Seine glänzenden Augen, die Feuer fingen, als er mich ausmachte. Ich nahm mir die Freiheit, einen Moment in der Bewegung zu verharren.

Ich hätte ewig hier stehen können, dennoch schaffte ich es sicher auf den Stuhl neben ihn, ohne ihn anzustarren. Sein Geschmack lag mir weiterhin auf der Zunge, was meine Mitte erneut kribbeln ließ.

»Du hast mir gar nicht erzählt, dass Chloe deine Schwester ist«, sagte ich mit einem aufgesetzten Lächeln und legte auffordernd den Kopf schief.

»Ist es denn so wichtig?«

Mein Mund öffnete sich für eine Erwiderung, doch dann kam bereits unser Essen. Nach und nach wurde uns jeweils der Teller vor die Nase gestellt.

Ich griff das Thema nicht wieder auf. Zum einen, da Chloe uns mit Argusaugen musterte, zum anderen, da er tatsächlich recht hatte. Die Eifersucht in meinen Adern war unbegründet. Das wussten wir beide.

Während mein Vater mit den Geschwistern redete, lauschte ich halbherzig den Worten. Immer wieder fuhr meine Gabel über die Spiralnudeln, von denen nur wenige in meinem Mund landeten. Ich hatte keinen Hunger. Um ehrlich zu sein widerte mich dieser Geruch – der Anblick – an. Am liebsten wäre ich mit Dorian allein. In seinem Zimmer. Im Bett, eng aneinander gekuschelt. Nicht hier.

Als Dorian für eine Sekunde nicht im Fokus stand, legte sich seine starke Hand auf meinen Oberschenkel. Leicht, mit keinen weiteren Absichten, außer meine Aufmerksamkeit auf sich zu lenken.

»Geht's dir gut?«, flüsterte er, wobei seine Augen von meinem Essen zu mir schnellten.

Meine Brust drohte zu zerbersten. Ausschließlich der Schmerz, der durch meine Fingernägel, welche in mein Fleisch schnitten, entstand, hielt mich auf dem Stuhl. Ich wollte seine Lippen auf meinen spüren. Sein Geruch sollte der Einzige sein, der mich einhüllte.

»Ja.«

Seine Hand zuckte nach oben, landete aber sofort wieder auf meinem Bein. Er wollte mir über die Wange streichen, konnte es jedoch nicht.

Da seine Züge weiterhin von Besorgnis gezeichnet wurden, nahm ich das Besteck in die Hand und versuchte irgendwie das Essen herunterzuschlucken. Es war eine Gewohnheit, die sich über Jahre verfestigt hatte. Diese würde sich nicht von einem Tag auf den anderen in Luft auflösen.

Chloes Augen glitten während des gesamten Essens zu uns. Dorians Berührung hingegen blieb weiterhin bestehen, was mir Sicherheit gab. Ich war sogar in der Lage, mich ab und zu am Gespräch zu beteiligen, was meinen Vater überraschte. Vielleicht merkte er deshalb Dorians stetige Aufmerksamkeit nicht, die über den Abend beinahe nur mir galt.

Obwohl wir kaum miteinander redeten, warfen wir

uns oft verstohlene Blicke zu oder schenkten uns ein leichtes Lächeln.

Pures Glück durchflutete mich.

Als wir aber im Auto saßen, verschlangen mich erneut die dunklen Gedanken.

Müde lehnte ich mich in den Sitz und starrte nach draußen. Mittlerweile hatten sich die glühenden Lichter des kleinen Orts verabschiedet, sodass die Dunkelheit der Nacht die Oberhand besaß.

Morgen Mittag würde ich nicht mehr hier sein. Es würde ein neues Kapitel beginnen, von dem keiner wusste, wie es aussah.

Was war die Überschrift? Moskau? Ein anderes Ensemble? Oder doch eine Universität?

Beim alleinigen Gedanken pochte mein Herz wild. Bald war es vorbei. Und die Zukunft? Immer noch ungewiss.

Unterbewusst rutschte meine Hand über den Sitz und suchte nach ihm. Niemand würde es sehen. Vielleicht war dieser Gedanke leichtsinnig, aber das war es auch gewesen, als ich beschlossen hatte, ihm einen zu blasen.

Meine Nerven beruhigten sich, als ich seine warme Haut streifte. Ich brauchte allerdings mehr, weshalb unsere Finger sich miteinander verschränkten.

Das war alles. Trotzdem reichte es aus. Zumindest für die Fahrt, denn als das Auto sich wieder entfernte und wir ausschließlich vom Leuchtkegel einer einzelnen Laterne eingehüllt waren, löste sich unsere Distanz in Luft auf.

Meine Arme schlangen sich um seinen Hals, was zur Folge hatte, dass er mich hochhob und die Treppe des Internats hinauftrug. Irgendwie schafften wir es unbeschädigt in die Eingangshalle, wobei seine Lippen nun immer wieder über meinen Hals fuhren.

»Was, wenn uns jemand sieht?«, murmelte ich und drückte mich weiter an ihn heran. Das Kleid war bereits bis zu meiner Taille hochgerutscht, sodass nur noch der Mantel meinen baren Hintern bedeckte. Mein Höschen steckte ja weiterhin in Dorians Jackentasche.

»Dann sehen sie endlich, wie gut wir zusammen aussehen.«

Trotzdem versuchte er so schnell wie möglich in sein Zimmer zu kommen.

»Du hast mich heute in den Wahnsinn getrieben, *mon petit cygne*.« Grinsend ließ er uns auf die Matratze fallen, sodass ich auf ihm lag.

»Das war auch der Plan.«

»Du schreckliches Biest.«

Bevor ich mich versah, drehte er uns um, sodass sein Gewicht die Luft aus meinen Lungen presste. Einen kurzen Moment später nahm er den Druck wieder von meinem Brustkorb.

»Du fährst mit mir morgen im Auto nach Moskau.«

»Wieso?«

»Fragst du das wirklich?«, murmelte er und rollte sich von mir ab. Seine Berührungen verließen mich aber nicht, denn Dorian zog mich im selben Atemzug an seine Brust.

Kopfschüttelnd lehnte ich mich gegen ihn. Allein die Vorstellung, dass ich mit Ewa und Iwan für Stunden in einem kleinen Bus sitzen würde, war unerträglich.

Was auch immer uns vor dem Essen ergriffen hatte, rückte in die hinterste Ecke unseres Vorhabens. Wir lagen einfach nur da, redeten miteinander über die banalsten Dinge und genossen die gegenseitige Aufmerksamkeit.

Kapitel Zwanzig

Odette

»Wohin fährst du?«, fragte ich und sah verwirrt dem Bus nach, der nach rechts abbog.

»In meine Wohnung.« Dabei klang Dorian, als wäre es selbstverständlich. Als hätte es keine andere Option gegeben. Kurz wich seine Aufmerksamkeit von der Straße ab und fasste meine überraschte Miene ins Auge. »Willst du lieber ins Hotel oder zu deinem Vater?«

»Nein. Zu dir. Ich rufe ihn später an und sage ihm, dass ich im Hotel bleibe. Und die anderen denken sowieso, dass ich bei ihm wohnen werde. Jetzt heißt es nur noch, auf sich selbst zu achten. Jeder will einen Vertrag ergattern. Besser glauben sie, dass ich eine verwöhnte Göre bin, anstatt zu erfahren, dass ich bei dir bleibe.«

»Sie wissen doch schon längst, dass wir was miteinander haben. Oder denkst du nicht?«

Ich sah wieder aus dem Fenster. »Wahrscheinlich schon.« Besser gesagt, ganz sicher.

Das rege Treiben der Hauptstadt elektrisierte mich förmlich, weshalb ich nicht mehr stillsitzen konnte. Moskau – zumindest der Teil, der sich mir bis jetzt offenbart hatte – war wunderschön.

»Wovor hast du Angst?«

Natürlich ließ Dorian nicht locker. Hatte er das überhaupt schon jemals getan?

»Würde es nicht ein schlechtes Licht auf dich werfen? Man könnte denken, dass du mir die Rolle nur gegeben hast, weil wir miteinander schlafen.«

»Darüber machst du dir Gedanken?«

»Du dir etwa nicht?«

Kopfschüttelnd lächelte er. »Nein, was andere von mir denken, war mir schon immer egal. Außerdem habe ich dir die Rolle nicht gegeben, weil wir miteinander schlafen. Als ich die Entscheidung getroffen habe, hast du mich mit Abscheu beäugt. Du hättest mich geschlagen, hätte ich den alleinigen Versuch gemacht, irgendwas in dich zu stecken.«

»Na ja, das ist nur die halbe Wahrheit«, gestand ich und zog ein Bein an meine Brust. Meine Schuhe lagen einsam im Fußraum, während ich mich weiter in den Sitz lehnte. »Ich wollte dich damals, das weißt du ganz genau, aber ich wollte es mir nicht eingestehen. Mir ging deine Art derart auf die Eierstöcke, dass ich dich umso mehr begehrte. Du hast mir jeden klaren Gedanken geraubt.«

»Gut, das war auch die Intention.«

»Dummer Franzose«, grinste ich und beobachtete, wie er in eine ruhigere Gegend fuhr. Der Fluss war zum Greifen nah, sodass das Rauschen sogar dem Motor trotzte.

»Dann bist du eine dämliche Russin, wenn du einen dummen Franzosen an dich ranlässt.«

Obwohl eine prompte Erwiderung auf meiner Zunge lag, hielt ich inne.

Mir war klar, dass Dorian Geld im Überfluss hatte, doch als wir vor einem großen Tor haltmachten und dieses ausschließlich durch seinen Fingerabdruck und einen Zahlencode aufschwang, wurde mein Glaube übertroffen. Was sich aber hinter dem dicken Schmiedeeisen verbarg, raubte mir schier den Atem.

»Das ist keine Wohnung«, murmelte ich und starrte durch die Windschutzscheibe.

Vor mir zeichnete sich eine leere Auffahrt ab, die zu einem Haus führte. Na ja, Haus war nicht der richtige Begriff, denn von außen erinnerte es mehr an eine kleine Kirche. Hohe Fenster, helle Gemäuer und ein Tor aus dunklem Holz.

»Du wirst sehen, wieso ich Wohnung sage«, lächelte er und fuhr langsam über den Schotter, der unter den Rädern knirschte.

An mir zogen Büsche vorbei, die bereits einzelne Knospen an den Ästen trugen. Frühling. Im Norden vergaß man oft, dass er schon lange den Winter abgelöst hatte.

»Das ist unglaublich.«

Dorian stellte den Motor ab und sprang aus dem Auto. Meine Gedanken waren zu vernebelt, erst, als er mir die Autotür öffnete, erwachte ich.

»Mund zu, *mon petit cygne*. Lass uns reingehen.«

Schnell schlüpfte ich in die Schuhe und war froh, dass er mir die Hand hinhielt, denn sonst wäre ich nirgends hingegangen. Aber ehe ich mich's versah, standen wir bereits – samt Koffer – vor der Haustür. Auch die war abgesichert, wie das Tor. Bei so einem Anwesen wunderte es mich nicht.

Das sperrige Holz bewegte sich beiseite und machte uns den Blick auf einen kleinen Eingangsbereich frei. Eine Handvoll Türen gingen davon ab, doch steuerte Dorian die prunkvollste an. Eine aus Glas mit goldenen Veredelungen.

»Sollte ich nicht lieber die Schuhe ausziehen?«

Es waren keine Fliesen oder Linoleum, sondern Mahagoni. Großmutter hatte einen solchen Boden in ihrem Salon verbaut, und wer es wagte, ihn mit seinen dreckigen Straßenschuhen zu berühren, wurde sofort einen Kopf kürzer gemacht.

Ich wartete nicht auf eine Antwort, sondern schlüpfte aus den Stiefeln und der Jacke. Dorian machte es mir gleich, jedoch verharrte seine Hand auf der Türklinke.

»Bevor wir reingehen, sollte ich dich warnen.«

»Lebt darin etwa ein Monster?«, scherzte ich, was nach seinem Gesichtsausdruck gar nicht mehr so abwegig schien. »Das ist ein Witz, oder?«

»Manche würden Luc vielleicht so beschreiben, aber hoffen wir einfach, dass er nicht unten ist.«

Was auch immer es war, es verwehte im Wind, denn die Atmosphäre des Raumes breitete sich aus. Nun war ich mir sicher, dass es in früheren Jahrhunderten einmal ein Gotteshaus gewesen sein musste. Die Decke lief in einer Kuppel zusammen, welche drei Engel zierte. Der erste tanzte, der andere hielt eine Schriftrolle und der letztere musizierte.

Meine Augen schweiften über die unendlich hohen Bücherregale, die eine gesamte Wand einnahmen, bis hin zum Kamin, der zwischen den Buchrücken gut zur Geltung kam.

»Wow«, flüsterte ich und lief in die Mitte.

Zwei geschwungene Wendeltreppen führten in eine weitere Ebene, die einen Weg zu weiteren Türen öffnete. »Ich ... Ich ... Ich finde dafür keine Worte.«

Dorian schien die gesamte Situation unangenehm zu sein, denn er löste sich erst aus dem Türrahmen, als ein dumpfer Laut erklang. Mein Kopf schwang in die Richtung, und da erkannte ich endlich seine Besorgnis.

Es war kein Monster, sondern ein Kater mit orangerotem Fell.

Er war von seinem Kratzbaum auf das elfenbeinfarbene Klavier gesprungen, welches vor einer großen Fensterfront mit bunten Glasfragmenten stand. Man hatte von dort aus einen perfekten Blick auf den Fluss. Das Tier scherte sich nicht um die Aussicht, sondern fixierte mich, während er mit gelangweilter Miene meine Richtung ansteuerte.

»Vergiss es Luc, spiel bei jemand anderem den Teufel«, schnaubte Dorian und trat zwischen uns. Schwungvoll hob er ihn hoch und setzte ihn auf die oberste Stufe seines Baums. Luc gefiel das überhaupt nicht, denn er fauchte ihn an und fuhr die Krallen aus.

»Das bezeichnest du also als Monster?«

Blitzschnell ergriff Dorian unser Gepäck und schleifte mich die Wendeltreppe an der Bücherwandseite hoch. Sie ächzte unter unserem Gewicht, doch gab nicht nach.

»Glaub mir, das ist er«, sagte er, die einzige Tür auf dieser Seite aufstoßend. Bevor ich aber darin verschwand, sah ich ein letztes Mal über meine Schultern. Luc starrte mir mit seinen hellgrünen Augen entgegen.

Ich wusste nicht, was mich mehr einnahm. Die schmalen Pupillen des Tiers oder das Zimmer, welches sich vor meinen Augen auftat.

Es war nicht mit dem im Internat zu vergleichen. Ein großes Fenster, welches mit dunklen Sprossen durchzogen war, spannte sich über eine gesamte Wand. Direkt davor stand ein Bett, welches durch die weißen Laken unberührt wirkte. Selbst die Wände waren schlicht, mit Ausnahme des goldenen Stucks, welcher bestimmt schon vor Dorian hier gewesen war.

Ein heller Ort für eine dunkle Seele. Aber wie er schon gesagt hatte: *Wo Dunkelheit herrscht, existiert immer ein Funken Licht*. Komisch nur, dass er sich als die Dunkelheit betrachtete, wenn er für mich den Lichtschimmer darstellte.

Der restliche Raum wurde zudem von einem Regal, einem blauen Sofa und Zimmerpflanzen gefüllt.

»Wohin führen die anderen drei Türen?«

»Bad, Arbeitszimmer und Ankleideraum.«

»Dann hast du gelogen«, stellte ich fest und setzte mich auf den cremefarbenen Teppich, der sich schön vom ebenhölzernen Boden abhob.

»Wobei denn?« Lachend gesellte er sich zu mir. Unsere Koffer standen vergessen an der Wand.

»Es ist keine Wohnung.«

»Und wieso nicht?«

Ich schlang meine Hände um seinen Nacken und setzte mich auf seinen Schoß – ein besserer Ort als sein verdammter Beifahrersitz. »Eine Wohnung hat bekanntlich eine Küche. Und ich sehe hier keine. Die ist unten.«

»Du bist unglaublich.«

»Mit wem lebst du eigentlich hier, wenn es nur eine ›Wohnung‹ sein soll?«

Sein Griff um meinen Hintern wurde fester. »Mit Alexander und Konstantin Putchenko. Wir werden über alles reden, wenn die Zeit gekommen ist«, versprach er und strich mir eine Strähne hinters Ohr. Meine Freude hatte sich in schreiende Gedanken verwandelt. »Du musst deine Sachen auspacken. Ich habe da ein schwarzes Dessous gesehen, welches du mir unbedingt vorführen musst.«

Darauf handelte er sich meinen Ellenbogen in die Rippen ein. Lachend gab Dorian mir einen Klaps auf den Hintern, welcher die Unsicherheit vertrieb.

Grinsend legte ich meine Lippen auf seine.

Trotz der merkwürdigen Mitbewohner – von denen ich ja einen bereits kannte –, war es ein wunderschöner Ort, welchen ich am liebsten nie wieder verlassen wollte.

»Fuck«, murmelte ich und wühlte in meiner Tasche.

»Was ist los?« Dorian lag auf dem Bett, während ich versuchte meine Sachen zu ordnen. Keine Sekunde hatte er mich aus den Augen gelassen, was mich zum Nachdenken anregte. Irgendwas lag ihm auf der Zunge, jedoch blieb es mir verwehrt.

»Meine Zahnbürste liegt noch bei dir im Internat.«

»Ich kann dir eine besorgen. Muss sowieso nochmal los. Im Theater vorbeischauen«, sagte er und hievte sich hoch. Seine flinken Finger schnappten sich die Autoschlüssel vom Nachttisch. Ich wollte mich schon aufrichten, als er sagte: »Bleib hier.«

»Wieso?«

»Leb dich ein. Pack die restlichen Sachen aus. Ich habe nicht vor, heute den Abend mit Vorstellungen zu verbringen, sondern mit dir. Allein.« Dorian beugte sich über mich und drückte mir einen Kuss auf den Scheitel.

»Fahr vorsichtig«, sagte ich, ehe die Tür ins Schloss fiel.

Obwohl es komisch wirkte, allein in einem fremden Haus zu sein, folgte ich seiner Aufforderung.

Hinter den Türen befand sich das, was er mir prophezeit hatte. Ein Bad, welches eine riesige Badewanne hatte, auf die ich ihn später ansprechen musste. Ein Arbeitszimmer, welches mit Regalen und einem massiven Schreibtisch bestückt war. Vor meinem inneren Auge zeichnete sich Dorian ab, wie er mit der Brille auf seiner Nase über Papiere gebeugt dasaß. Es war ein Bild, welches zu gut war. Im letzten Nebenzimmer hingen tatsächlich seine Klamotten. Der Großteil war schwarz, meistens Anzüge oder Pullover. Aber vereinzelt ragte auch der Stoff eines weißen T-Shirts oder einer Jeans hervor. Auch etwas, worauf ich zurückkommen musste.

Also verschlug es mich wieder in sein Schlafzimmer. Lange blieb ich nicht hier. Besonders, nachdem ich meinen Vater angerufen hatte, zog mich das Erdgeschoss magisch an, weshalb ich binnen Sekunden inmitten des großen Raumes stand.

Nun hatte ich Zeit, die ganzen Eindrücke sacken zu lassen. Es war Küche, Esszimmer und Wohnzimmer in einem.

Die zweite Wendeltreppe war an der Seite der großen Küche. Sie hatte eine Insel mit Barhockern, sodass man nicht unbedingt am Esstisch essen musste. Er trennte den Kochbereich vom Wohnzimmer. Ein großes Sofa, Sessel und ein gläserner, niedriger Tisch.

Obwohl die Gemäuer imposant waren, hielt man sich mit den Möbeln ein wenig zurück. Außer dem Piano, welches ein Blickfang war. Und natürlich dem Kater, der mich zwar beobachtete, aber nicht den Anschein machte, sich noch einmal vom Kratzbaum zu erheben.

In einem Regal zu meiner Rechten befanden sich unzählige Flaschen in den verschiedensten Farben. Den

Jahrgängen zufolge hatte derjenige, dem sie gehörten, ziemlich guten Geschmack. Definitiv nicht Dorian, der lebte nämlich ausschließlich von Wein.

Ekliges Zeug ...

Als ich bei der Stereoanlage angekommen war, setzte ich mich im Schneidersitz auf den Boden und nahm eine CD nach der nächsten in die Hand. Komisch, sie hatten eine Sicherheitsanlage, die mit der neuesten Technologie ausgestattet war, hörten aber immer noch CDs. Aber irgendwie passte es.

Mein Finger fuhr über die Titel, bis ich an einem hängen blieb. Auf dem Plastikrücken klebte ein beiges Klebeband, worauf mit einem schwarzen Stift ein Name geschrieben war.

Dorian.

Mit voller Aufmerksamkeit zog ich sie heraus. Es war eine klare Hülle. Ausschließlich dieser Klebestreifen, die CD und ein kleiner Zettel befanden sich darin.

Es entpuppte sich als eine Sammlung von Dorians liebsten klassischen Musikstücken. Sanft strich ich über die Namen, die allesamt in lateinischen Lettern geschrieben waren. Seine Schrift war elegant, aber gleichzeitig auch maskulin. Keine unnötigen Schnörkel. Eng.

Neugierig schob ich die CD in die Anlage und lauschte den ersten Tönen, welche aus den Lautsprechern drangen. Mir war das Stück zwar unbekannt, dennoch umhüllte mich das Klavier mit einer Vertrautheit, welche mir ein fades Lächeln auf die Lippen zauberte.

»Das klingt doch gut«, lächelte ich und sah Luc an, da er sich mittlerweile dazu entschieden hatte, mir Gesellschaft zu leisten. Der Kater tapste auf mich zu und rieb sich entlang meines Knies.

Ein Monster. Durch und durch.

»Na, hast du Lust zu tanzen«, grinste ich und hob ihn

hoch. Kein Kratzen, kein Fauchen. Dafür kitzelte er mit seinem Fell meine Wange, als sich sein Kopf dagegen schmiegte.

~

Lachend wiegte ich meine Hüfte passend zur Musik hin und her. Lucs Vorderbeine lagen auf meinen Schultern, als wäre er mein Baby. Das Schnurren, welches in mein Ohr drang, übertönte beinahe alles.

Dennoch bemerkte ich, wie die Glastür geöffnet wurde. Es waren Dorian und Konstantin. Beide blieben im Türrahmen stehen und starrten auf mich und den Kater. Es wäre komisch gewesen, wenn nicht an Konstantins Hemd rote Flecken geklebt hätten.

Blut.

Schimmerndes Blut, welches bereits an den Rändern anfing zu trocknen. Mein Blick schnellte instinktiv zu Dorian, welcher unversehrt war.

Schwer schluckend setzte ich Luc ab.

»Lass uns nach oben gehen«, sagte Dorian und kam auf mich zu. In seiner Hand hing eine dunkelgrüne Stofftasche, in der wahrscheinlich meine Zahnbürste war.

»Was ist passiert?«

»Es ist nicht sein Blut. Mach dir keine Gedanken.« Nur ein kleines Flüstern, das mich aber wie ein Schrei schockierte.

Mach dir keine Gedanken.

Aber ich mache sie mir, Dorian. Schon seit einer Ewigkeit.

Kapitel Einundzwanzig

Odette

»Wirst du mir die Dinge jetzt erklären?«, fragte ich hoffnungsvoll und setzte mich auf das Bett. Es fühlte sich beschissen an außen vor gelassen zu werden. Dorian hatte mich in sein Heim gelassen, also wieso ließ er mich nicht endlich in seinen Kopf?

Er hatte meinen Abgrund entdeckt, nun wollte ich seinen sehen.

»Nicht heute.«

»Wann dann? Ich bin hier – in deinem Zuhause. Vertraust du mir denn nicht?« Es wäre eine Lüge gewesen, dass mich nicht eine Welle der Enttäuschung überschwemmte. Nach all den Dingen sollte Dorian es eigentlich wissen.

Schwer fuhr er sich über das Gesicht. »Ich vertraue

dir. Gott, ich vertraue dir mehr als irgendjemand anderem auf dieser Welt.«

»Wieso lässt du mich dann im Dunklen?«

Er lief rastlos auf und ab, entschied sich aber schließlich sich hinzuknien. Um mit mir auf Augenhöhe zu sein.

»Weil du mir nicht vertraust.« Bevor ich überhaupt zu einem Widerspruch ansetzen konnte, griff er zu der Stofftasche und legte sie neben mich auf die Matratze. »Egal was ich mit dir mache, du musst mir vertrauen und das kannst du nicht. Noch nicht.«

»Was soll ich denn machen, verdammt?!«

Mit einem Kopfnicken deutete er auf die Tasche, welche ich an mich zog. Doch als meine Finger sich um eine feste Plastiktube schlossen, überkam mich eine Vorahnung.

Sie bestätigte sich, als mir das Etikett entgegenstarrte.

Gleitgel. Essbar. Geschmacksrichtung: Erdbeere.

»Lass es mich diesmal richtig machen.«

»Nein«, sagte ich knapp und sprang auf die Füße. Dorian blieb auf seinen Knien. Sein Blick war weiterhin auf die Stelle gerichtet, auf der ich eben noch saß. Meine Beine trugen mich an das andere Ende des Zimmers – so weit weg von ihm wie möglich. »Ich kann das nicht.«

Allein bei dem Gedanken an Analsex wurde mir schlecht. Ich hatte mir geschworen, mich nie wieder von jemandem auf diese Weise berühren zu lassen. Dorian war keine Ausnahme, da er derjenige war, der diese Erinnerungen in meinen Kopf gesetzt hatte.

»Bitte. Vertrau mir, Odette. Das konntest du auch die letzten Tage.«

»Das war etwas anderes«, murmelte ich und drückte mich gegen die Wand. Er kam auf mich zu – langsam. Es reichte aus, um meinen Puls in die Höhe schnellen zu lassen. Und das nicht in der sonst so erregenden Weise.

»Bitte«, ächzte Dorian und streckte eine Hand nach mir aus. Wie ein misshandelter Hund zuckte ich zurück. Wie in der Zeit, in der es mir Tag für Tag miserabler ergangen war und sowohl mein Geist als auch mein Körper letztendlich nicht mehr mitgemacht hatten.

Da sah ich es. Etwas brach in seiner Miene – in seinen Augen. Es war die Hoffnung auf ein ›Wir‹, welche ich gerade mit meinen Füßen zertrat. Eine Hoffnung, die auch in mir lag.

Ehe noch mehr aus ihm sprach, wandte sich sein Gesicht von mir ab.

Welche Gefühle tobten gerade in ihm?

Wut?

Enttäuschung?

Die weiß hervortretenden Fingerknöchel, die nicht versteckt wurden, verrieten mir einiges.

»Ich fahre dich zu deinem Vater. Es ist besser, für uns beide. Wenn du mir nicht vertraust, dann nützt das alles nichts.«

Nun war ich diejenige, die auf ihn zuging. Mir standen so viele Fragezeichen im Kopf, dass es schwer war, einen klaren Gedanken zu fassen.

Eines war mir aber bewusst. Ich wollte ihn, in all seinen Facetten.

»Erkläre mir die Dinge oder willst du jetzt wirklich alles hinwerfen?«

Sein Kopf schwang zu mir und das Unbehagen in meinen Knochen verwandelte sich in einen festen Willen. Das zwischen uns, was auch immer es sein mochte, würde nicht verblassen. Das würde uns beide ruinieren.

»Tu uns das nicht an, Dorian.«

»Vertrau mir«, murmelte er und streckte eine Hand nach mir aus. Wenn ich die ergriff, wusste ich, was mir blühte. Es würde wieder passieren.

Er wird mich berühren, auf diese eine Weise.

Dennoch legte sich meine Handfläche auf seine.

Ohne ihn war ich verloren. Es war krank sich von jemandem abhängig zu machen. Aber ein Teil von mir wusste, dass es ihm nicht anders erging.

»Tu mir nicht weh«, flüsterte ich und ließ mich von ihm an seine Brust ziehen. Sein Herz hämmerte unregelmäßig gegen mein Ohr. Er strahlte puren Unglauben aus. Anscheinend hatte Dorian nicht mit der Wendung gerechnet.

»Nein, *ma bien-aimée.*« Fragend blickte ich zu ihm empor. »Meine Geliebte«, murmelte er und verstärkte den Griff.

Mein Herz zersprang in tausend Teile. Jeder einzelne Splitter bohrte sich tief in meine Seele. Geliebte. Ich klammerte mich an ihn und ließ mich festhalten.

Behutsam löste er meine Arme von seiner Mitte und sah mich eindringlich an. »Vertrau mir.«

»Ja«, hauchte ich und gab ihm somit die Erlaubnis, alles mit mir zu machen, was ihm vorschwebte. Ich wollte es, denn ich wollte ihn, in seiner vollkommenen Verdrehtheit. Alles, was ihn zu dem machte, wer er war. Auch wenn das bedeutete, dass ich gegen meine Angst ankämpfen musste.

Seine Lippen liebkosten meinen Hals, während sich seine Hände ihren Weg unter meinen Pullover bahnten. Sachte strichen sie über meine dünne Haut und tasteten jeden Zentimeter ab. Über meinen Bauchnabel, den Ansatz meiner Brüste, meine Nippel, die bar dalagen, da ich mir den BH wegen der langen Autofahrt gespart hatte.

Mein genüssliches Stöhnen durchbrach die Stille.

Ich hatte mich nach diesen Berührungen gesehnt.

Vorsichtig begann er den Stoff über meinen Kopf zu

ziehen. Kurz darauf folgte meine weite Hose und dann mein Slip. Alles, bis ich nackt vor ihm stand.

»Du bist wunderschön«, sagte er und griff im selben Moment über mich.

Das Geräusch von Metall gegen Metall erklang, wodurch sich meine Sinne über meinen Kopf lenkten. Dorian zog eine starke Kette, welche zuvor durch einen der Deckenbalken versteckt gewesen war, nach unten und sah mich fragend an.

Mir war nicht klar, was er vorhatte, dennoch nickte ich.

Das eiskalte Material legte sich um meine Handgelenke, was zur Folge hatte, dass meine Arme gespannt über meinem Kopf hingen. Die gleiche Pose wie damals. Als er mich das erste Mal vergessen lassen hatte.

Meine Hände besaßen noch genug Spielraum, um sich zu bewegen, dennoch war diese Position nicht die, welche ich mir gewünscht hatte.

Hinter mir raschelten Dorians Kleidungsstücke und fielen schließlich zu Boden. Anstatt mich sofort zu berühren, verharrte er dicht hinter mir. Seine Wärme strahlte auf meinen Körper, was all meine Nerven spannte.

Rasselnd atmete er ein. Keinen Moment später fuhr eine Fingerkuppe über meine Schultern. Über die langsam verblassende Narbe.

»Odette …« Seine Stimme war nichts weiter als ein Murmeln, wobei er den Mund auf die Stelle senkte. Seine Zunge fuhr die Einkerbungen nach. Nicht mehr, dennoch reichte es für ein erschütterndes Zittern aus.

Er wird mir nicht wehtun.

Das war sein Versprechen. Und er würde es sicherlich nicht brechen. Nicht mehr. Nicht nach all dem, was auf dem Spiel stand.

»Entspann dich«, flüsterte er und wanderte mit seinen Fingern über meinen Bauch bis zu meiner Scham. Instinktiv gab mein Kopf nach und ich stellte mich so hin, dass er einen einfacheren Zugang zu mir hatte. Es war die Wirkung, welche Dorian auf mich hatte. Das änderte sich wahrscheinlich nie.

Schon seit Tagen sehnte sich jede Faser nach diesen intimen Berührungen. All das war nun zum Greifen nah, hatte jedoch einen bitteren Beigeschmack. Er war der Einzige, der mich wieder genießen lassen konnte.

Als sein Finger in mir versank, entbrannte sogleich ein Feuer in mir, denn das Gefühl, welches seine Hände auslösten, war gewaltig.

Mehr, mehr, mehr.

Sanft, aber trotzdem mit genug Druck, stieß er zwei Finger in mich, wobei sein Daumen meine Perle massierte. Die Nässe zwischen meinen Beinen verriet ihm abermals, wie tief mein Begehren war.

»Dorian«, stöhnte ich, als seine andere Hand zwischen meine Pobacken gelangte. Es war eine Mischung aus Lust und Schmerz.

»Keine Sorge. Ich bin vorsichtig.« Bei seinen Worten biss er mir leicht in die Ohrmuschel, wodurch mein Inneres seine Finger umso fester umschloss. Die Erlösung war so nah, trotzdem zog sich Dorian kurz zuvor zurück.

Das Klicken der Plastikkappe erklang. Es würde also tatsächlich passieren. Hier und jetzt. Ich musste mich blind auf ihn verlassen, da mir sein Anblick verwehrt blieb.

Seine Berührungen setzten allerdings ein Bild in meinen Kopf. Eine Hand fuhr wiederholt über meinen Hintern, während sein feuchter Daumen über meinen Anus strich. Weiter ging er fürs Erste nicht – möglicherweise, um mir Raum zum Atmen zu geben.

»Als ich es im Laden gesehen habe, musste ich sofort an dich denken.« Seine Lippen liebkosten beim Sprechen mein Ohr, so nah war er mir.

Der Druck auf die empfindsame Stelle erhöhte sich, was meine Stimme ins Stocken brachte. »Das Gel?«

»Ja. Erdbeergeschmack. Immer wenn ich Erdbeeren sehe, muss ich an dich denken. Du und diese Süße. Einfach fantastisch.«

Erdbeerkonfitüre, Gleitgel mit Erdbeergeschmack – ja, irgendwie hatte sich die Beere einen besonderen Platz bei uns gesichert.

»Odette«, stieß er hervor, als sein Daumen in mich fuhr.

Meine Muskeln hatten nachgegeben. Nun tastete Dorian sich langsam mit bedächtigen Stößen voran. Sein Finger strich über die Wände – verteilte das Mittel, bis jeder Zentimeter damit bedeckt war. Bereitete mich für seinen Schwanz vor.

Der Schmerz kam plötzlich zurück. Tränen sammelten sich in meinen Augen und ein Schluchzer braute sich in meiner Kehle zusammen, doch ich schluckte es herunter.

Du hältst das aus, Odette. Für ihn. Für mich.

»*Ma bien-aimée*«, flüsterte er, während sein Finger die Folter aufrechterhielt. Es hatte etwas Beruhigendes an sich, wenn er mich so nannte. Dieser Kosename versicherte mir, dass mehr hinter unserer Beziehung steckte. Aber wie viel?

Als der Daumen verschwand, berührte mich bereits seine Eichel an meinem Eingang. Währenddessen ruhte die andere Hand, die an meiner Spalte war, nicht. Die Lust hielt meine Angst in Schach, was ihm erlaubte, sich endgültig in mir zu versenken.

Ein Ächzen entfloh ihm.

»Ich wünschte, du wüsstest, wie gut du dich anfühlst. Alles von dir.«

Sein Penis und seine Finger stießen im gleichbleibenden Rhythmus in mich.

»Lass es zu«, flüsterte er und biss leicht in meinen Hals. »Ich bin da. Das bin ich immer.«

Irgendetwas daran überzeugte mich. Ich schaltete meinen Kopf aus und ließ mich vollkommen auf seine Berührungen ein.

Stöhnend lehnte ich mich gegen ihn. Meine Gliedmaßen begannen sich langsam zu entspannen, was nicht unbemerkt blieb. Jetzt fing Dorian an es zu genießen. Seine nun freie Hand nahm meine Brust in Beschlag, während seine Zähne eine Spur von meinem Nacken zu meiner Schulter zogen.

»Gott, Odette«, presste er hervor, da mein Saft die Innenseiten meiner Oberschenkel benetzte.

Als sein Daumen meine Klit streifte, war es zu viel. Die gesamte Spannung entlud sich, wodurch mir ein spitzer Schrei entlockt wurde. Meine Muskeln krampften sich zusammen – forderten nach seinem Orgasmus, welcher ihn kurz darauf überflutete.

Dorian vergrub sein Gesicht in meiner Halsbeuge, während ein kehliges Stöhnen durch den Raum hallte. Wir fanden unsere Ruhe darin einander zu spüren.

Als unsere Herzen wieder im gleichen Takt schlugen, glitt er aus mir heraus, umrundete mich und endlich war sein wunderschönes Gesicht vor mir. In seinen Augen stand Erleichterung, aber auch ein Glanz, welchen ich nicht zu deuten wagte.

Selbst Dorians Schaft schimmerte, was mich unruhig werden ließ.

Mich küssend befreite Dorian meine Handgelenke von den Fesseln und lenkte uns in Richtung des Bettes.

Ausschließlich das goldene Licht der Deckenlampe erhellte unsere schweißbedeckten Leiber. Es überzog unsere Haut mit einem funkelnden Schimmer.

In den Zärtlichkeiten der nächsten Stunden lag mehr als das pure Verlangen. Es war ein Gefühl des Vertrauens – eines, welches Verbundenheit ausstrahlte.

Vielleicht hatte ich es gebraucht, von ihm auf diese Weise berührt zu werden.

Was auch immer kommen mochte, ich war bereit.

Dorian

»Lass mich an deinen Gedanken teilhaben«, murmelte ich mit geschlossenen Augen und fuhr unter der Decke ihre Taille nach.

Obwohl noch das Schwerste vor mir stand, genoss ich jede Sekunde mit ihr. Der Sex war notwendig gewesen. Es hatte die Fesseln gelöst, welche um uns beide geschlungen waren.

Das Bild von ihrer Narbe kreiste allerdings weiterhin vor meinem inneren Auge. Der Geschmack ihres Blutes hatte mich damals blind gemacht.

»Ich bin glücklich.«

Mein Herz drohte zu zerspringen. Wie zur Hölle konnten diese einfachen Worte mich derart treffen?

Müde richtete ich mich so weit auf, dass ich auf sie hinabblicken konnte. Ihr Haar floss wild über das Kopfkissen, während ihre Augen an die goldverzierte Decke gerichtet waren. Ihr Sturmgrau fokussierte mich.

»Du kannst dir nicht vorstellen, wie viel mir das bedeutet.« Ein leichtes Lächeln breitete sich auf ihren Lippen aus. »Morgen bist du bei der Probe. Fast den ganzen Tag.«

»Mhm«, brachte sie hervor und spielte mit meinen Fingern, die auf ihrem Brustkorb lagen. »Können wir nicht etwas anderes machen? Die Badewanne sieht verlockend aus.«

»Du hast sie entdeckt?«

Ihre Pupillen weiteten sich, wodurch mir ihre Gedanken entgegenschrien. Und ich konnte es kaum abwarten, ihre Fantasie mit ihr im Wasser auszuleben.

»Ja. Sie ist groß. Groß genug für zwei.«

»Wenn dir die schon gefällt, muss ich dir unbedingt den Pool zeigen«, grinste ich und strich ihr über den Kopf. »Der wird dir gefallen.«

»Im Haus?«

»Hier im Haus.«

Kopfschüttelnd fuhr sie die Konturen meiner Oberlippe nach. »Ich habe mich in dieses Haus verliebt. In deine Wohnung. In das Ganze hier. Aber ...« Traurigkeit überschwemmte Odette.

Mir war klar, auf was das hinauslief.

»Übermorgen zeige ich es dir. Morgen solltest du dich aufs Tanzen konzentrieren. Du vertraust mir, also vertraue ich dir.«

»Danke, Dorian.«

Aber was ist, wenn du mir danach nicht mehr danken wirst? Was ist, wenn du vor mir flüchtest?

Zwanghaft schob ich die Gedanken in die hinterste Ecke meines Kopfes und zog die Frau nahe an meinen Körper. Bis zum Sonnenaufgang waren es nur noch wenige Stunden, welche ich mit Odette friedlich verbringen wollte. Geschützt vor all dem, was noch kommen sollte.

Vielleicht würde es eine meiner letzten Nächte mit ihr sein.

Kapitel Zweiundzwanzig

Odette

Diese Bühne hatte etwas Magisches an sich. Das Theater insgesamt löste ein Kribbeln unter meiner Haut aus, welches mir Vertrautheit gab. Selbst Iwans Finger, die gerade auf mir verweilten, ließen dieses Gefühl nicht verblassen.

Als ich mich aber wieder auf einen der Stühle setzen wollte, da mein Part bereits zu Ende war, blitzte eine bekannte Person in meinem Augenwinkel auf.

Dorian lehnte in einer der Notausgangstüren und folgte mir mit seinem Blick. Seine Muskeln waren entspannt, sein Haar unordentlich, was beinahe sein Gesicht verbarg.

Ewas Aufmerksamkeit legte sich auch auf ihn. Jedes Augenpaar meiner Mitstreiter richtete sich auf den Mann, welcher mir gehörte.

Ehe ich weiter hilflos dastand, trugen mich meine

Beine zu ihm. Seine Mundwinkel zuckten, während er seine Hand nach meiner ausstreckte.

»Wohin gehen wir?«, fragte ich, als mich Dorian mit sich zog.

Eine Antwort bekam ich nicht. Stattdessen hielten wir an der nächsten Ecke. Geübt presste er mich gegen die Wand, so wie er es schon oft im Internat gemacht hatte. Wenn die anderen zum Essen oder in die Pause gegangen waren, hatte er mich mit all seiner Raffinesse gevögelt. Mit der Zunge, seinen Fingern oder seinem Schwanz. Den Nervenkitzel, dass uns jemand hätte erwischen können, genossen wir. Das machte es umso aufregender.

Heute blieb es aber nur beim schlichten Küssen.

Automatisch schlang ich meine Hände um seinen Nacken, wobei seine unter meinen Hintern griffen und mich hochhoben.

»Machen das nicht eigentlich nur Charaktere aus Liebesfilmen?«, brachte ich atemlos hervor. Es war hektisch, aber es war nichts, worüber ich mich beschwerte. »Sich von seinen Aufgaben wegschleichen, um miteinander rumzumachen?«

»Ist das denn schlimm?«

»Ich habe mich nie als eine solche Person gesehen.«

Sein Griff um meinen Po wurde eine Spur fester, was tief in meiner Magengegend widerhallte. Ihm war glasklar, was er hier machte. Und er wusste, dass ich heute noch ein paar Stunden proben musste.

»Tja, jetzt bist du es«, gurrte er. Sein Mund drückte sich auf meinen Kiefer, woraufhin mein Blick unscharf wurde. »Es fühlt sich komisch an, dich nicht zu sehen. Die vergangenen Wochen haben wir fast täglich miteinander verbracht.«

Ja. Auch für mich war es komisch. Jetzt war ich

wieder allein. Natürlich nicht wirklich, da Dorian auf mich wartete. Es hatte dennoch den Anschein. Die letzten Jahre meines Lebens hatte ich in einem Zustand verbracht, der mir jetzt Angst machte.

Wie konnte es sein, dass ich diese Leere damals nicht verlassen wollte?

»Wenn wir zu dir gehen, könntest du mir ja den Pool zeigen, von dem du gestern gesprochen hast.«

Irgendwie zeichnete sich kein Bild davon ab. Ein riesiges Becken voller Wasser in einem solch alten Gebäude wirkte fehl am Platz. Aber vielleicht konnte mich Dorian vom Gegenteil überzeugen.

»Ich habe eine andere Idee«, sagte er und fuhr mit seiner Nase meine Halsbeuge nach. »Heute Abend können wir ...«

Es war ihm nicht möglich, seinen Gedanken zu Ende zu führen. Eine Stimme unterbrach ihn dabei, ließ ihn sogar aufschrecken. Dorian hatte unsere Umgebung vollkommen vergessen. So wie ich.

»Willst du uns nicht vorstellen, *Loverboy*?«

Er ließ mich auf den Boden, sodass wir uns dem Mann zuwenden konnten, der langsam auf uns zu schlenderte.

Tattoos zogen sich über seine gesamte freigelegte Haut – mit Ausnahme des Gesichts. Es fehlte jegliche Eleganz, die Dorians Züge aufwiesen. Der Körperbau allein verriet, dass er nichts mit Ballett zu tun hatte. Zu viele massige Muskeln. Dennoch schätzte ich ihn nur ein paar Jahre älter als mich selbst.

»Gage«, sagte Dorian und trat einen Schritt auf ihn zu. »War ja klar.«

Bevor ich die Beziehung zwischen ihnen deuten konnte, umarmten sie sich und klopften sich auf die

Schulter. Sie waren gute Freunde. Wie lange sie sich wohl nicht mehr gesehen hatten?

»Also?«

Dorian nahm meinen Arm und zog mich an sich. »Gage, das ist Odette. Odette, das ist Gage – einer der größten Idioten auf Erden.«

Nervös trat ich von einem auf den anderen Fuß. Es war nicht wegen seiner Erscheinung oder des seitlichen Nasenrings, welcher mir auf den zweiten Blick auffiel. Nein, es lag daran, dass er fremd war.

»Ich habe schon einiges von dir gehört«, grinste er, was Dorian einen Stoß in die Rippen von mir einhandelte. Der zuckte lediglich ahnungslos mit den Schultern.

»Also wenn es von Konstantin stammt, dann werden die Dinge wohl nicht gut für mich ausfallen.«

Für eine Sekunde entstand ein unangenehmer, stiller Moment. Doch dann formte sich ein schallendes Lachen seinerseits, welches meine Nerven ein bisschen beruhigte.

»Gut, dass ich mich davon immer selbst überzeugen will.« Hörte ich da einen leichten britischen Akzent heraus?

»Treib's nicht zu weit«, warnte Dorian, während er seine Hand um meine Schulter schlang. War er etwa eifersüchtig? »Sie ist keines deiner Spielzeuge.«

Grinsend legte er seinen Kopf schief und musterte mich erneut von oben bis unten. Seine Augen trugen ein helles grau mit kleinen, braunen Flecken. Das pechschwarze Haar war von Gel durchzogen.

»Geh wieder zu den anderen, Odette. Ich sag dir später, was wir heute machen«, murmelte Dorian und küsste mich auf den Scheitel. »Ich warte auf dem Parkplatz auf dich.«

Das ließ ich mir nicht zweimal sagen. Obwohl mir

klar war, dass Gage Dorian nur provozieren wollte, war es unangenehm.

Als ich gerade um die Ecke bog, erklang ein schmerzerfülltes Aufheulen.

»Ich hab' doch gar nichts gemacht, *Loverboy*!«

Grinsend vergruben sich meine Zähne in meiner Lippe, um das hochkriechende Lachen zu unterdrücken.

Ach Dorian.

Dorian

»Ich weiß nicht, ob das die beste Idee ist«, gestand Odette und zog das schwarze Kleid nach unten. Sie war nervös – nervöser, als ich sie je erlebt hatte.

»Sie sind meine Familie. Sie beißen schon nicht. Es ist nur ein Essen, bei dem du sie besser kennenlernst.«

Ich packte ihre Handgelenke, um ihrer Neurose endlich ein Ende zu setzen. Diese Diskussion führten wir jetzt schon über eine halbe Stunde. Ich war kurz davor sie auf das Bett zu werfen und sie von hinten zu ficken. Bis ihr Kopf endlich still wurde.

Die Zeit hatten wir aber jetzt nicht mehr.

Ein angespanntes Lachen entwich ihr. »Ich möchte dich nur daran erinnern, dass ich Konstantin in die Eier getreten habe und er mir dann eine Pistole an den Kopf gehalten hat. Und deine Schwester hat uns quasi dabei erwischt, wie ich dir einen geblasen habe. Eine super Ausgangslage, oder nicht?«

»Erstens hat er dir eine Pistole vor den Kopf gehalten,

nicht an«, sagte ich und handelte mir ein Augenverdrehen ein. »Zweitens hat Chloe nichts gesehen. Wir hätten vorgestern auch einfach nur rummachen können.«

Aber selbst mich überzeugte das letzte Argument nicht. Dazu hatten ihre Haare und mein Gesichtsausdruck danach für sich gesprochen. Mich wunderte es sowieso, dass Vladimir zu der gesamten Sache noch kein Wort verloren hatte. Es war so offensichtlich gewesen.

»Und drittens?«

»Wie kommst du darauf, dass es ein Drittens gibt?«

»Weil es immer eines gibt«, antwortete sie schrill und sah zur Tür. Von unten erklangen sanfte Töne, die aus den Lautsprechern drangen.

»Drittens ...« Schnell suchte mein Gehirn nach einem weiteren Punkt. »Drittens kennt dich Alexander noch nicht. Außerdem haben wir alle unsere Macken. Also komm«, sagte ich und zog sie mit mir.

Mein Freund schenkte gerade Wein in ein Glas und blickte sogleich zu uns hoch, als wir aus dem Zimmer traten. Er war lediglich in einer legeren Jeans und einem hellen Pulli gekleidet.

Ihr Körper versteifte sich augenblicklich, doch irgendwie ließ sie sich von mir die Treppe hinunter führen.

»Odette, nicht wahr?«, sagte er, ihr seine Hand entgegenstreckend. Wie mechanisch nickte sie und nahm sie entgegen. »Alexander.«

»Hübsches Haus«, sagte sie und sah sich erneut um. Wahrscheinlich fanden ihre Augen bei jedem weiteren Blick ein neues Detail – so war es zumindest mir ergangen, als ich frisch hier eingezogen war.

»Ja, ist es. Aber bestimmt bist du mehr gewohnt. Immerhin ist das Anwesen deiner Familie um einiges größer.«

Auf ihrer Stirn bildeten sich kleine Fältchen, woraufhin ich ihm einen vorwurfsvollen Blick entgegenwarf. Nun war nicht der richtige Zeitpunkt zu demonstrieren, welches Wissen er über sie hatte.

»Woher weißt du—«

»Dein Vater hat mir Bilder gezeigt.«

Immer noch verwirrt drehte sie sich zum Tisch, der bereits voll gedeckt war. Ausschließlich das Essen fehlte.

Bevor Odette ihren Gedankengang zu Ende führen konnte, fragte ich: »Was hast du denn bestellt?«

»Hummer, Kaviarschnitten, Röstkartoffeln und so. Chloe und Konstantin holen es gerade.«

»Wohnt sie auch hier?« Odettes Aufmerksamkeit lenkte sich wieder auf Alexander, der einen Korken in die grüne Glasflasche mit einem blutroten Etikett steckte. Eine kleine, französische Flagge untermalte die lateinischen Lettern.

»Ja, bei mir.«

Ihre Augen wanderten zwischen mir und ihm hin und her. Fragen über Fragen bildeten sich in ihrem Kopf. Ehe nur eine in die Freiheit gelangte, tauchte ein orangenes Fellknäul auf.

»Wag es nicht«, knurrte Alexander und schnappte das Glas vor Lucs Nase – na ja, besser gesagt Tatze – weg, da er wie aus dem Nichts auf den Tisch gesprungen war, um Chaos anzurichten. Seine selbst auferlegte Lebensaufgabe. Besonders wenn es darum ging, Alexanders Leben zur Hölle zu machen. Er konnte mit mir an manchen Tagen in Co-Existenz leben, aber nicht mit Alexander. Sie würden nie Freunde werden. »Irgendwann landest du auf dem Teller.«

Ein argwöhnischer Ausdruck trat auf Odettes Gesicht, während sie Luc hochhob und sich mit ihm auf das Sofa setzte. Schnurrend ließ er es mit sich machen.

»Wir leben mit diesem Kater schon mehrere Jahre

zusammen, und wen mag er? Sie«, murmelte Alexander und zog sich einen Stuhl ran.

»Und Konstantin.« Ich gesellte mich zu ihm. Odette brauchte gerade ihre Freiheit. Sie zu erdrücken war nicht das Richtige. »Mach's ihr nicht zu schwer. Sie kann nicht so mit Fremden.«

»Ich versuche alles auszublenden, was mir gesagt wurde.«

Augenverdrehend holte ich tief Luft. »Chloe kennt sie nicht.«

»Und du schon?«

Das war eine berechtigte Frage. Kannte ich sie? Wir hatten die letzten Wochen die meiste Zeit miteinander verbracht. Also waren mir ihre Angewohnheiten bekannt, aber ihre gesamte Lebensgeschichte wusste ich nicht. Das verlangte ich aber nicht. Immerhin lag noch die größte Leiche in meinem Keller.

»Keine Ahnung. Aber ich vertraue ihr, Alex.«

Nickend nahm er das Weinglas in die Hand und wärmte es mit den Handflächen. »Dann sehen wir mal, wie die ganze Sache ausgeht.«

»Ich will sie bei mir haben.«

»Kannst du dich noch daran erinnern, als ...«

Aus der Ferne erklang die Haustür, die ins Schloss fiel, und daraufhin zwei Stimmen, die sich ausgelassen unterhielten. Chloe und Konstantin.

»An was?«, fragte ich mit dem Blick auf Odette. Auch sie hatte es bemerkt und wurde noch angespannter.

»Das erzähle ich dir wann anders. Aber Dorian, das war unser normalstes Gespräch seit langer Zeit.«

Während er die Glastür für die beiden öffnete, ging ich zu der blonden Schönheit und schlang einen Arm um ihre Schulter. Bei dieser Geste entstand ein tiefes Grummeln, welches von Luc stammte, der es sich in ihrem Schoß bequem gemacht hatte.

Musste ich ernsthaft mit einem Kater konkurrieren?

Mit einem Kuss auf die Wange gab Alexander meiner Schwester das Glas, welches sie dankend annahm. Konstantin hingegen stellte das Essen auf den Tisch, setzte sich auf einen gepolsterten Stuhl und hielt sich fürs Erste zurück.

»Bleib ganz entspannt, es ist nur ein Essen«, flüsterte ich Odette zu und fuhr mit meinen Lippen über die zarte Haut ihrer Ohrmuschel.

Ihre Hand strich über meine festen Oberschenkel. Schließlich erhob sie sich und ließ sich gegenüber von Konstantin nieder.

»So sieht man sich wieder«, sagte sie und schenkte sich Wasser in ein Weinglas ein.

Gespannt blieb ich sitzen und wartete auf Konstantins Reaktion. Es war faszinierend, wie selbst er sich bei ihr nicht kontrollieren konnte. Der Ursprung war zwar ein anderer als bei mir, aber das tat nichts zur Sache. Besonders bei jemandem, der immer eine harte, undurchdringbare Maske auf seinen Emotionen hielt.

»Hm«, brachte er hervor, riss die Verpackung der Aluschalen auf und schaufelte, ohne auf irgendjemanden zu warten, Essen auf den Teller.

Das lockte auch meine Schwester, Alexander und mich an den Tisch. Chloe blieb weiterhin schweigsam, machte keinen Versuch ein Wort mit Odette zu wechseln, dafür nahm ihr Sitznachbar erneut das Gespräch auf.

»Wie findest du bisher das Theater?«

»Groß, ein heftiger Kontrast zum Internat. Um ehrlich zu sein, war ich zuvor noch nie dort gewesen, obwohl mein Vater im Ensemble ist.« Schulterzuckend, nachdem sich jeder an den Speisen bedient hatte, griff auch sie zu.

Sie löffelte sich nur wenig auf den Teller. Es war beunruhigend, aber dieses Thema passte jetzt nicht an diesen Tisch. Auch wenn es mich mit Sorge durchströmte.

»Jetzt bist du ja hier.«

»Unsere Eltern waren zusammen auf einer Schule«, sagte sie und schob die Bohnen umher. »Wusstest du das?«

»Ja, aber auch erst seit Kurzem. Meine Mutter hat ein paar Fotoalben zurückgelassen. Ich kann sie dir später zeigen, wenn du willst.«

»Vielleicht an einem anderen Tag. Heute geht es schließlich nicht um die Beziehung unserer Eltern.«

»Stimmt«, grinste er und spähte zu einem Bild, auf dem seine Mutter abgebildet war. Es stand an einem gut sichtbaren Platz im Bücherregal, umringt von Chloes Büchern. Niemand bemerkte es, außer ich.

Verlust, auch er hatte es erlebt.

Je mehr sie miteinander redeten, desto ruhiger wurden Odettes Nerven. Ich hielt mich weitestgehend aus dem Gespräch heraus, lauschte stattdessen. Auch Konstantin und Chloe sagten nichts.

Mit meiner Schwester musste ich auf jeden Fall sprechen, ihr Verhalten war unter keinen Umständen gerechtfertigt. Die Frage war, welchen Groll sie gegen Odette hegte.

»Spielst du eigentlich Schach?«, fragte Alex, woraufhin sie fragend nickte. Wieder ein Detail, über das er mehr wusste als ich. »Manchmal spiele ich mit deinem Vater und habe bisher immer verloren. Aber mir bleibt sonst keiner übrig. Alle hier sind miserabel. Besonders Chloe«, fügte er hinzu und grinste meine Schwester an.

»Du spielst einfach nach den falschen Regeln.« Sie zuckte spielerisch mit den Schultern und stürzte den Rest des Weins hinunter.

»Du kannst kein Schach spielen?«, fragte Odette mit einem amüsierten Gesichtsausdruck an mich gewandt und legte ihre Serviette auf den halbleeren Teller. Jeder war fertig, außer Konstantin, der weiterhin über die Reste gebeugt war. Es würde mich nicht überraschen, wenn er auch noch Odettes Essen aufaß.

»Wieso sollte ich?«

»Keine Ahnung. Aber ich kann's dir beibringen.«

»Glaub mir, das hat er schon versucht«, sagte ich und nickte zu Alexander, dessen dunkelblonde Strähnen perfekt zurückgekämmt waren. Wenn ich nicht wüsste, dass er vollkommen von meiner Schwester eingenommen war, wäre seine Aufmerksamkeit für Odette ein Dorn in meinem Auge. Rein vom Äußerlichen passten beide perfekt zusammen.

»Hast du Lust, eine Runde zu spielen?«, fragte er an Odette gewandt, wobei ein siegessicheres Grinsen auf ihre Lippen trat.

Sie hatte Blut geleckt.

»Klar!«

Während sich auf Chloes Gesicht ein unsicherer Ausdruck ausbreitete, verdrehte ich belustigt die Augen. Alexander hatte ja keine Ahnung, mit wem er es zu tun hatte.

~

»Wer hatte eigentlich damals im Bereich des Restauranteingangs gestanden? Als Chloe und Vladimir zu Besuch waren«, flüsterte ich und beobachtete die Szene vor mir.

Odette und Alexander auf dem Boden sitzend, während sie Schach spielten. Nicht wie normale Menschen.

Bei jeder Spielfigur, welche vom Feld geworfen wurde, musste der Verlierer einen Shot puren Wodka trinken.

Russen.

Chloe hingegen saß, mit zu sich gezogenen Beinen, auf dem Sessel beim entfachten Kamin und las. Zumindest tat sie so, denn ihr zusammengekniffener Blick glitt heimlich zu den anderen beiden.

»Gage«, gab Konstantin zurück und löffelte mittlerweile schon die dritte Schale Tiramisu. »Wieso?«

Hätte ich mir denken können. Deswegen war er heute so drauf gewesen.

»Egal, passt schon.«

Odettes Lachen durchschnitt die ruhige Atmosphäre, wobei mein Freund frustriert die Lippen zusammenkniff. Er war also wieder dabei zu verlieren. Krampfhaft versuchte ich ein Lächeln zu unterdrücken, was mir nur minder gelang.

»Du magst sie also wirklich.« Keine Frage, sondern eine Feststellung.

»Ja.« Obwohl mögen nicht der richtige Begriff war. »Ich weiß auch nicht, wie das passieren konnte.«

»Sie hat mir ihr Knie in die Eier gerammt. Ohne mit der Wimper zu zucken«, sagte er und strich eine Strähne hinter das Ohr.

»Gib ihr eine Chance. Sie bedeutet mir—«

»Sehr viel? Du wirst weich, Dorian.«

Wissend riss ich ihm die Nachspeise aus der Hand. Wenn Konstantin Zucker aß, konnte er nicht mehr klar denken. Es war seine Droge. »Darüber unterhalten wir uns, wenn du in meiner Situation bist.«

Trotzig schnappten seine Finger sich eine Scheibe Brot. »Das wird nie passieren. Und wenn doch, bring mich bitte um«, sagte er mit vollem Mund und erhob sich vom Stuhl. »Ich muss morgen früh raus.«

Mit diesen Worten ging er nach oben in sein Zimmer.

Glaub mir Konstantin, das habe ich früher auch gedacht.

~

Müde erhob ich mich und streifte zu Odette. Während Chloe bereits eingeschlafen war, spielten sie und Alexander immer noch. Bei dem ganzen Alkohol, welcher heute geflossen war, fragte ich mich, wie irgendjemand der beiden sich noch aufrecht halten konnte.

»Odette, lass uns doch ins Bett gehen«, murmelte ich und strich über ihr Haar.

Als Antwort bekam ich ausschließlich eine Handbewegung, welche mir sagte, dass sie noch einen kleinen Moment brauchte.

Für mich sahen die Züge wahllos aus, aber Odette wusste anscheinend, was sie machte. Bei ihrem nächsten Zug gefror Alexanders Miene.

»Schachmatt!«

»Du schummelst«, murmelte ihr Gegner und nahm die Wodkaflasche in die Hand. Aber anstatt die Flüssigkeit in ein Glas zu schütten, trank er direkt daraus.

Lächelnd blickte sie mich an und streckte mir ihre Hand entgegen. Kopfschüttelnd zog ich sie auf die Füße und lenkte ihren Körper in Richtung Treppe.

»War es so schlimm, wie du gedacht hast?«, fragte ich, ließ sie dennoch nicht los. Dass ihr dünner Körper überhaupt Alkohol vertrug, war ein Wunder. Nichts, was ich herausfordern wollte.

Vielleicht lebten ja manche Klischees tatsächlich.

»Ich mag ihn. Die anderen beiden eher weniger.«

»Daran kann man arbeiten.« Unsicherheit spiegelte sich in ihren Zügen, welche sich mit einem einfachen Lächeln von mir auflöste. »Darüber können wir morgen reden, falls du keine Kopfschmerzen bekommst.«

Mit einem Schlag auf meinen Oberarm bahnte sich Odette einen Weg ins Schlafzimmer, wobei das Geräusch von Kleidung auf dem Boden deutlich zu hören war.

Ihr nackter Rücken begrüßte mich, als auch ich hereintrat. Als Nächstes fiel ihr Slip zu Boden, sodass sie sich einen Augenblick später unbekleidet auf meinem Bett rekelte.

Bevor die Tür die Geräusche aussperrte, hörte ich Alexander.

»Aufwachen, Liebste. Es ist Zeit fürs Bett.«

Vielleicht hatte ich es früher ignoriert oder einfach nicht gesehen, aber all seine Gefühle standen in diesen Worten.

Zum ersten Mal konnte ich es nachvollziehen. Und das allein wegen der Frau, die auf mich wartete.

Kapitel Dreiundzwanzig

Odette

Nervös zuckte mein Bein, während Dorian angespannt auf die Straße starrte. Kein Wort fiel zwischen uns.

Ich hielt es aus – die gesamte Autofahrt – keine Fragen zu stellen. Ob es an der Aufregung lag oder dem Fakt, dass meine Kehle staubtrocken war, wusste ich nicht. Im Großen und Ganzen tat es nichts zur Sache.

Seit Wochen pochte ich auf diesen Tag. Heute war der Punkt gekommen, an dem er endlich Licht ins Dunkel lassen und mich von meiner Blindheit erlösen wollte.

Als wir auf dem Parkplatz des Theaters hielten, bildeten sich Fältchen auf meiner Stirn.

»Musst du etwa noch etwas klären?«

»Nein«, murmelte er bedrückt und öffnete die Tür. »Wir sind hier vollkommen richtig.« Den gesamten

Morgen wich er meinem Blick aus, was sich bis jetzt nicht geändert hatte.

Ohne Weiteres folgte ich ihm. Die Angst, dass Dorian unverwandt umdrehte und die Sache abblasen würde, war schließlich groß. Aber je weiter die Schritte uns trugen, desto unwahrscheinlicher wurde es.

Wir durchquerten verzierte Bögen, gemäldebestückte Wände, bis wir vor einer Tür, welche aussah wie jede andere, stoppten.

»Bist du dir sicher, Odette?«

»Ja.« Ich wollte endlich wissen, wer er war. Die körperliche Nähe würde uns nur bis zu einem bestimmten Punkt tragen, aber das reichte nicht aus. Nicht, wenn es um diesen Mann ging.

Nickend drehte er am goldenen Griff und führte uns in einen dunklen Gang. Wurde er gerade renoviert? Diese Frage löste sich in Luft auf, da plötzlich ein Eingabefeld auftauchte.

Genau wie in seinem Haus.

Nein, die Aufmachung war sicher präzise gewählt.

»Bleib die ganze Zeit bei mir, okay? Was auch immer du dort sehen wirst, dir wird nichts passieren.«

Wieder sprach Dorian gegen eine Wand. Immer wenn ich nach einem Faden greifen wollte, landete ich plötzlich im Nichts. Für mich machte es alles keinen Sinn. Seine Worte hatten allerdings etwas an sich, was einen Funken der Angst zündete.

Von was redet er?

Blind folgte ich ihm eine Wendeltreppe hinab. Mit dem, was mich am Ende erwartete, hatte ich in meinem Leben nicht gerechnet. Besonders nicht nach seinen Worten.

»Wo sind wir hier?«, hauchte ich und sah an die hohe Decke. Die Dunkelheit von eben wurde von einem hellen

Raum abgelöst. Eine riesige Statue, auf welche ich einen Schritt zuging, war das Zentrum.

»Unter dem Theater.«

Mein Blick glitt zwischen ihm und meiner Umgebung hin und her. Mit zusammengefalteten Händen stand er hinter mir. Er war nicht von dem Kunstwerk gefesselt, sondern von mir und meiner Reaktion.

»Wo sind wir hier?« Dass wir unter dem Theater waren, war offensichtlich, aber ... Vielleicht wären Fragen besser gewesen, welche mit *Wieso* oder *Was* angefangen hätten. Vielleicht hätte er mir dann eine Antwort gegeben. Denn jetzt hüllte er sich in Schweigen und ließ mir Zeit, die Eindrücke auf mich wirken zu lassen.

Gänge aus verschiedensten Richtungen endeten allesamt hier. Türen, die in weitere Räume führten, welche wahrscheinlich wiederum Türen besaßen. Hier war der Mittelpunkt des Ganzen; die mächtige Statue sagte das deutlich.

Sie trug eine Inschrift, welche mir nichts sagte. Für mich waren es nur willkürliche Strichformationen, die ich nicht mal in meinen kühnsten Träumen entschlüsseln konnte. Ich wusste nur, dass es sich nicht um kyrillische Buchstaben handelte.

»Rede, Dorian«, sagte ich, da mein Kopf endlich wieder andere Gedanken zuließ. Mich überflutete zwar immer noch diese vollkommene Gesamtheit, doch er musste endlich reden.

»Komm mit.«

Er nahm mich am Arm und führte mich in einen Raum, der anscheinend für Versammlungen diente. Ein langer Tisch fasste beinahe seine ganze Fläche, wobei der Stuhl an der Stirnseite größer war als die restlichen.

»Setz dich.«

»Sag mir endlich, was das hier ist.«

»Bitte, Odette.« Dorian zog zwei Stühle heran und setzte sich selbst auf einen. Ich hätte die Diskussion weitertreiben können, womit ich nur die Zeit verschwenden würde. Also ließ ich mich auf die dunkle Polsterung fallen, damit unsere Augen sich gegenüberlagen.

»Also?«

Tief einatmend umschlossen seine Hände die Meinen. Entweder um sein Zittern zu unterdrücken oder um sicherzustellen, dass ich bei seinen nächsten Worten nicht aufsprang und das Weite suchte.

Wahrscheinlich beides.

»Die meisten, die hier im Theater arbeiten – nicht alle – wirken auch hier mit.« Dorian machte eine Handbewegung, die alles um ihn herum einschloss. »Es hat etwas mit der Regierung zu tun.«

»Was macht ihr?« Egal was es war, es geschah alles im Untergrund, getarnt von dem hübschen Umhang der Kunst, der alles verbarg. Und wenn die Regierung damit zusammenhing, hatte es sicher nichts mit Blumen pflücken zu tun.

»Politiker haben Gegner, im In- und Ausland. Wir sind dafür zuständig, dass das System nicht gestürzt wird. Du lebst ein gutes Leben, Odette. Und wenn sich das System ändert, dann würdest du in einer vollkommen anderen Situation sein.«

Meine Hände überzogen sich mit eiskaltem Schweiß, selbst das stetige Pochen in meiner Brust wurde langsamer.

Nein, nein, nein.

All die Dinge, welche er bereits durchscheinen lassen hatte, kamen zurück. Besonders seine Gleichgültigkeit Blut zu vergießen.

Was denkst du von mir? Dass ich ein unschuldiges Lamm bin?

Und dann die Sache mit Andrej.

Du kannst dem komischen Typen dankbar sein, wenn er nicht gewesen wäre, hätte ich diesen kleinen Bastard mit Freuden umgebracht. Ganz langsam, bis er um sein Leben gebettelt hätte.

»Was macht ihr?« Wieso musste ich meine Fragen eigentlich immer doppelt aussprechen? Konnte Dorian nicht endlich mit der Sprache herausrücken? Mit der Wahrheit, die ich unbedingt hören musste, obwohl es eigentlich schon klar war.

»Wir spüren die Gefahr auf und eliminieren sie. Wir haben Räume, in denen wir die Gegner verhören und dann schließlich—«

»Töten«, beendete ich seinen Satz und vergrub meine Nägel in seinen Handrücken.

Nickend stimmte er zu. »Wir haben Leute rund um die Welt eingesetzt, die für die Sicherheit dieses Landes sorgen. Damit es so bleibt, wie es ist.«

Der Schock, der mich eigentlich überkommen sollte, blieb aus. Möglicherweise steckte ich auch bereits mittendrin und merkte es nicht. Keine Ahnung. Aber Dorian hatte mir in der Vergangenheit schon mehrmals gesagt, zu was er fähig war. Dennoch konnte ich ja nicht ahnen, wie tief die Sache reichte.

Durch meinen Kopf schossen unzählige Fragen, die nach einer Antwort forderten. Also kam die offensichtlichste über meine Lippen.

»Wie bist du hier hineingeraten?« Er war immerhin Franzose, kein Russe.

»Durch Alexander. Ich war 17, als ich nach Moskau gekommen bin. Eine fremde Stadt. Leute, die ich nicht kannte. Ich habe meinen Platz gesucht und er hat mir einen gegeben – anfangs widerwillig, aber ich habe darum gebeten. Es sind Dinge passiert, die zu diesem hier geführt haben.«

Meine Schläfen pochten. Wieder diese vagen Formulierungen.

Dinge sind passiert ... Welche?

»Das ist irrsinnig. Wer sind diese Leute, die mit dir zusammenleben, mit denen ich unter einem Dach geschlafen habe?«

»Das kann ich dir nicht sagen. Alles hängt an Verträgen. Allein der Fakt, dass du hier unten bist—«

»Mir ist egal, an was das alles hängt, verdammt!«, entfuhr es mir und ich entzog ihm meine Hand. Angst spiegelte sich in seinen Augen wider, was mich im Gegenzug daran hinderte zu verschwinden. Er sollte mir endlich Antworten liefern, wie er es mir versprochen hatte.

»Konstantin konzipiert die Pläne und ist selbst vorne mit dabei. Auch wenn du nicht viel von ihm hältst, ändert es nichts daran, dass er ein gutes Herz hat. Bevor er einen aus seiner Truppe in unnötige Gefahr schickt, nimmt er lieber selbst den Platz ein. Und Alexander. Er bereitet sich darauf vor, in ein paar Jahren alles zu übernehmen.«

Der Mann, mit dem ich gestern ausgelassen Schach gespielt und mich betrunken hatte, machte nicht den Eindruck eines Killers.

»Und wer hat gerade das Sagen?«

Zwiespalt machte sich in jeder Faser seines Körpers bemerkbar. Ich konnte mir selbst denken, dass ich hier nicht sein sollte. Dass ich von nichts erfahren durfte. Trotzdem zerfraß mich jedes Geheimnis, welches zwischen uns eine tiefe Schlucht schlug.

»Jaroslaw Putchenko«

Mein Herz sank. Mein Vater hatte nie gewollt, dass ich mit meiner Mutter nach Moskau zu ihm zog. Immer wieder machte er sich auf den Weg, um uns zu besuchen, selbst wenn es ihn unzählige Stunden Autofahrt kostete.

Jaroslaw und er waren befreundet, zumindest im Internat.

»Ist mein Vater …?«

»Ja«, bestätigte Dorian. »Von deiner Mutter weiß ich nichts. Ich habe sie noch nie hier gesehen. Aber irgendwas muss sie wissen, immerhin führt sie mit einem Mitglied eine Ehe.«

»Mitglied von was?«

»Eines russischen Mafiarings.«

Nun besaß das Etwas einen Namen. Jeder wusste insgeheim, dass solche Organisationen existierten, doch verschwendeten die wenigsten überhaupt einen Gedanken daran. Und das aus einem guten Grund. Die Angst, welche mich bei der Kehle packte, war nicht auszuhalten. Das Wissen, in welcher Weise meine liebsten Menschen darin verstrickt waren, war erdrückend.

»Was ist deine Aufgabe?«

»Informationenbeschaffung und andere Dinge.«

Ein eisiger Schauer wanderte meine Wirbelsäule hinab. Die Temperatur in diesem Raum schien rapide zu sinken. »Was genau, Dorian?«

»Anfangs war es nur beobachten, Infos aufschnappen. Jetzt besteht es aber aus foltern und töten. Zumindest der Großteil.«

Sein Haar, in welchem sich schon so oft meine Finger vergraben hatten, lag unordentlich um seinen Kopf. Der Mann, mit dem ich fast jede Nacht das Bett teilte, war ein ganz anderer, als ich geglaubt hatte.

»Tanzt du überhaupt Ballett, oder war das eine Lüge? War alles eine Lüge?«

Kopfschüttelnd nahm er mein Gesicht zwischen beide Hände. Wieso ich es zuließ, war mir schleierhaft.

»Alles, was ich dir bis jetzt von mir gezeigt habe, war echt. Ich habe dir die Wahrheit verschwiegen, ja, aber ich habe dir keine Lügen aufgetischt. Das weißt du. So oft hast du nach Antworten gefordert, wobei ich dir letztendlich keine geliefert habe. Es wäre um einiges einfacher gewesen, eine kleine Geschichte zusammen zu bauen.«

Es stimmte. Mir war nicht klar gewesen, was mich heute erwarten sollte, dennoch wurde meine Brust – aus welchen Gründen auch immer – eng.

»Zeig mir die Räume«, sagte ich und schob den Stuhl zurück. »Die, von denen du gesprochen hast.«

»Odette, ich weiß nicht—«

»Zeig sie mir!«

Meine Nerven lagen blank. Ich wollte wissen, womit ich es zu tun hatte. Diese Sache war bestimmt noch weitaus größer, als er es mir sagte. Es war ein Teil seines Lebens. Seine Arbeit.

Die Arbeit meines Vaters.

»Okay«, sagte er und wollte meine Hand nehmen, doch ich zog sie nah an meine Brust.

Wenn ich die Welle, die mich unausweichlich überrollen würde, nicht allein aushielt, dann war alles verloren. Entweder ich würde mitgerissen werden und daran ertrinken oder am Ende aufstehen. Wie es ausging, wusste keiner.

Wir liefen aus dem kleinen Büro in die ›Eingangshalle‹ und durchquerten anschließend Gänge. Sie unterschieden sich nicht von denen im eigentlichen Gebäude.

Keine Risse.

Hell.

Kein Platz, an dem ich mir die russische Mafia vorgestellt hatte. Allgemein gingen meine Gedanken bis jetzt nicht in eine solche Richtung.

Jeder wusste, dass sie existierte – das war ein Fakt,

welcher sich nicht leugnen ließ. Aber Dorian? Und sogar mein Vater? Mein Vater, der mich *Schwanenhälschen* nannte.

Je näher wir an das angesteuerte Ziel kamen, desto mehr Menschen liefen wir über den Weg. Augen folgten uns, allerdings sprach keiner meine Anwesenheit an. Mir war klar, dass es daran lag, dass ich bei Dorian war. Und anscheinend gehörte er zu der oberen Schicht der Rangordnung, denn jeder nickte ihm zu, wobei er sie mit einem kühlen Blick beäugte.

»Wie kann es sein, dass die Menschen hiervon keine Ahnung haben?«, fragte ich, als wir einen Bogen durchquerten. Selbst der war mit Gold verziert.

»Ein versteckter Mafiaring in einem Theater. Da kommt doch niemand drauf.«

Ehe wir vor der Tür stoppten, trat uns eine große Frau in den Weg. Sie hatte welliges, hellblondes Haar, welches bereits mit grauen Strähnen durchzogen war. Bei unserem Anblick gefror ihre Bewegung, sodass sie uns mit offenem Mund gegenüberstand.

Ausdruckslos starrte ich ihr entgegen. Zu mehr war mein Geist nicht fähig.

»Magdalenes und Vladimirs Tochter«, sagte sie zu sich selbst und machte einen Schritt auf mich zu. »Odette, oder?«

Sie kannte meine Mutter, also wusste auch sie hierüber Bescheid. Mein ganzes Leben schien wie eine einzige Lüge.

»Nicht jetzt. Ist Gage hier?«, fragte Dorian und stoppte unser Gegenüber. Obwohl der Ausdruck in ihren Zügen nicht an Interesse verlor, nickte sie und trat beiseite.

»Ja. Ich bin froh, dass du wieder hier bist. Und, dass du jemanden mitgebracht hast.«

»Ich komme nächste Woche bei dir vorbei.«

Was wohl seine Worte bedeuteten? *Ich komme nächste Woche bei dir vorbei.* Wozu? Wer war sie?

Unbewusst ließ ich mich von Dorian weiterziehen. Aber erst, als wir vor einer unscheinbaren Tür haltmachten, formte sich ein Name, welcher im Gespräch gefallen war, zu einer wirklichen Person.

»Gage«, murmelte ich und musterte den Türgriff aus Edelstahl. Ich nutzte jede Möglichkeit, um Dorian nicht anzublicken. Er hatte eine derart hypnotische Wirkung auf mich, die mich in den Abgrund der Verwirrtheit gestürzt hätte. »Er ist auch ein Mitglied?«

»Ja. Er kommt von außen – hat also sonst nichts mit dem Theater zu tun. Die meisten von Konstantins Männer haben nichts mit jeglicher Kunst gemein. Auch er nicht.«

Mit einem letzten Blick, da ich nichts mehr darauf zu sagen wagte, drückte er die Klinke durch. Nun stand alles im starken Kontrast zu den eleganten Verzierungen des Gangs.

Dieses Zimmer war dunkel – modrig. Ein leichter Geruch von Metall, gemischt mit Pfefferminz, stieg mir in die Nase, was mich beinahe würgen ließ. Diesen Reflex schluckte ich sofort herunter.

Vor einem Stuhl, welcher definitiv nicht der Vergnügung diente, lag ein Messer, das verräterisch glänzte. Obwohl die Klinge dunkel war, konnte sie nicht die Flüssigkeit vertuschen, welche an ihr klebte.

Es roch nach Mord.

Meine Sinne fokussierten sich prompt auf den tätowierten Mann, der an einem Waschbecken stand und sich die Hände wusch. Als sein Blick zu uns glitt, hielt er in der Bewegung inne.

»Dorian?«, fragte er mit einem Hauch Hysterie in der Stimme.

Ja, ich sollte definitiv nicht hier sein.

»Keine Sorge, Gage. Die Verantwortung nehme ich auf mich«, murmelte er und führte mich weiter in die Mitte.

Das hier hatte nichts mit einem Verhörraum aus einem der Krimi-Serien zutun, welche er und ich noch vor wenigen Tagen im Bett angesehen hatten. Ob er in diesen Stunden an diesen Ort gedacht hatte?

»Du begibst dich in Schwierigkeiten, das weißt du, oder?«, flüsterte Gage und kam zu uns.

Ich packte die Möglichkeit beim Schopfe.

Beide folgten mir mit ihren Augen, während ich durch den Raum streifte. Meine Finger strichen über das Leder des Stuhls, welches von Rissen durchzogen war. Über die Schnallen, die an den Armlehnen schlaff nach unten baumelten. Immer wieder lagen mir neue Worte auf der Zunge, die ich verdrängte. Wahrscheinlich wäre mir letztendlich sowieso nur ein raues Etwas aus dem Mund gekommen.

Meine Beine steuerten schon das Regal an der Wand an, wo sich Waffen jeglicher Art befanden, doch richtete sich meine Aufmerksamkeit schlagartig über mich. Ein metallischer Schimmer schob sich in meinen Augenwinkel.

Der Gegenstand ließ mein Herz stolpern.

Zitternd berührten meine Fingerspitzen die einzelnen Glieder der Kette. Es war ein exaktes Duplikat von der, welche in Dorians Schlafzimmer hing. Die, mit der er mich gefesselt und vergessen lassen hatte. Das Gemisch unserer lustdurchzogenen Laute füllte die Stille plötzlich aus. Die Erinnerung, wie sich unsere schweißglänzenden Körper aneinander rieben, um die Erlösung voranzutreiben.

Doch als etwas Nasses meine Haut benetzte, zuckte ich zurück. Meine Finger waren mit einer rubinroten Flüssigkeit überzogen.

Blut.

Frisches Blut.

»Gage, bring mich von hier weg«, sagte ich und trat auf die Tür zu.

Ironisch, dass ich ausgerechnet ihn fragte. Aber was für eine andere Wahl hatte ich? Blind zu fliehen, obwohl ich mich in der Stadt nicht auskannte? Mich in dieser Kälte zu verlaufen? Mich von Dorian wegbringen zu lassen? Das kam nicht infrage. Ich musste klare Gedanken schöpfen. Und das konnte ich mit ihm nicht.

Dorians Gesicht war mit Schmerz gefüllt. Seelischer Schmerz. Es reizte mich, meine Arme um ihn zu schlingen, seinen Körper an meinem zu spüren. Aber ich blieb regungslos stehen und wartete auf Gage. Sein Blick glitt zwischen mir und Dorian hin und her, entschied sich aber, seinen Schlüssel aus der dunklen Jeans zu ziehen.

»*Ma bien-aimée …*«

»Ich brauche Zeit, Dorian. Gib sie mir. Um mehr bitte ich nicht.«

Das waren die letzten Worte, ehe ich mich umdrehte und blind in eine unbekannte Richtung lief. Gage war sofort an meiner Seite und brachte mich auf den richtigen Weg.

Vor meinen Augen weiterhin das Bild von Dorian.

~

»Kommen wir überhaupt ins Haus?«, fragte ich, da wir langsam auf das Sicherheitstor des Gebäudes zurollten.

»Konstantin ist hier. Er macht uns auf.«

Die Fahrt über hatten wir nicht miteinander geredet. Ich war derart in meinen Gedanken versunken gewesen, dass ich alles um mich herum verschwommen wahrnahm.

Reue braute sich in mir zusammen.

Ich hatte um Antworten gebeten und jetzt war ich es, die weglief.

Ein Summen erklang, wodurch das Eisengestell geräuschlos aufschwang. Erneut setzte sich das Auto in Bewegung. Jetzt aber lag alles klar vor mir. Das Haus, welches sich in mein Herz geschlichen hatte. Doch lag es nur an den Gemäuern oder hatte es mit der Person zu tun, die darin wohnte?

»Sei nicht so hart zu ihm«, sagte Gage, als der Motor verstummte.

Die Türen waren verriegelt, selbst wenn ich wollte, könnte ich nicht aussteigen. Ich verharrte ruhig und drehte meinen Kopf in seine Richtung. Seine sonst lockeren Züge waren nun angespannt.

»Wir sind Menschen, so wie du.«

»Wie gesagt, ich brauche Zeit. Er hat mir Dinge gesagt, die für den Moment schlichtweg zu viel sind. Über ihn, meine Familie. Das Erschreckende ist, dass er die Wahrheit sagt.«

»Aber genau das ist es doch. Dein Vater wollte dich nicht in dieser Sache haben, Dorian aber schon. Zumindest, soweit es nötig ist.«

»Ich musste ihn anbetteln.«

Lachend schüttelte er den Kopf. »Ja, aber er hätte es dir so oder so gesagt. Ich habe Dorian schon mit vielen Frauen gesehen, von keiner wollte er, dass sie aktiv an seinem Leben teilnimmt. Genau das ist der springende Punkt. Dein Vater wollte, dass du nach Moskau gehst, um zu tanzen, aber nicht, dass du solch ein Leben führst. Er hat dich all die Jahre ausgeschlossen. Aber Dorian will dich einbeziehen.«

»Ich weiß.« Davon war Gage nicht im Geringsten überzeugt.

»Ich kenne Dorian, aber noch nie hat er jemanden angesehen wie dich. Er ist ein guter Mann, Odette. Entscheide dich also für das Richtige.«

Das war alles, was er zu sagen hatte. Mit einem leisen Ton entriegelten sich die Türen. Eine stumme Aufforderung.

»Das werde ich, keine Sorge.«

... denn ich bereue es jetzt schon, ihn stehen gelassen zu haben.

Kapitel Vierundzwanzig

Dorian

Es war dumm, sich an einen Platz zu stellen, von dem aus sie mich nicht sehen konnten. Aber es war alles, zu dem ich fähig war.

Lange hatte ich es nicht im Theater ausgehalten. Bei jedem Anblick meiner Tätigkeit zeichnete sich ihr geschocktes Gesicht vor meinen Augen ab.

Odette brauchte Zeit.

Wollte ich sie wirklich mit diesem Denken über mich – einem Monster – allein lassen? Nicht nur war ich derjenige gewesen, der ihr endlich die Wahrheit entgegengeworfen hatte. Nein, ich war auch derjenige, der ihr gesagt hatte, dass ihre Familie nicht so unschuldig war, wie sie glaubte.

Meine Beine hielten jedoch inne, als sich ein Bild zweier Personen abzeichnete. Odette, die mir den Rücken zugewandt hatte, und Alexander, der mit seinen Unterarmen auf das Geländer gelegt auf sie hinabblickte.

Ich beobachtete still, wie mein Freund die gewundene Treppe hinabschritt – direkt zu Odette, die sich gegen das Klavier lehnte und auf den Fluss starrte. Die goldene Abendsonne brach die kleinen, bunten Fragmente im Fensterglas, sodass alle Farben des Regenbogens sich auf ihrer klaren Haut abzeichneten. Wie Farbspritzer auf einer frischen Leinwand.

»Könntest du dein Glas wenigstens auf einen Untersetzer stellen?«, fragte er und nahm sich im gleichen Atemzug auch ein Glas und die angebrochene Wodkaflasche zur Hand.

Ein Geheimnis lag bar vor ihr. Nun war ausschließlich die Frage, wie ihre zarte Seele damit umging.

Anscheinend hatte Odette ihn schon längst bemerkt, denn ihre einzige Reaktion war, dass sie sich den Alkohol an die Lippen führte. Wieder landete der Kristallbecher auf dem Klavier. Während sich der Kiefer von meinem Freund anspannte, wollte sich ein Lachen aus meiner Kehle lösen.

»Er hat es dir gezeigt, nicht wahr?«

»Ja, hat er.«

Alexander stellte sich in einem großen Abstand hinter sie, als wüsste er nicht, wie ihre nächsten Reaktionen ausfallen würden. Wenn man die beiden länger betrachtete, sah man deutlich, wie ähnlich sie sich waren. Vielleicht nicht direkt vom Äußeren, aber etwas hatten sie gemeinsam.

Für das, was sie wollten, würden sie alles geben. Unter anderem sich selbst. Odette sollte sich aber nicht aufgeben, nicht für mich.

»Ich kann dich in die Wohnung deines Vaters fahren. Ich werde mit ihm reden, falls du es nicht tun willst. Das, was du gesehen hast, wird nicht mehr als eine kleine Erinnerung bleiben, das verspreche ich dir.«

Vor mir öffnete sich ein Strudel. Es war keineswegs ein Hinterhalt von Alexander, er versuchte ausschließlich, Unschuldige aus dieser Sache herauszuhalten. Auch wenn es bedeutete, mein Leben in Stücke zu reißen. Wahrscheinlich machte er es zudem meinetwegen. Wenn Odette jemals etwas passieren würde, dann ...

Wie konnte er selbst mit dieser Angst leben?

»Spar es dir«, erwiderte sie kalt und drehte sich zu ihm. Wenn sich ihr Fokus nur ein Stück in den Hintergrund versetzt hätte, würde sie mich erkennen. Aber sie war auf Alexander konzentriert. »Ich bleibe hier.«

»Das ist der sichere Tod. Es wird einen Moment geben, in dem er dich nicht beschützen kann.«

Obwohl ich nur seinen Hinterkopf sah, wusste ich, dass Verzweiflung in sein Gesicht geschrieben stand. Diese Gefühlsregung schwang in seiner Stimme mit, als wäre sie ein alter Bekannter.

Als Antwort bekam er ausschließlich ein Schulterzucken. Wieder griff sie zum Alkohol. Egal wie sehr Odette versuchte, ihre Benommenheit zu überspielen, es funktionierte nicht.

Nicht bei mir.

»Und was ist, wenn ihm etwas passiert? Wenn du in dieses Geschäft erstmal verwickelt bist, kommst du nie wieder heraus. Du bist wegen ihm hier. Nicht wegen den anderen Dingen.«

Ein katzenhaftes Lächeln zierte ihre Lippen. Das Glas war leer, weshalb es erneut auf dem Instrument landete. Wartend verlagerte sich mein Gewicht.

»Sollte ihm jemals etwas passieren, wird derjenige dafür bezahlen. Und weißt du, was ich danach machen werde? Ich werde die gesamte Welt in Brand setzen, bis sie in Schutt und Asche liegt. Dorian ist einer der wenigen Menschen, die ich kenne, der ein Leben verdient hat. Wenn er es verliert, dann auch jeder andere.«

Odette sagte es mit einer solchen Selbstsicherheit, die mich sprachlos machte. Diese Frau ...

»Er würde dasselbe für mich machen.« Sie strich sich eine Strähne hinters Ohr, welche sich aus dem Zopf gelöst hatte, und nahm anschließend den Alkohol aus Alexanders Hand. »Falls du also noch etwas zu sagen hast, wäre jetzt die Möglichkeit. Ansonsten bitte ich dich, mich allein zu lassen.«

Odette wartete nicht auf einen potenziellen Kommentar, sondern drehte sich dem Fenster zu. Alexander hingegen stand für einige Momente verdattert da, bevor er sich umdrehte.

Er fasste mich direkt ins Auge.

Ohne ein weiteres Wort kam er in meine Richtung und zerrte mich nach draußen in den Vorhof. Ausschließlich sein und mein Auto standen in der Auffahrt. Chloe und Konstantin waren also nicht hier.

»Du weißt, wieso«, begann er, als die Haustür ins Schloss fiel.

»Ja. Keine Sorge«, versicherte ich ihm und vergrub meine Hände in dem Mantel, welcher die ganze Zeit über meinen Schultern hing. Obwohl es nicht annähernd so kalt war wie im Norden, sehnte sich mein Körper nach den kräftigen Frühlingssonnenstrahlen Südfrankreichs.

Erleichtert wich Luft aus seiner Lunge.

»Sie ähnelt dir, Alexander.«

Er warf mir einen skeptischen Seitenblick zu, ehe er mit dem Kopf zu seinem Auto deutete. Dankend ließ ich mich hineinfallen, doch setzten sich die Reifen nicht sofort in Bewegung.

»Unter all den Frauen hast du dir eine Verrückte ausgesucht. Glückwunsch, Dorian.«

Grinsend lehnte ich mich gegen die Kopflehne des Beifahrersitzes. Nun schwoll das Hochgefühl rapide an, welches ihre Worte in Bewegung gebracht hatten. Sie wusste es und lief nicht davon.

Odette wird bei mir bleiben.

»Sie ist unglaublich, nicht wahr?« Nach den Tiefen, denen Odette und ich in den letzten Wochen gemeinsam entflohen waren, war sie genau das. Unglaublich. Und ich wollte sie nie wieder verlieren.

Odette hatte recht. Ich würde für sie die Welt niederreißen, bis ich wieder bei ihr war. Dort, wo uns schließlich keiner mehr trennen konnte.

Ungläubig startete er den Motor und fuhr auf die Hauptstraße. Mir war nicht klar, welches Ziel Alexander ansteuerte, allerdings kümmerte es mich gerade nicht viel. Zu sehr waren meine Gedanken an die Frau in unserem Haus gefesselt.

»Ich freue mich trotzdem für dich.«

»Wirst du sie akzeptieren?«

»Habe ich denn eine Wahl?«, murmelte er und bog in Richtung des Ensembles ab. Wahrscheinlich, um Chloe auf den neusten Stand zu bringen.

»Nicht wirklich.«

»Außerdem würde dieser dumme Kater mir die Augen auskratzen, wenn ich sie ihm entreißen würde.«

Wer hätte gedacht, dass Luc in Odette endlich seine Meisterin gefunden hatte.

Man sah deutlich, dass ihm noch etwas auf der Zunge lag. Doch anstatt der Worte, drangen nun die Töne des Radios durch den eleganten Innenraum. Vielleicht war es besser, dass er sich in Schweigen hüllte. Bei ihm hatte ich mehr Hoffnung, dass er Odette irgendwann mögen würde als bei Chloe. Sie war eine Sorge, die warten konnte.

»Warte«, brach Alexander dann dennoch das Schweigen. Abrupt drehte er die Musik leiser und sah mich für eine Sekunde entgeistert an. »Hat sie mich eben aus *meinem* Haus geworfen?«

»Sieht wohl so aus«, sagte ich und brach in schallendes Gelächter aus.

Ich blieb lange weg. Sie brauchte Freiraum. Also verschlug es mich in das Theater.

Schweigend beobachtete ich die Arbeit von Alexander, wanderte zur Bühne und fand keine Ruhe. Selbst Nele war mir über den Weg gelaufen. Ihr langes, dünnes Haar lag offen über ihren Schultern. Früher hatte ich so oft an ihnen gezogen, während aus ihrem Mund mein Name drang. Diese Zeit war vorbei.

Letztendlich landete ich wieder in der Kälte.

Es war bereits dunkel, ausschließlich die unscharfen Laternen im nebelüberzogenen Himmel waren zu sehen. Kaum zu glauben, dass heute Nachmittag noch die Sonne geschienen hatte. Der Fluss rauschte unter mir verheißungsvoll.

Gedankenverloren lief ich nach Hause. Ich schindete Zeit.

Was war das Problem? Odettes Entscheidung stand fest. Aber ihr selbst gegenüberzutreten war eine vollkommen andere Sache, als sie und Alexander zu belauschen.

Das beklemmende Gefühl in meiner Brust ebbte auch nicht mit der gewohnten Umgebung ab. Sie wartete nicht dort auf mich, wo ich sie das letzte Mal gesehen hatte, sondern im Bett.

Ihr Körper lag unter der Decke, während ihr Blick nach draußen gerichtet war. Das Licht an der Decke war gedimmt, somit waren nur ihre Konturen sichtbar. Doch als sich ihre Iriden auf mich richteten, wütete ein Sturm der Gefühle in mir.

Odette sagte nichts. Und auch ich schwieg.

Ich riss mir die Klamotten vom Leib, bis ich nackt vor ihr stand. Ein Funke bildete sich in ihren Augen, welcher binnen Sekunden ein Feuer in meinem Körper entzündete.

Als ich einen Schritt auf sie zu machte, zog sie die Decke zur Seite. Auch ihr Leib war unbedeckt.

Die rosigen Nippel reckten sich mir auffordernd entgegen, sodass mein Schwanz zuckte. Odette entging es nicht, denn wie von selbst leckte sie sich über die Lippen.

Es bestand kein Zweifel mehr.

Sie war die Frau, die für mich unabdingbar war. Wir waren beide so jung und doch so kaputt. Aber zusammen fühlten wir uns geheilt.

Mit diesem Wissen begab ich mich auf die Knie und zog sie mit einem Ruck an die Bettkannte. Ihre Beine spreizten sich für mich, was ich mit einem tiefen Knurren zur Kenntnis nahm.

Ehe Odette es sich anders überlegte, vergrub sich mein Kopf in ihrer Mitte. Ihr Geschmack, der mich seit dem ersten Mal immer wieder unter Strom gesetzt hatte, breitete sich auf meinen Lippen aus. Mit wilden Zungenschlägen bearbeitete ich ihre Perle, bis Odette nichts ein stöhnendes Nervenbündel war. Doch das war mir nicht genug. Nicht heute.

Drei meiner Finger glitten zwischen ihre Schamlippen und trieben sie mit dem Saugen meines Mundes über den Rand ihrer Selbst. Die süße Enge ihrer Wände hielt mich gefangen, während sie mich näher an sich zog.

»Dorian!«

Ihre Schreie ließen beinahe das Haus erzittern, was mich umso mehr anspornte. Ich leckte sie so lange, bis ihre Beine um meinen Nacken unkontrolliert zuckten.

Ich konnte es nicht dabei belassen.

Nach ihrem Orgasmus hievte ich mich hoch, drehte sie kraftvoll auf den Bauch und drückte ihren Po gegen mein Glied. Meine Hände schlangen sich um ihr Haar, sodass ihr Rücken dicht an meinem Bauch lag.

»Ist das ein Abschied?«, hauchte sie, als meine Eichel an ihrem Eingang verweilte. Eine Bewegung, und ich wäre in ihr. Dass ausgerechnet sie diese Frage stellte, verärgerte mich. Eigentlich sollten die Worte aus meinem Mund kommen.

»Nein«, sagte ich und stieß in sie.

Odette war der Himmel auf Erden. Mit jedem Stoß, welcher tief in ihrem Inneren widerhallte, wollte ich sie umso mehr. Meine Finger vergruben sich in ihren schmalen Hüften und zogen sie im selben Rhythmus gegen mich.

Das Klatschen unserer Haut, unsere lusterfüllten Laute versicherten mir, dass das hier Realität war. Eine Realität, nach der ich mich seit langem mit ihr sehnte. Bis wir jedoch vollkommen darin ankommen konnten, mussten noch Dinge geschehen. Hürden aus dem Weg geräumt werden.

Nun befand ich mich aber im Hier und Jetzt. Ich in Odette, vor meinen Augen ihr Rücken, der ihre Wirbelsäule und die Bögen ihrer Rippen durchscheinen ließ.

Mit einem Schrei kam sie erneut, was mich auch über die Klippe drängte. Bevor mein Samen sich aber in ihr verteilte, zog ich meinen Schwanz heraus und spritzte auf ihre weiße Haut ab.

»Wieso?«, stammelte sie mit Lusttränen in den Augen, sich mit den Ellenbogen auf die Matratze stützend. Das Sperma rann dabei gemächlich an ihrem Körper hinab. Ein Bild, welches ich niemals vergessen konnte.

Fast schon grob half ich ihr sich vollkommen aufzurichten. »Weil du dich jetzt auf mein Gesicht setzen und ein weiteres Mal kommen wirst. Danach nochmal. Und danach nochmal.«

»Ich kann nicht.«

»Du kannst«, sagte ich und brachte mich in Position.

Sie würde die gesamte Nacht kommen, bis keiner von uns einen geraden Satz herausbringen würde. Erst wenn ich das letzte Mal für diese Stunden in ihre Spalte stieß, würde mein Orgasmus sie von innen ausfüllen.

Bis dahin dauerte es noch lange.

Kapitel Fünfundzwanzig

Odette

Der heiße Atem an meinem Nacken riss mich aus dem Schlaf.

Wir waren immer noch in der Position, in der wir gestern eingeschlafen waren. Ich auf ihm, seine Arme fest um mich geschlungen. Wie mein Gewicht ihm nicht schon längst den Atem geraubt hatte, blieb mir ein Rätsel.

Gestern war so viel geschehen, dass ich diesen kleinen Moment der Ruhe genoss. Ausschließlich Dorians Herzschlag drang zu mir hindurch.

Es währte aber nicht lange, denn nun begann er sich unter mir zu bewegen.

»Morgen, *ma bien-aimée*«, murmelte er und küsste mich. Ein leichtes Zögern lag darin. Wahrscheinlich, weil er meine Reaktion nicht abschätzen konnte. Die letzte Nacht hatten wir uns beinahe zu Tode gevögelt.

Allein bei diesem Gedanken krampfte sich meine leere Mitte zusammen. Ich war wund. Selbst meine Knochen waren ausgelaugt, da hatten die wenigen Stunden Schlaf nichts geholfen.

Ob ich laufen konnte?

Irrelevant, solange mich seine Arme umschlangen. Solange er mich berührte.

Obwohl er hart wurde, da meine Hände sich genüsslich in seinem Haar vergruben, sah er davon ab, in mich zu gleiten. Möglicherweise wusste er genau, dass meine Nerven zu empfindlich waren.

»Kannst du mir eins versprechen, Dorian?«

»Ja.«

Die Berührungen seiner Finger auf meiner Haut vernebelten meinen Verstand, weshalb ich mich von ihm entfernte. So weit, sodass wir uns nicht mehr Haut an Haut berührten. Dieses Thema ließ sich nicht mit Sex aus der Welt schaffen, das wussten wir beide.

»Keine Geheimnisse mehr. Wenn noch etwas ist, dann wäre jetzt der richtige Zeitpunkt, um reinen Tisch zu machen.«

Denn da war noch ein Teil, welcher mir bis jetzt verborgen blieb. Welcher weiterhin auf ihm lastete. Selbst jetzt schrie mir sein Blick diese Erkenntnis entgegen.

Erschöpft fuhr er sich über das Gesicht und richtete sich auf. »Okay, aber erst müssen wir uns duschen.«

»Nein«, beharrte ich und legte ihm eine Hand auf den nackten Arm. An uns hafteten die gestrigen Orgasmen, machten uns schmutzig. Das nahm ich aber in Kauf. »Jetzt.«

Wer wusste, was sonst dazwischenkam. Das, was mir gestern offenbart worden war, war unberechenbar. Und ein großer Teil meiner Seele musste es jetzt von ihm hören. Es ging nicht anders.

»Dann musst du mir auch etwas versprechen, okay?«

»Was?«

»Lauf nicht weg. Du hast es bis jetzt nicht getan, was mich überrascht hat, aber wir sind so nah dran.«

Mir war zwar nicht bewusst, was genau er damit meinte, dennoch nickte ich. Weglaufen war keine Option. Nicht bei ihm. Nicht bei uns.

»Ich habe dir ja bereits gesagt, dass meine Eltern tot sind. Aber wie es passiert ist, noch nicht. Besser fange ich von vorn an. Jeder von uns muss bestimmte Bereiche unserer kleinen Untergrundorganisation einnehmen. Und ich war für einen bestimmten Mann zuständig. Er wusste zu viel, doch was genau, weiß selbst ich nicht. Nur eins wurde mir aufgetragen. Ihn nach Moskau schleppen und umbringen. Ich war dumm, übermütig und in dieser Zeit unglaublich wütend. Ich habe mir die Frage gestellt: *Wieso nach Moskau bringen, wenn man sofort die Drecksarbeit an Ort und Stelle verrichten kann?* Also machte ich mich auf den Weg in ein kleines Dorf im Norden und verrichtete meinen Auftrag gleich dort. Was ich nicht wusste, war, dass seine Frau anwesend war.«

»Und was hat das mit deinen Eltern zu tun?«, fragte ich mit monotoner Stimme. Vielleicht zitterte sie in Wirklichkeit – wer wusste das schon. Der Fakt, dass er ein Menschenleben geraubt hatte, spukte in meinem Kopf. Was für eine Ironie, dass er mich manchmal mit einer Zärtlichkeit anfasste, die herzzerreißend war.

»Meine Eltern wurden von ihr umgebracht, als Rache, dass ich ihrem Mann das Leben genommen habe. Ihm mein Messer in den Magen gerammt habe. Sie sind meinetwegen gestorben. Weil ich unvorsichtig war«, sagte er, den Blick in die Leere gerichtet. Seine Hand fing an zu beben.

»Dorian …« Die Ferne war nun unerträglich. Vorsichtig schmiegte ich mich an ihn und nahm sein Gesicht zwischen meine Hände. »Das war nicht deine Schuld.«

»Doch.«

Kopfschüttelnd küsste ich ihn.

Ein salziger Geschmack breitete sich auf meinen Lippen aus. Heiße Tränen. Seine Tränen. Ich zog mich nicht zurück, sondern bot ihm einen Platz, alles abzulegen. Seine seelische, bare Seite offenzulegen. Eine Seite, die wahrscheinlich sonst niemand gesehen hatte.

»Schhh«, murmelte ich und zog ihn in eine Umarmung. »Es ist nicht deine Schuld, Dorian. Rede dir das nicht ein.«

»Ich war kein guter Sohn. Habe mich immer von ihnen abgewandt. Innerlich wusste ich, dass ich sie in Wirklichkeit nicht verdient habe. Sie hätten mich gehasst, wenn sie wüssten, was aus mir geworden ist.«

»Nein«, murmelte ich, drückte meine Lippen auf seinen Hals. »Sie lieben dich, auch jetzt noch. Sie mögen zwar nicht mehr unter uns sein, aber du bist ihr Sohn. Ihr Fleisch und Blut.«

»Womit habe ich dich nur verdient?«

Meine Finger fuhren durch sein Haar, sodass sich seine Aufmerksamkeit wieder auf mein Gesicht richtete. Egal wer er war oder was er tat, dieser Mann hatte sich einen Weg in meine Seele geschlichen. Er war ein Teil davon.

»Aber die Geschichte ist noch nicht vorbei«, fuhr er fort, da ich nicht auf seine Frage antwortete. »Seitdem sie meine Eltern umgebracht hat, ist sie verschwunden. Gott, wir mussten erstmal herausfinden, wer sie war. Mir war klar, dass sie etwas ganz anderes wollte. Mein Leben. Also machte sich Konstantin und ein paar andere auf die Suche nach ihr.«

»Also habt ihr sie?«

»Nein. Genau das ist das Problem. Wir waren so nah dran, aber vor ein paar Monaten ist sie uns dann wieder entwischt. Da kam Alexander eine Idee. Ich sollte sie provozieren.«

Ich konnte seinen Erzählungen zwar folgen, aber es fügte sich zu keinem klaren Bild zusammen. Man musste mir die Fragezeichen angesehen haben, denn nun fügte Dorian eine Einzelheit hinzu, die alles in Klarheit tauchte.

»Ich sollte in ihrer Heimat ihre Stelle als Lehrer an einer Ballettschule annehmen, die sie aufgeben musste, da sie von uns gefunden wurde.«

Mich traf es wie ein Schlag. »Frau Zwetkowa?«

Nickend stimmte er mir zu. »Sie hat einen von Konstantins Männern ermordet. Deshalb war ich für ein paar Tage in Moskau.«

Sie war in dieser Zeit in der Nähe gewesen. Ich hatte sie in der Stadt getroffen. Kopfschüttelnd fuhr ich über mein Gesicht. Mein Herz schlug mir bis zum Hals. »Ich glaube, ich muss dir etwas erzählen.«

»Was ist los?«

»Als du weg warst, bin ich in der Stadt gewesen. Ich musste mal raus aus dem Internat. Dort habe ich sie getroffen.«

Alles an ihm versteifte sich. »Du hast *was*? Hat sie dir etwas getan?«

»Nein. Das würde sie nicht. Sie kennt mich bereits, seitdem ich ein kleines Kind war.«

»Was hat sie gesagt?«

Ein dumpfes Pochen drang in meine Schläfen, als ich mich an ihre Worte zu erinnern versuchte. »Ich weiß nicht mehr genau. Sie verhielt sich komisch; redete über Nadja und Sonja. Außerdem warnte sie mich. Sie sagte, dass das Internat kein sicherer Ort mehr sei und dass ich keinem Vertrauen solle.«

»Wieso hast du mir nicht schon früher davon erzählt?«

»Damals habe ich es für unwichtig gehalten.« Schulterzuckend sah ich ihn an. »Es tut mir leid.«

»Das muss es nicht. Du konntest ja nicht erahnen, wieso sie wirklich zurückgekehrt war. Weißt du, es war fast schon zu gefährlich für mich, wieder ins Internat zu gehen. Nicht genug Leute, zu wenig Wissen über diese Frau. Aber ich konnte nicht in Moskau bleiben.«

»Wieso?«, fragte ich, sah ihn eindringlich an.

»Wegen dir.«

»Du hast dein Leben wegen einem Mädchen riskiert, das du kaum kanntest?« Seine Worte gingen mir mitten ins Herz. So oft, selbst bei den kleinsten Dingen, schaffte er das. Dieses Geständnis war allerdings etwas, was sich nicht anders beschreiben ließ.

Grinsend zuckte Dorian mit den Schultern. »Du hast mich seit dem ersten Augenblick um den Finger gewickelt.«

Mir fehlten die Worte. Nur Sex war das zwischen uns schon lange nicht mehr. Doch was war der genaue Begriff, der dieses Chaos am besten beschrieb?

»Und wie geht es jetzt weiter?«

»Wir schätzen, dass sie morgen bei der Aufführung dem Ganzen ein Ende setzen will. Sie ist in Moskau, aber wie ihre Pläne im Einzelnen aussehen, wissen wir nicht. Diese Frau ist wie ein Phantom.«

»Habt *ihr* denn einen Plan?« Ich kannte meine frühere Ballettlehrerin kaum, doch Dorians Erzählungen machten mir Angst. Angst um ihn.

»Nein.«

»Nein?!«

»Mach dir keine Sorgen, Odette. Immerhin haben wir Heimvorteil«, sagte er und fuhr mit seinem Daumen meine Wange nach. »Solange dir nichts passiert, ist alles gut. Und das wird es nicht, weil ich an deiner Seite bin.«

»Und ich bin an deiner.« Ich griff nach seinem Handgelenk, nur, um mich an seine gesamte Handfläche zu schmiegen.

Wir verweilten einen kurzen Augenblick in dieser Position. Der Ausdruck in seinen Augen war verschwunden, was bedeutete, dass nichts Ungesagtes zwischen uns stand. Er hatte endlich Sicherheit in mir gefunden.

»Weißt du, was ich am meisten an mir hasse? Ich habe es bis jetzt nicht mal geschafft, mich von meinen Eltern richtig zu verabschieden.«

»Lass dir Zeit.« Meine Stirn legte sich an seine, wobei sich unsere Hände miteinander verschränkten. »Irgendwann wirst du zu ihnen gehen. Es ändert aber nichts daran, dass sie dich auf immer lieben werden.«

Sein Atem stockte, seine Finger zitterten.

»Keine Geheimnisse«, sagte Dorian.

»Kein Weglaufen«, erwiderte ich.

Kapitel Sechsundzwanzig

Dorian

Das kalte Metall der Brüstung fraß sich durch den dünnen Stoff meines Pullovers. Von oben sahen sie aus wie kleine Puppen, die zu dem Musikstück von Pyotr Tchaikovsky auf der riesigen Bühne tanzten.

Odette erkannte ich sofort. Der schwarze Schwan mit dem goldenen Haar. Sie steckte in ihrem Kostüm und tanzte ihr Solo. Jede Bewegung war anmutig, so, als hätte sie nie etwas anderes gemacht. Alle Augenpaare waren auf ihre Gestalt gerichtet. Ihre Mitstreiter – selbst das Mädchen in der Rolle der Odette – sahen ihre persönlichen Chancen auf einen Vertrag schwinden.

Ich war derart abgelenkt, deshalb bemerkte ich nicht, dass sich eine Person neben mich begeben hatte. Nicht, bis er sich räusperte.

»Wo bist du denn mit deinem Kopf, Junge?«, fragte

der Mann in einem maßgeschneiderten Anzug. Sein graues Haar war perfekt zurückgekämmt und auf seinem Gesicht saß ein unberechenbares Grinsen.

Alexanders und Konstantins Vater.

»Jaroslaw, ich habe dich nicht kommen hören. Entschuldige mich.« Ich stellte mich kerzengerade vor ihm hin, während er die Menge unter uns musterte.

»Eigentlich habe ich gedacht, dass du nach deiner Rückkehr zu mir kommen wirst.« Er sah mich kein einziges Mal an. Seit dem Tod meiner Eltern war er mehr denn je für mich da gewesen. Und das würde ich nie vergessen.

Jaroslaw wirkte nicht enttäuscht, sondern ... belustigt?

»Das hätte ich tun sollen.«

Um ehrlich zu sein, hatte ich fast keinen Gedanken an ihn verschwendet. Doch er schien es mir nicht übel zu nehmen. Ganz im Gegenteil, er kam direkt auf den Punkt.

»Was eine Frau mit uns anrichten kann, nicht wahr? Dorian, beantworte mir eine Frage. Was ist eine Frau, die auf sich allein gestellt ist?«

Fragend blickte ich ihm entgegen. Was sollte das? Wie sollte die Antwort darauf lauten? Und was war der Sinn dahinter? Obwohl er sich für mich nicht ergab, gab es sicher einen. Bei Alexanders Vater hatte alles einen tieferen Grund.

Ich zuckte mit den Schultern.

»Sie bleibt eine Frau. Aber ein Mann ohne eine Frau ist ein Tier.«

»Sie machen uns also schwach?«, murmelte ich und sah wieder zu der betörenden Frau, an deren Lippen gerade eine Wasserflasche hing. Als würde Odette meinen Blick spüren, wanderten ihre Augen den Saal ab und fanden mich sofort.

»Nein, sie kontrollieren uns im richtigen Maß. Halten uns, wenn es keine andere Seele kann. Wir denken immer, dass wir über ihnen stehen, aber wenn wir ehrlich zu uns sind, entspricht das keineswegs der Wahrheit. Sie sind uns auf Augenhöhe. Oder wie siehst du das?«

Odette warf mir ein Lächeln zu, wobei ihre Gedanken nicht bei dieser unschuldigen Geste blieben – das wusste ich genau. Oh ja, sie hatte Kontrolle über mich. Eine, die bisher niemand über mich besessen hatte. Niemand, außer meiner zu starken Emotionen.

»Wieso sagst du mir das?« *Damit ich ihr noch weiter verfalle? Das ist nämlich nicht mehr möglich.*

»Ich habe dich und Odette Petrova die letzten Tage beobachtet.«

Seufzend nickte ich. Natürlich hatte er das. Er wusste, was in seinem Haus vor sich ging. Der Meister der Kultur – so nannte man ihn in Moskau. Zumindest die Unwissenden.

Die Musik unter uns setzte wieder ein, was einen Ruck durch meinen Körper schlug. Seine Meinung war wichtig für mich. Eins stand aber fest, egal wie sie ausfiel, meine würde sich dadurch nicht ändern, was möglicherweise zum Problem werden könnte.

Beinahe väterlich klopfte Jaroslaw auf meinen Rücken. »Du bist einer meiner besten Männer, Dorian. Und sie ist eine starke Frau. Sie passt zu dir.«

»Kennst du Odette?«

»Nein, aber ihre Eltern. Odette braucht nur noch den richtigen Schliff, den du ihr geben wirst. Ich stehe nicht zwischen euch, aber erkläre ihr die Spielregeln. Nur so wird es funktionieren, glaub mir.«

Zähneknirschend spannte sich mein Kiefer an, wobei mein Blick erneut zu der Frau glitt. Sie stand mittlerweile wieder in der Mitte und nahm Anweisungen entgegen. Das Bühnenbild war hell und schön, mit der richtigen Anzahl an Schatten. Es untermalte ihre Gestalt perfekt.

»Warten wir erstmal bis morgen ab.«

»Ihr Vertrag liegt schon auf meinem Schreibtisch«, sagte er mit einem letzten Blick auf die Versammelten. Wie ein Herrscher sah er auf sie hinab. »Jetzt bist du an der Reihe, sie zu integrieren.«

»Sie wird aufgenommen?«

Eine Antwort gab er mir zwar nicht, aber das leichte Nicken sagte alles. Das Pochen in meiner Brust wurde sogleich kräftiger, meine Kehle brachte aber nichts hervor.

Odette würde bleiben. In Moskau.

»Wir sehen uns die kommenden Tage«, sagte Jaroslaw und verschwand binnen weniger Augenblicke. Wie er das machte, war mir ein Rätsel, aber nichts, was mich gerade kümmerte.

Odette

Lächelnd strich ich über das weiche Fell von Luc.

Obwohl die Tragweite meiner Entscheidung noch nicht ganz zu mir vorgedrungen war, breitete sich eine Leichtigkeit in meiner Brust aus, die mich mit Euphorie überschwemmte.

Ein Hindernis, welches ich nicht beeinflussen konnte, stand aber noch bevor. Das Ballettstück. Morgen. Ein Tag, der mein Leben um 180 Grad wenden könnte.

Na ja, ganz der Wahrheit entsprach es nicht, denn das hatte Dorian schon getan.

Die Angst von gestern hatte sich in Luft aufgelöst. Vielleicht bedeutete es, dass ich nicht mehr alle Tassen im Schrank hatte, doch war es das wert.

Meine kreisenden Gedanken wurden jäh unterbrochen, als die Glastür aufschwang. Dorian hatte mich gebeten unten zu warten, also saß ich auf dem Sofa. Wieso er aufbrach, hatte er mir nicht gesagt.

Er trat beschwingt mit seinen schwarzen Socken über die Schwelle und brachte einen Geruch mit sich, welcher mir allzu bekannt war. Ein gewisses Essen.

Dieser Mann – irgendwann würde er mich umbringen. Die Gefühle, die in mir wie ein wilder Sturm tobten, mussten irgendwann zu viel werden. Es war noch nie eine sanfte Sommerbriese gewesen, sondern schon immer eine reine Naturgewalt.

»Essen ist hier«, sagte er und nickte zu den Barhockern.

Ein breites Grinsen formte sich auf meinen Lippen, als Dorian die Alufolienbedeckung von der riesigen Schale riss. Am liebsten wäre ich ihm um den Hals gefallen und hätte ihn mit mir nach oben gezogen, aber stattdessen nahm ich eine Gabel und einen Löffel entgegen.

»Dein erstes Mal Pelmeni. Ich glaub's nicht«, lächelte ich und setzte mich zu ihm an die Theke.

Die Teigtaschen, welche mit Fleisch gefüllt waren, hatten sogar eine dicke Schicht Schmand über sich. So wie aus meiner Kindheit. Eine Zeit, die vielleicht einfacher war, doch welche ich mir im Moment nicht zurückwünschte.

»Du weißt, was das heißt?«

»Frankreich. Mit dir.« Unsere kleine Abmachung.

»Vielleicht bringe ich dir bis dahin ein paar Wörter bei«, grinste er und spießte eines dieser kleinen Bällchen auf.

»Wenn du mir die Bedeutung erklärst.«

»Mal sehen.« Bevor ich etwas erwidern konnte, schob er sich die Gabel in den Mund. Gespannt beobachtete ich seine Reaktion.

»Und?«

»Hmm ... nicht schlecht.«

Auffordernd hoben sich meine Augenbraun, während ich selbst zwei Pelmeni auf einmal zerkaute. Nicht schlecht traf es bei weitem nicht. »Wären dir Schnecken wohl lieber?«, fragte ich mit vollem Mund und nahm die Wasserflasche vom weißen Marmor.

»Das habe ich nicht gesagt. Ich habe bloß gerade Hunger auf etwas anderes.«

»Und das wäre?«

»Dich.«

Lächelnd knuffte ich ihn gegen die Schulter und deutete auf unser Essen. »Iss, sonst bekommst du heute gar nichts mehr.«

~

Vollgestopft lehnte ich mich nach hinten und sah auf die Schale. Über die Hälfte war noch darin, jedoch schaffte auch Dorian keinen weiteren Bissen. Seine anzüglichen Blicke flauten während des Essens ein wenig ab, dennoch lag ein gewisses Schimmern in ihnen.

Er hatte allein beinahe eine ganze Flasche Rotwein geleert, wobei mein Glas nur noch einen kleinen roten Streifen des Wodka-Cranberrys zierte. Ich wollte es schließlich nicht übertreiben ...

Obwohl mir jetzt ein Bett am liebsten wäre, hatte der Mann mir gegenüber eine andere Idee.

»Komm und tanz mit mir.«

Träge lächelnd schob ich meine Hand in seine und ließ mich in die freie Fläche des Wohnzimmers ziehen. Eine klassische Melodie drang aus den versteckten Lautsprechern, während wir durch den Raum wiegten.

Mein Kopf lag auf seiner Brust, ich blickte auf das knisternde Feuer im Kamin. Es war wunderschön.

»Was verschafft mir die Ehre, mit dem weltbekannten Dorian Pécheur zu tanzen?«, grinste ich und fuhr mit meinen Fingerspitzen über seinen Bauch bis hin zu seinem Nacken. Sanft strich ich ihm durch das Haar. Dorian liebte es, wenn ich voller Ekstase daran zog, sobald mein Verstand mich verließ.

»Meinetwegen können wir jeden Tag miteinander tanzen.«

»Das wäre schön.« Jeden Tag. Ich vermochte es mir nicht mal vorzustellen. Es wirkte unrealistisch, doch stand ich kurz davor. Kurz davor nach den Sternen zu greifen, um es mit seinen Worten auszudrücken.

»Kannst du dich noch an die Frau erinnern, die uns gesagt hat, ob Gage da ist?«, fragte er, wobei sich das Klopfen in seinem Herz beschleunigte.

»Ja.« Dieser Tag; obwohl er mit einer ungewöhnlichen Mischung aus Gefühlen getränkt war, würde er niemals aus meinem Kopf verschwinden. Immerhin hatte ich meine Entscheidung getroffen, bei ihm zu bleiben.

»Ihr Name ist Irina. Irina Putchenko. Alexanders und Konstantins Tante. Sie ist unsere Psychologin.«

Fragend blickte ich ihm entgegen.

»Sieh mich nicht so an, Odette!«, lachte er. »Wir sind nur Menschen. Wir haben alle unsere kleinen Problemchen. Besonders wir im Theater sind ein bisschen verkorkst.«

Deswegen hatte er gesagt, er würde nächste Woche zu ihr kommen. Weil sie seine Psychologin war.

Menschen. Das waren sie wirklich. Obwohl ich mir bei Konstantin manchmal nicht sicher war. Dennoch trugen sie Emotionen in sich. Besonders Dorian.

»Geh zu ihr. Wenn du jemandem vertrauen kannst, dann ihr. Glaub mir. Auch wenn sie manchmal ein bisschen aufdringlich ist. Irina meint es gut.«

Ich drückte mich an ihn, um meine Unsicherheit zu kaschieren. Es musste aber sein. Die Dinge weiterhin hinunterzuschlucken war keine Option. Und irgendwann wollte ich an Dorians Seite stehen. Er sollte mich nicht halten müssen und sich dabei vielleicht selbst aus dem Gleichgewicht bringen.

»Ich verspreche es. Aber wir wissen ja noch nicht, ob ich überhaupt genommen werde.«

»Ach stimmt, da ist noch was«, sagte er mit einem belustigten Unterton. »Sie haben deinen Vertrag bereits aufgesetzt. Die Veranstaltung morgen Abend ist reinste Formalität. Willkommen in Moskau, *ma bien-aimée*.«

Mein Kopf hob sich. Ich starrte ihn ungläubig an. Das konnte er doch nicht ernst meinen. Das Blau seiner Augen sprach aber vollkommene Wahrheit aus.

Moskau. Dort wo mein Vater mich immer sehen wollte. Ein Ort, den ich mir in meinen Träumen nicht hätte ausmalen können. Nun war es Wirklichkeit.

»Ich kann's nicht fassen.« Mein Griff wurde eine Spur fordernder, aber er ließ sich nicht darauf ein. Noch nicht, weshalb ich meine Gedankengänge weiterführte. »Vater und Mutter werden stolz sein. Gott, ich muss jetzt mein ganzes Gerümpel hierherschaffen und mir eine eigene Wohnung suchen. Bis dahin kann ich bestimmt bei Vater—«

»Darüber wollte ich mit dir reden.« Meine Stirn legte sich in Falten – eine Geste, welche ich von ihm übernommen hatte –, was ihn eine Spur nervös machte. Unter anderen Umständen hätte ich mich darüber lustig gemacht, doch jetzt nicht. Zu meinem Glück fuhr er fort. »Zieh bei uns ein. Bei mir.«

Mein Ausdruck verwandelte sich erneut in Unglauben. Diesmal hielt ich mich nicht zurück. Unverwandt presste ich meine Lippen auf seine, während das klassische Musikstück seinen Höhepunkt erreichte. Seine Hände lösten sich von der Wolle meines Kleides und packten mein Haar.

»Ist das etwa ein Ja?«, brachte er atemlos hervor und hielt mich auf Abstand. Dorian wollte eine Antwort hören.

Nickend stimmte ich zu. »Wie könnte ich Nein sagen.« Eine Enge breitete sich in meiner Brust aus, die mich überrumpelte. Bei ihm zu wohnen war die logischste Entscheidung, wenn man bedachte, dass wir ohneeinander nicht schlafen konnten.

»Gar nicht«, lachte er und wirbelte mich mit Schwung durch das Zimmer.

Kapitel Siebenundzwanzig

Dorian

Diese Frau machte mich zum glücklichsten Mann auf Erden. Wir tanzten stundenlang, bis tief in die Nacht hinein. Ihre Bewegungen wurden jedoch von Minute zu Minute schwerer.

»Lass uns schlafen gehen«, murmelte ich und hielt inne. Ihr Tanz mochte womöglich träge gewesen sein, doch ihre Augen waren hellwach. Nichts von der schelmischen Dunkelheit war zu sehen, was mich in diesem Moment nicht störte. Sie und ich waren vollends glücklich.

»Erst ins Bett.«

Natürlich.

»Hast du Angst? Wegen dem, was ich dir heute Morgen gesagt habe? Du bist zu einer Zielscheibe geworden. Ich will nicht, dass dir etwas geschieht.«

Mir waren bereits meine Eltern entrissen worden,

noch einen weiteren Verlust würde ich nicht aushalten. Odette hatte mich aus einem Loch befreit, welches mich ohne sie verschlingen würde.

Nicht nur sie musste schleunigst zu Irina.

Ihre Hand glitt unter meinen Pulli und fuhr über mein Herz, wobei ihr Atem stockte. »Nein«, murmelte Odette abwesend, immer wieder über die pochende Haut streichend. »Wenn ich—«

Bevor sie den Satz zu Ende führen konnte, unterbrach ich sie mit einer leichten Berührung an ihrer Wange. Die Intention für heute Nacht war es immerhin nicht gedankenverloren und verdrossen im Bett zu liegen.

»Ich habe ein Geschenk für dich.«

Ein verwunderter Ausdruck schlich sich auf ihr Gesicht, was mir ein Lachen entlockte. Mein kleiner Schwan. Meine Geliebte.

Ohne Weiteres zog ich sie mit mir in meinen Teil des Hauses und drückte sie auf die Couch in meinem Schlafzimmer. Mir war klar, dass in ihrem kleinen Dickkopf gerade die Zahnräder liefen, aber das nahm ich hin.

Ich presste einen Knopf an der Wand und erneut erklangen Töne eines Musikstückes. Obwohl dieses Haus von außen alt wirkte, war es moderner als die meisten anderen Häuser in Russland. *Nocturne Op. 9, No.* 2 von Chopin begleitete uns nun. Selbst ich, der sich an den Klängen erfreute aber nicht tiefer in die Materie eintauchte, kannte den Namen.

Ich zog das Präsent unter dem Bett hervor. Es war ein matter, schwarzer Karton mit einer gleichfarbigen, aber glänzenden Schleife darauf. Schon seit unserer Ankunft hielt ich es versteckt. Als ich mich zu ihr umdrehte, wurden ihre Augen beinahe so groß wie Untertassen.

»Das ist doch nicht nötig«, flüsterte Odette, nahm es aber mit zitternden Händen entgegen.

Doch, das war es. Am liebsten würde ich sie täglich mit Geschenken überhäufen. Jaroslaw hatte recht. Eine Frau, diese Frau, hatte mich in der Hand. Sie stand mir auf Augenhöhe und würde alles für mich geben. Genauso wie ich für sie.

Sie sah zu mir auf, die Box weiterhin geschlossen, während ich gespannt auf ihre Reaktion wartete.

Ihre Lippen teilten sich, als wollten ihr Worte entfliehen, doch Odette schüttelte ihren Kopf und hob den Deckel auf.

Ich konnte mich nicht erinnern, dass ich jemals derart nervös gewesen war. Was, wenn es ihr nicht gefiel oder sie das gewisse Etwas nicht erkannte?

»Ballettschuhe«, murmelte Odette und hob sie aus dem dunklen Papier heraus. Man sah deutlich, dass sie mehr sagen wollte, doch ihre Sinne waren damit beschäftigt, den dunklen Stoff mit den goldenen Wirbeln mit allen Mitteln in sich aufzusaugen.

»Es sind die aus dem Laden. Die, die dir so gefallen haben. Ich habe sie gekauft, bevor wir hierhergefahren sind.«

Vorsichtig nahm sie die Verzierungen in Betracht, allerdings tasteten ihre Finger sofort die schwarzen Satinbänder ab, die bereits an den Schuhen angenäht waren. Der Stoff war zerknittert, da er bereits benutzt worden war.

Odettes Nägel vergruben sich prompt darin und sie blickte mir erneut entgegen. Tränen glitzerten in ihren Augen, woraufhin sie begann den Kopf zu schütteln.

Ich kniete mich vor ihr hin. Nun waren wir auf Augenhöhe. Schweigend wartete ich ab, bis sie etwas sagte.

»Es sind die Bänder, die ...« Mitten im Satz brach sie ab, dennoch war mir darüber bewusst, was aus ihrem Mund kommen wollte.

Lächelnd nickte ich. Es war das schwarze Satinband, mit dem ich sie gefesselt hatte. In der Nacht, als wir zum ersten Mal Sex gehabt hatten. Es war die Nacht gewesen, in der sich alles geändert hatte, denn ab da konnten wir uns nicht mehr voneinander fernhalten. Selbst, als ich sie gebrochen hatte.

»Du hast meine Schuhe vorbereitet«, flüsterte sie.

»Ja, ich habe dir so oft dabei zugesehen. Ich hoffe, dass es passt.«

Odette war sichtlich sprachlos. Vorsichtig strich ich ihr einzelne Strähnen hinters Ohr.

»Ich will mit ihnen morgen tanzen.«

Ich nahm ihr die Schuhe ab und wollte sie ihr anziehen, doch da legte sich eine Hand abwehrend auf meinen Arm.

»Dorian«, murmelte Odette und platzierte mein Geschenk wieder in der Box.

»*Ma bien-aimée*?«

Als Antwort landeten ihre Lippen auf meinen. Meine Arme schlangen sich reflexartig um sie und zogen ihren Körper dicht an meinen. Unbeholfen standen wir auf und taumelten zum Bett. Dabei zerrten wir uns unsere Klamotten von den Leibern und verloren das Gleichgewicht.

Zum Glück federte die Matratze unseren Fall ab.

Die Hektik fiel damit auf einen Schlag von uns ab. Odette saß auf meinem Schoß und lächelte mich an. Wir waren nur noch in unsere Unterwäsche gekleidet. Für einen Moment schien alles stillzustehen. Ausschließlich die Gegenwart zählte. Keine hässliche Vergangenheit, keine unklare Zukunft.

»Wir schaffen das«, sagte sie und strich über meine Haut, die vor Hitze strotzte.

»Wir beide. Zusammen.«

Der Rest landete umständlich auf dem Boden, sodass mein pochendes Glied bereit an ihrem Eingang verweilte. Und als Odette sich auf mich hinabsenkte, ließ sie nicht von meinen Augen ab, sodass mir ihre Empfindungen offenbart wurden. Sie nahm meine Länge mit einem unterdrückten Ächzen auf. Oder kam dieser Laut aus meinem Mund? Keine Ahnung, denn auch meine Nerven verwandelten sich zu einem Bündel des quälenden Verlangens.

Sie ritt mich langsam. Genoss jede kleinste Reibung, die unsere Körper erzeugten. Wir brauchten es. Nach den vergangenen Stunden, Geständnissen, mussten wir den jeweils anderen spüren. Es gab uns Halt.

Mit jedem Stoß wurde die Verbindung tiefer und als wir schließlich miteinander unseren Höhepunkt erreichten, waren alle Probleme wie weggeblasen.

Schweißnass und mit rasendem Puls zog ich sie unter mich und schob meine Zunge zwischen ihre Lippen. Die Empfindungen nahmen sie weiterhin in die Mangel – das verriet mir das Zucken ihrer Gliedmaßen.

Am liebsten würde ich diesen Moment zurückspulen und immer wieder erleben. Etwas hing noch zwischen uns, was tief in unserer Seele geschrieben war.

Anstatt Angst zu empfinden, überrannte mich Euphorie.

~

Wir lagen noch lange wach nebeneinander. Engumschlungen – bis sich Odette so weit von mir löste, dass sie sich auf meiner Brust abstützen konnte.

Ihre Fingernägel zogen sanfte Linien von meinem Schlüsselbein zum Bauchnabel. In ihren Augen stand ein gewisses Funkeln, doch ihre Hand wanderte sofort wieder an ihren ursprünglichen Ausgangspunkt. Meinem Herzen.

»Zwischen morgen und Herbst liegt einiges an Zeit«, murmelte sie und hob ihren Blick. Er war ernst, kein Anzeichen von Belustigung.

Sie würde erst Mitte Oktober anfangen und auch ich hatte bis dahin nichts zu tun. Jaroslaw hatte mich bis zu dieser Jahreszeit freigestellt.

»Ja. Wir haben viele ungestörte Tage vor uns.« Nichts zu tun, sie den gesamten Tag bei mir. Das würde interessant werden.

»Was wäre, wenn wir unseren Urlaub in Frankreich ein bisschen vorziehen?«

Ein Lächeln trat auf meine Lippen. »Straßburg im Sommer ist auch nicht schlecht. Ich war schon lange nicht mehr in dieser Jahreszeit dort.«

»Nein«, sie schüttelte den Kopf, »nicht nach Straßburg.« Auf meinen fragenden Blick holte sie tief Luft. Unsicherheit stand in ihren nächsten Worten. »Lass uns zu dir nach Hause fahren. Nach Südfrankreich. Nimm Abschied von deinen Eltern.«

Mein Magen überschlug sich. Der Instinkt in mir verlangte aufzuspringen und davonzulaufen. Nicht über dieses Thema zu sprechen. Bei ihr fühlte ich mich aber sicher.

»Ich war schon ewig nicht mehr da.« Gott, ich konnte mich nicht mal mehr an das genaue Datum erinnern. Eins wusste ich allerdings. »Damals war es auch ein Sommer gewesen.«

»Erzähl mir davon«, sagte sie und küsste meine Haut.

»Wir haben ein kleines Haus am Meer mit einem Privatstrand. In unserer Ortschaft hatte erst eine Eisdiele aufgemacht, dort waren *Maman*, Papa, Chloe und ich jeden Tag. Alle drei waren experimentierfreudig, haben immer neue Sorten probiert, wobei es bei mir immer dasselbe war. Zitronensorbet. Sie haben mich ständig damit aufgezogen.«

Ich war den Tränen nahe, doch der Druck von Odettes Körper auf meiner Brust beruhigte mich. Sie hörte aufmerksam zu, lächelte sogar.

»Sie hätten dich gemocht. Schon allein dafür, weil du meine gute Seite zutage treten lässt«, murmelte ich und spielte mit ihrem Haar.

»Ich wünschte, ich hätte sie kennenlernen dürfen. Also, was sagst du dazu?«

Es dauerte eine Weile, bis meine endgültige Entscheidung feststand. »Ja. Eine Zeit in Frankreich würde mir guttun. Du und ich allein in einem abgelegenen Strandhaus. Das kann was werden«, gluckste ich und stellte sie mir nackt im Sand vor. »Du brauchst die Sonne.«

»Was, wenn die anderen auch mitkommen? Wäre das okay? Ich möchte deine Familie besser kennenlernen, Dorian. Auch Chloe und Konstantin. Es ist mir wichtig.«

Das Gefühl in mir ließ sich nicht in Worte fassen. Also griff ich unter ihre Achseln und zog sie zu mir nach oben. Letztendlich lag ihr nackter Körper auf meinem.

»Du hast keine Ahnung, wie viel mir das bedeutet.« Odette würde sich bemühen, die Menschen in meinem Leben in ihr Herz zu schließen, um meinetwillen. Keine Frau in meinem Leben hatte das auch nur in Erwägung gezogen. Selbst wenn, ich hätte es nicht gewollt. Wie hatte es der kleine Schwan geschafft, sich so tief in mich zu brennen, dass sie unabdinglich war?

Ein frecher Kuss traf meine Lippen. »Dann muss ich mir neue Kleidung kaufen«, grinste sie. »Ich war noch nie am Meer.«

»Hmm, dann muss ich wohl dafür sorgen, dass das ein unvergessliches Erlebnis wird.« Für mich würde es auf jeden Fall zu solch einem werden. Aufkommende Trauer. Schuldgefühle. Wer wusste, welche Emotionen in mir wüten würden. Das waren die Sorgen der Zukunft – jetzt hatten sie in meinem Kopf noch nichts zu suchen. »Besonders wenn du das erste Mal im Meer bist.«

»Und wie willst du das machen?« Ihr Grinsen wurde immer breiter. »Bekomme ich vielleicht eine Kostprobe?«

»Nichts lieber als das«, lachte ich und gab ihr alles, was sie verlangte.

Odette

»Ist alles okay?«, fragte Dorian mit kratziger Stimme und festigte seinen Griff um meine Mitte.

Ich versuchte mich aus seinen Händen zu befreien, was mir nur bedingt gelang. Schon vor einer Stunde hatte er mich aus meinem Schlaf gerissen. Merkte Dorian denn nicht, wieso?

»Dein Bauch ist so laut, dass er mich aufgeweckt hat. Ich hole dir etwas zum Essen aus der Küche.«

Schnell wand ich mich aus seinen Armen und huschte zur Tür. Dabei warf ich mir meinen schwarzen Satinmantel über und strich mir die Haare aus dem Nacken.

Ehe ich wieder ins Bett ging, musste unbedingt ein Fenster geöffnet werden.

Dorian war noch im Halbschlaf, weshalb er nichts dagegen machen konnte. Wenn ich noch ein paar Stunden schlafen wollte, musste er etwas essen. Sofort.

Doch als die Tür mir die Sicht nach unten freimachte, verharrte ich in meiner Position. Selbst mein Atem stockte, drohte keinen Laut zu machen.

Der gesamte Raum war mit Licht durchflutet, sodass sich die Szene klar abzeichnete. Konstantin saß an der Theke und sprach mit Luc.

»Du betrügst mich jetzt schon einige Tage. Und jetzt kommst du an?«, fragte er. »Du bekommst sicher keine Pelmeni.« Frustriert schob er sich eine Gabel in den Mund, während sich Lucs Körper fester an ihn drückte. Sein Schwanz zuckte, was ein Zeichen war, dass er sein verführerisches, dunkles Schnurren von sich gab.

»Odette?«

Mein Kopf schwang zu Dorian, der sich mittlerweile aufgerichtet hatte und müde über sein Gesicht fuhr.

»Schhh«, murmelte ich und winkte ihn zu mir.

Als er neben mir stand, starrte auch er auf seinen Freund. Konstantin, der nicht länger dem Blick von Luc widerstehen konnte, kratzte die Fleischfüllung aus den Teigtaschen und fütterte ihn.

»Hier, treulose Tomate«, murrte er mit vollem Mund.

»Er isst unser Essen«, stellte Dorian fest. »Und verfüttert es an den Kater.« Obwohl seine Stimme nicht erfreut klang, glitt ein belustigter Ausdruck über seine Miene.

Ich werde mit diesen Menschen zusammenleben. Unglaublich.

Und es fühlte sich jetzt schon besser an als die Zeit im Internat. Hier war mein Zuhause. Mein Zuhause war bei Dorian.

»Ich warte, bis er fertig ist.« Leise fiel die Tür ins Schloss. »Wir wollen ja nicht den Moment zwischen den beiden zerstören.«

Grinsend sahen wir uns an. Das war die Zukunft.

Die, die wir brauchten. Ein bisschen Unbekümmertheit in dem Ernst unseres Seins.

»Wie viel Uhr ist es überhaupt?«, fragte ich und drehte mich zum Wecker. Kaum eine halbe Stunde bis zum Sonnenaufgang. Mit jeder Sekunde wurde die Himmelsdecke heller und versteckte die glühenden Sterne.

»Noch genug Zeit bis zu deinem Auftritt.«

Dorian zog mich zurück ins Bett, sodass er sich einen amüsierten Blick einhandelte. »Du bist ein echter Morgenmuffel.«

»Ich glaube, das liegt an der Frau, die mich nachts so lange wachhält«, grinste er, löste die Kordel meines Satinmantels und umschloss einen Moment später mit seinem heißen Mund meine Brustwarze.

Jede verächtliche Erwiderung erstarb auf meiner Zunge und machte Platz für ein Stöhnen, welches seinen Ursprung tief in meiner Kehle fand.

Würde ich jemals genug davon bekommen?

Kapitel Achtundzwanzig

Odette

»Odette«, hauchte eine bekannte Stimme.

Obwohl hinter der Bühne gerade das Chaos ausbrach, da es nur noch wenige Minuten bis zum Start der Aufführung waren, ging die Frau, die sich im Spiegel mit ihrer vollen Pracht abzeichnete, nicht unter. Im Gegenteil, sie schien binnen Sekunden der strahlende Mittelpunkt geworden zu sein. Unzählige Augenpaare folgten ihr, wie sie sich einen Weg zu mir bahnte.

»Mutter, solltest du nicht in einem Sessel vor der Bühne sitzen?«

»Und dir nicht viel Glück wünschen? Auf keinen Fall!«

Die Frau, welche mir beim Einkleiden geholfen hatte und die letzten zwei Stunden mit meinem Make-up und meinen Haaren beschäftigt gewesen war, musterte aus dem Augenwinkel die elegante Gestalt meiner Mutter, aber verschwand sogleich ohne ein Wort.

Komisch.

»Kannst du mir bitte meine Tasche geben?«, fragte ich und deutete auf das schwarze Accessoire an der Wand.

»Ich bin so stolz auf dich. Sieh dich nur an!«

Durch das Licht, welches am Spiegel angebracht war, wirkte meine Haut müde. Doch das reflektierte nicht mein inneres Wesen. Ich war aufgeweckter denn je. Fühlte mich lebendiger – trotz der Schichten Puder, die bleischwer auf meinem Gesicht saßen.

Lächelnd drückte sie mir den Beutel entgegen. Sie war in einen eleganten, dunkelgrünen Hosenanzug gekleidet, wobei sich etliche Diamanten um ihren Hals schlangen.

Tod – das war alles, was ich darin sah. Geld, welches durch Mord erlangt wurde.

Kopfschüttelnd richtete sich mein Blick dem unordentlichen Inhalt auf meinem Schoß zu. Ich musste nicht lange wühlen, da ich genau wusste, nach was ich suchte.

Die wunderschönen Ballettschuhe.

»Woher hast du die?«

Grinsend band ich die Satinbänder um meine Knöchel und strich über die goldenen Wirbel. Obwohl sie nicht unbedingt zu dem schwarz-silbernen Kleid passten, konnte ich nicht anders. Sie bedeuteten mir mehr, sodass die Farbkombination vollkommen egal war.

In ihnen sah ich keine blutüberströmten Leichen.

Kein Leid.

Keinen Mord.

Keinen Tod.

Nur den Mann, der in den letzten Monaten so viel für mich geworden war.

Es wäre so einfach gewesen, ihr eine Lüge zu präsentieren, aber diese wollte nicht über meine Lippen kommen. Dafür wärmte die Wahrheit mein Herz. »Dorian hat sie mir geschenkt.«

Ein überraschter Ausdruck löste ihre Euphorie ab. »Ihr versteht euch also gut?«

Sie konnte ja nicht ahnen, wie gut. Oder vielleicht wusste sie es auch. Immerhin war ich ihre Tochter und sie hatte unsere erste Begegnung beobachtet. Schon damals hatten die Funken gesprüht.

»Ja, aber darüber können wir später reden – wenn wir genügend Zeit haben«, sagte ich und blickte zu den restlichen Schülern aus den unterschiedlichsten Ländern. Selbst ein Mädchen mit langen schwarzen Haaren aus Indien würde heute auf der Bühne stehen. »Wo ist eigentlich Vater?«

»Hat noch etwas zu tun. Aber zu deiner Aufführung wird er hier sein. Versprochen.«

Das war er immer. Selbst, als ich noch jung gewesen war und nur eine unbedeutende Rolle gespielt hatte, war er es gewesen, der in der vordersten Reihe saß und mir applaudierte. Er wollte mein ganzes Leben nur das Beste für mich, hatte mich stets geführt. Doch nun war der Zeitpunkt gekommen, an dem ich lernen musste, eigenständig zu laufen.

Es war Zeit, mit offenen Karten zu spielen.

»Ich weiß es. Ich weiß, was sich unter diesem Gebäude abspielt. Was ihr macht, was Dorian macht.«

Ihre Hand wanderte zu meiner Stuhllehne, während sich ihre Augen mit einer undurchsichtigen Schicht überzogen. Mit meinen Worten hatte sie nicht gerechnet. Selbst ich merkte erst einige Sekunden später, was über meine Lippen gekommen ist.

»Dorian hat es mir erzählt. Er—«

»Ich glaube hier ist nicht der richtige Ort, über solche Dinge zu reden«, lachte Gage hinter mir und ließ seine Hand über den Schminktisch gleiten. »Jemand will dich sprechen, Odette.«

»Wer?«, fragte meine Mutter, wobei ich noch damit beschäftigt war, sein Gesicht zu mustern. Wahrscheinlich eine der einzigen Stellen, die nicht von den Körpergemälden bedeckt war.

»Jaroslaw.«

Ihre Brust hob sich schwer. Noch nie hatte ich sie derart von der Rolle gesehen. Die stetige Kontrolliertheit war aus ihren Zügen gewichen und zeigte zum ersten Mal die rohen Emotionen, die tief in ihr steckten.

Angst.

Wut.

Ein Abgrund, der möglicherweise tiefer war als mein eigener.

Dennoch nickte sie. »Natürlich. Richte ihm schöne Grüße von mir aus, Odette. Ich werde später kurz bei ihm vorbeischauen.«

Ob sie noch immer befreundet waren – so wie damals?

Bevor ich weiter darüber nachdachte, erhob ich mich und folgte Gage. Ein Teil von mir wollte die Arme um sie schlingen, aber ich ließ diesen Instinkt fallen. Gefühle offen zu zeigen, war schwer für mich. Außer wenn es um Dorian ging, da war es möglich.

Gage führte mich durch enge, verschlungene Gänge, die ein riesiges Labyrinth formten. Mich verließ das Gefühl nicht, dass genau das die Intention dahinter war.

»Wieso will er mich sprechen?« Vielleicht ging es um den Vertrag. Oder um die Tatsache, dass ich über sein kleines Geschäft Bescheid wusste.

»Keine Ahnung. Ich bin bloß der Bote.«

»Kennst du meine Mutter?«

»Ja, gut sogar«, sagte er. Sein Blick glitt zu mir, während ein dreckiges Grinsen über seine Züge huschte.

Mein Magen formte sich zu einem Klumpen.

»Keine Sorge, nicht auf die Weise, die du dir gerade ausmalst. Alles läuft auf rein geschäftlicher Basis ab.«

»Du bist eklig.«

»Es waren deine Gedanken, *Golden*.«

Wie bitte? »*Golden*?«

»Ja«, lachte er. »*Golden* und *Loverboy*, das neue Paar der russischen Mafia, welche in einem Theater versteckt ist. Mann, das klingt echt dumm.«

Obwohl er äußerlichen mehr als bedrohlich wirkte, machten seine Worte diese Erscheinung zunichte. Unglaublich, aber es zeigte abermals, dass Menschlichkeit in ihnen steckte.

»Dorian und ich müssen uns einen Spitznamen für dich ausdenken. Was hältst du von Idiot oder Trottel? Beide passen, aber irgendwie fehlt noch das gewisse Etwas, nicht wahr?«

»Du gefällst mir, *Golden*. Dorian hat es wirklich geschafft, eine Frau zu finden, die ein größeres Mundwerk hat als er. Was da wohl alles reinpasst?«

Bei der Frage entwich ihm ein leichtes Glucksen. Ehe ich nur eine Augenbraue heben konnte, hielten wir vor einer Flügeltür. Sie war prunkvoll, ein roter Läufer mit goldenen Fransen führte zu ihr.

Das Geplänkel war vorbei. Der Mann, der sich hinter dem weißlackierten Holz befand, entschied immerhin über meine Zukunft. »Sollte ich Angst haben?«, fragte ich und krampfte meine Finger in den schwarzen Tüll des Kleides.

»Nein, du bist Vladimirs Tochter.«

»Das hält andere auch nicht davon ab, mich nicht zu akzeptieren.«

»Wen meinst du?«

»Konstantin und Dorians reizende Zwillingsschwester.«

Die Gelassenheit fiel auf einen Schlag von Gage ab. Seine Miene wurde unergründlich. Irgendjemand der beiden genannten schien ihm an die Nieren zu gehen. Wer es war, musste ich später herausfinden, denn da öffnete sich der eine Flügel.

Vor mir stand Jaroslaw Putchenko höchstpersönlich.

Der Kopf des Moskauer Theaters und des geheimen Mafiarings.

Sein Abbild war mir aus den Medien bekannt.

Gage verabschiedete sich mit einem steinernen Nicken und ließ mich mit ihm allein.

»Hallo, Odette. Schön dich endlich persönlich kennenzulernen. Komm doch rein.«

Aus weiter Entfernung fiel die Tür ins Schloss, während ich einen Schritt nach vorn wagte. In eine Höhle, von der nicht bekannt war, welches Monster sich darin befand. Es war komisch einem solchen Mann gegenüberzustehen. Mein Kinn hob sich automatisch – keineswegs trotzig, sondern, um nicht klein zu wirken.

»Hallo, Herr Putchenko.«

»Setz dich«, sagte er und deutete auf einen der beiden samtbezogenen Stühle vor seinem Schreibtisch.

Das Zimmer war klein. Kleiner, als ich mir sein Büro vorgestellt hatte. Ausschließlich der hölzerne Tisch und ein paar wenige Aktenschränke waren hier. Sie standen im Schatten der imposanten Fenster, die einem leichten Wind Einlass geboten. Die Luft war frisch, roch nach ersten Frühlingsknospen.

Selbst Dorians kleines Arbeitszimmer war besser bestückt.

Wortlos tat ich, was er von mir verlangte. Mein Stolz, manchmal von Torheit gezeichnet, sollte mir nun nicht das Genick brechen. Er war ein Mann, der wahrscheinlich schon unzählige Menschenleben auf dem Gewissen hatte.

»Ich soll Ihnen schöne Grüße von meiner Mutter ausrichten. Sie sagte, dass sie später bei Ihnen vorbeischauen wird.«

Lächelnd und kopfschüttelnd zugleich nahm er eines der unzähligen Fotos von seinem Schreibtisch. Neben einem Computerbildschirm und dutzenden Stapeln von Dokumenten waren diese der Mittelpunkt.

Was sie wohl zeigen?

»Wahrscheinlich werde ich ihre Krallen zu spüren bekommen.«

Meine Augenbrauen schnellten nach oben. Überraschung durchflutete mich. Ja, sie kannten sich, aber sie war eine Frau, die an der Seite meines Vaters stand. Fuhr niemals irgendwelche ›Krallen‹ aus.

»Deine Mutter ist eine Löwin, kein zahmes Kätzchen, Odette. Du bist ihr Kind. Sie lotet jegliche Gefahr aus und will dich beschützen.«

»Sie sieht Sie also als Gefahr?«

»Natürlich. Sie wäre naiv, wenn nicht. Und das ist Magdalene bestimmt nicht.«

Ehe ich etwas darauf erwidern konnte, schob Jaroslaw Putchenko mir eine Fotographie entgegen, welche in einem silbernen Rahmen steckte.

Mein Finger zitterte über die darauf abgebildeten Personen.

Es waren meine Eltern, er und diese Frau. Seine Frau. Nicht dasselbe Bild wie das, welches in den Dokumenten versteckt war, sondern eines, welches in einer Bar aufgenommen worden war. Im Hintergrund war vage ein Schriftzeichen zu sehen, welches in lateinischen Buchstaben geschrieben war. Sie waren jung und lachten miteinander. Ich konnte mir diese Regung nicht an Mutter oder Vater vorstellen. Das letzte Lachen von beiden lag weit in der Vergangenheit.

»Du ähnelst ihr sehr.«

»Ja«, murmelte ich und stellte es auf dem Tisch ab. »Wieso zeigen Sie mir das?«

»Ich bin gut mit deinen Eltern befreundet.«

»Das sieht man. Und ich weiß, dass mein Vater in dieser gesamten Sache verstrickt ist.« Irgendwie war dieses Wissen immer noch komisch. Es war komisch, ihn in dieser Welt zu sehen. Wollte ich wirklich ein Teil davon sein? Allein ein winziger Gedanke an Dorian schrie mir die Antwort entgegen.

»Nicht nur er«, sagte er und legte seine Ellenbogen auf den Tisch. Keine Überraschung in seinen Zügen über mein Wissen erkennbar. »Deine Mutter ist unabdinglich für unsere ganze Sache.«

Wieder richtete sich mein Blick auf die Frau, die mein Ebenbild darstellte. Ein fader Strahl der untergehenden Sonne schimmerte durch die leicht aufblähenden, weißen Vorhänge und ließ ihre Züge weicher erscheinen. Sie sah nicht wie ein Wesen aus, welches hier involviert war.

»Sie hat in Deutschland Pharmazie studiert. Wie soll sie ein Teil davon sein, wenn sie nichts mit Moskau zu tun hat?«

»Hier ist nur das Gehirn, der Rest des Körpers ist über die gesamte Welt verstreut. Aber auch das ist nicht der Grund.«

»Ich verstehe nicht.« Was zur Hölle wollte er mir

damit sagen?

»Sie wollte nach Moskau zu Vladimir, doch hatten sie einen Moment vorher erfahren, dass sie schwanger war. Also hat sie sich gegen Moskau entschieden und arbeitet seitdem von ihrem Kindeshaus für uns.«

»Für Sie«, korrigierte ich ihn. »Aber wieso hat sie diese Wahl getroffen?«

»Weil sie bald eine Mutter wurde. Manchmal habe ich das Gefühl, dass Magdalene für diese Position geboren wurde. Wie gesagt, sie ist wie ein Tier, welches ihr Junges beschützen will. Das hatte die oberste Priorität, selbst jetzt.«

»Aber jetzt sitze ich hier. Es hat also nicht gut funktioniert.«

Seine Hand wanderte zu einem weiteren Bild, diesmal mit einem goldenen Rahmen. Es war das größte, mit den meisten Verzierungen. Ehe er es mir in die Hand drückte, sagte er: »Du solltest eine unbeschwerte Kindheit haben. Alexander und Konstantin waren schon von Kindesbein an in die Sache involviert. Das ist unausweichlich. Deswegen hat sie Abstand gesucht. Vielleicht erkennst du meine Frau.«

Das Mädchen neben meiner Mutter auf dem anderen Foto entpuppte sich, selbst im Alter, als eine wahre Schönheit. Ihr Gesicht war in diesem erwachsener, mehr aufgeweckt, sodass das Grün ihrer Augen intensiver hervorstach. Und tatsächlich. Sie kam mir vage bekannt vor – aus meiner Kindheit. Deshalb hatte ich sie anfangs nicht erkannt, weil die Zeit sie verändert hatte.

»Ja, sie war oft bei uns zu Besuch. Anne, oder?«

»Anneliese, um genau zu sein«, sagte er mit einem abwesenden Lächeln.

»Wo ist sie?«

»Sie wurde vor ein paar Jahren umgebracht. Unsere

Welt besteht nicht aus Zuckerwatte und Blumen. Deine Mutter hat die richtige Entscheidung getroffen.«

Selbst ich spürte seinen Schmerz. Er floss aus seinem Herzen in den Raum und tauchte alles in Trostlosigkeit. Das goldene Licht wirkte nun schwach, getränkt von der strömenden Traurigkeit, welche von ihm ausging.

»Wie gesagt«, sagte er und rückte seine Krawatte zurecht. »Deine Mutter ist unabdingbar.«

»Wie kann sie aber einer der wichtigsten Bestandteile sein?« Auf was sollte das hier hinauslaufen? Er wusste mehr über meine Familie als ich, aber was wollte er mir sagen?

»Sie ist ein Genie. Das war sie schon immer, auch in der Schule. In Deutschland hat deine Mutter viel Nützliches gelernt. Magdalene hat etwas kreiert, was tödlich ist. Zumindest hat sie es verfeinert.«

Herr Putchenko zog eine Schublade auf und holte eine kleine Phiole hervor. Sie war mit einer glänzenden, goldenen Flüssigkeit gefüllt, wogegen sogar die Sonne farblos wirkte.

Er zog den Korken heraus.

Das Büro wurde sogleich von einer zarten Note Pfefferminz getränkt. Der gleiche Geruch wie unter dem Theater. Der gleiche Geruch, wie ...

Mir lag es auf der Zunge, aber ich konnte die Verbindung nicht herstellen. Das Stück, welches die Brücke darstellte, ließ sich nicht greifen.

»Was ist das?«

»Ein Serum.«

Die Härchen auf meinen Armen stellten sich auf. Jede Faser meines Körpers war angespannt. Das Polster des Sessels schmiegte sich nicht länger an meinen Rücken, sondern verbrannte mich. »Was macht es?«

»Wenn man es jemandem spritzt, direkt in den Blutkreislauf injiziert – na ja, wie drücke ich es am besten aus? – wird derjenige gesprächig. Doch eine kleine Menge oral reicht aus, und es wird zu einem tödlichen Mittel. Ein Gift, welches kein Gegenmittel kennt. Zumindest behauptet das deine Mutter. Was sich in ihrem kleinen Labor versteckt, weiß nur sie.«

Mein Magen zog sich zusammen.

Das befand sich hinter den abgeschlossenen Räumen zu Hause. Über Jahre hatte ich versucht, einen Augenschein dahinter zu werfen. Immer ohne Erfolg.

Jetzt war es aber nicht mehr mein Zuhause.

»Dieser Geruch«, murmelte ich.

»Kommt er dir bekannt vor?« Er verschloss das kleine Glasgefäß mit der glimmernden Flüssigkeit und verstaute es an seinen Ursprungsort.

»Ja. Als Dorian mir die Dinge gezeigt hat, aber auch schon zuvor. Ich weiß nicht mehr wann.«

Es war frustrierend.

»Vor 30 Jahren, das Abschlussjahr deines Vaters, deiner Mutter, meiner Frau und mir, hat es einen Vorfall gegeben, ähnlich wie der vor ein paar Monaten. Zu diesem Zeitpunkt war ich noch ein naiver Jüngling gewesen, der keine Ahnung hatte, was die Zukunft für ihn bereithielt. Ich war talentiert, also haben mich meine Lehrer für den Wettbewerb in Moskau ausgewählt, genauso wie meine Frau und einen Jungen, dessen Namen ich auf ewig in Erinnerung behalten werde. Iecifovich Mstislavets Kudrjawzew – ein schrecklich komplizierter Name. Er ist aber in mein Gedächtnis gebrannt, denn ich war derjenige, der ihn kurz darauf tot im Studio gefunden hat. Es stank nach Pfefferminz.«

Da war die Antwort. Jaroslaw hatte sie mir entgegengeworfen, ohne sie mir direkt zu offenbaren. Der Tag, an dem mir der Duft zum ersten Mal begegnet war.

Im Zimmer von Sonja.

Ihre und Nadias Leiche.

Ich war sprachlos, weshalb er mit seiner Erzählung fortfuhr. »Es war ein Skandal. Niemand wusste, an was er gestorben ist. Nach einigen Wochen ist herausgekommen, dass es eine Überdosis war. Kokain. Natürlich war es eine Lüge, denn ich kannte seine Geschichte. In seiner Familie sind schon so viele an Drogen gestorben, weshalb er solche Substanzen nie in seinem Leben angefasst hätte.«

»Es war meine Mutter«, sagte ich und krampfte meine Finger in die Stuhllehne.

Sie war an diesem Tag im Internat gewesen.

Der Tag nach unseren Ferien.

Der Tag, an dem ich Dorian zum ersten Mal begegnet war.

Der süße Geruch im Schlaftrakt kam mir in Erinnerung. Es war ihr Parfum gewesen. Ich hatte mir nichts dabei gedacht, da mir einen Moment vorher Dorian über den Weg gelaufen war. Ich, ausschließlich mit einem Tuch bekleidet, und er, der ein höhnisches Grinsen auf den Lippen trug.

Gott, wie hatte ich so blind sein können?

»Ja, sie hat es dem Jungen verabreicht, sodass dein Vater seinen Platz einnehmen konnte. Der damalige Leiter des Theaters und des Mafiarings hat mir wegen seines Alters alles beigebracht, was ich wissen musste. Er behandelte mich wie einen Sohn, welcher ihm niemals vergönnt war. Aber hier geht es nicht um meine Lebensgeschichte«, sagte er und kam zum Punkt zurück. »Ich bin an diese Position gekommen und habe herausgefunden, was deine Mutter in Berlin eigentlich gemacht hat. Sie forschte. Fand alles heraus, was dieses Serum auf makrobiologischer Ebene mit einem anstellt.«

»Aber wieso hat sie Sonja und Nadia vergiftet?«

»Ist das nicht offensichtlich?«, fragte er und lehnte sich in seinem Stuhl zurück. »Sie wollte dir eine Chance geben. Eine Zukunft, die dich nicht in den Ruin getrieben hätte.«

»Aber wieso Nadia? Sie hatte nichts mit mir zu tun.« Meine Wangen wurden blutleer. Er sah es nicht, da es das Make-up perfekt kaschierte.

»Ich habe durch etliche Quellen erfahren, dass sie miteinander geschlafen haben. Wenn das Mittel in einem ist, wird dein gesamter Körper toxisch. Selbst ein kleiner Kuss könnte die andere Person umbringen. Sie war also der einzurechnende Kollateralschaden.«

»Und das ganze Kokain?« Es lag damals im gesamten Zimmer verstreut.

»Ablenkung. Im Körper nimmt das Serum die Struktur der Droge an, wird also als diese erkannt. Es war alles eine ausgewählte, perfekte Fassade.«

»Wieso?«, murmelte ich zu mir selbst und krampfte meine Hände in die Stuhllehne. Eine Frage, deren Antwort mir bereits gesagt wurde.

»Sie hat dasselbe gemacht wie für deinen Vater.«

»Aber sie wusste doch gar nicht ... Hat Dorian davon gewusst?«

Nein, nein, das konnte nicht sein.

Er wusste ganz genau, wie sehr mich diese Thematik kaputt machte.

»Nein. Niemand kennt Magdalenes Aufgabe. Niemand außer mir, dein Vater, Gage und nun auch du. Nicht mal meine Söhne sind in das eingeweiht. Gage bringt die Vorräte von deinem Zuhause nach Moskau. Nur die nötigsten Personen sollen ihre direkte Verbindung zur Mafia kennen. Aber ich hoffe, dass sich das jetzt ändert.«

Ein leichtes Lächeln umspielte seine Lippen, was mir einen Schauer über den Rücken jagte. Etwas an ihm war mir nicht geheuer.

»Und wieso sollte es das?«

»Weil du nun ein Teil dieser Sache bist. Du wirst ein Teil des Ensembles werden, denn deine Liebelei mit Dorian Pécheur ist um einiges größer, als manche annehmen. Nicht wahr?«

»Stellt das ein Problem dar?« Es war dumm zu glauben, dass uns nichts binnen Sekunden trennen konnte. Der Frieden, der in den letzten Stunden eingetreten war, war fragil. Fragiler, als es mir lieb war.

»Nicht, wenn du das hier unterschreibst. Es wird alles einfacher machen. Dorian wird keine Geheimnisse vor dir haben müssen und dir steht zu jeder Zeit Schutz zur Verfügung«, sagte er und schob mir Unterlagen entgegen.

Das Papier war schwer, hochwertig. Ein rotes Siegel prangte darauf. Dick und fett thronten sieben Buchstaben auf der ersten Seite.

Vertrag.

Darunter mein Name, meine Anschrift, welche bereits die von dem Haus seiner Söhne war. Am liebsten hätte ich gefragt, wieso er es wusste, doch das war nebensächlich.

»Es ist nicht der, welcher mich zum Mitglied des Ensembles macht«, sagte ich und fuhr meinen Namen nach.

Odette Petrova.

Das war bestimmt nicht das Leben, welches sich meine Mutter für mich vorgestellt hatte. Doch hielt sie die Gefahr auch bis jetzt nur eine Haaresbreite von mir fern. Irgendwann würde jemand die dünne Barriere überwinden. Und dann wäre ich auf mich allein gestellt.

»Da hast du recht. Wenn du ihn jetzt unterschreibst,

hast du 48 Stunden Zeit ihn zu widerrufen. Dorian kann ihn nochmal durchlesen. Meinetwegen auch deine Mutter, aber dieses Angebot ist einmalig. Entweder—«

»Geben Sie mir einen Stift.«

Es würde nicht mein Untergang sein. Mir war egal, was ich tun musste. Welche Konsequenzen es mit sich zog.

Eines war mir jedoch klar.

Ich wollte eine Zukunft.

Mit Dorian.

Um jeden Preis.

Dorian

»Ist alles okay?«, fragte Gage und trat aus den Schatten heraus.

Unter all den Tänzern, Maskenbildnern und den restlichen Angestellten des Theaters wirkte er wie ein rauer Stein, der nicht hierher passte. Seine grobe Statur brach das fließende Bild, welches das Kunsthaus darstellte.

Ein Maler allerdings würde sicherlich Freude an seinen Zügen finden, da er selbst mit kleinen Gemälden verziert war.

»Ich suche Odette.« Ihr Auftritt würde bald beginnen und sie war nirgends zu finden. Ich hatte noch einige Dinge zu erledigen gehabt, weshalb wir zwar zusammen hierhergefahren waren, die Wege uns aber dann getrennt hatten.

Verdammt sollte ich sein, wenn ich es nicht zu ihrem Auftritt schaffte.

»Sie ist bei Jaroslaw. Er wollte mit ihr sprechen.«

In meinen Adern gefror das Blut. Obwohl ich ihn mochte, breitete sich ein unwohles Gefühl in meinem Magen aus. Doch ich vertraute ihr, also konnte sie die Sache auch allein regeln. Natürlich wäre ich bei dem Gespräch, von dem ich genau wusste, vor welche Wahl er Odette stellte, lieber dabei gewesen.

Ein Teil der Spannung in meinem Körper fiel ab, dennoch blieb ich rastlos. So vieles stand auf dem Spiel. Was, wenn ihr etwas passierte?

Das würde ich mir niemals verzeihen.

Diese Frage würde mich bis in den Tod verfolgen. Das hier war nicht das Ende, sondern der bittere Anfang.

»Verrückt, wie sich die Zeiten ändern. Letztes Jahr haben du, Alexander und ich noch zahllose Frauen aufgerissen. Und jetzt? Jetzt seid ihr beide in festen Händen.«

»Du hast doch noch Konstantin«, lachte ich und ließ mich auf ein leeres Sofa fallen.

»Er ist mein Boss.«

»Und Alexander etwa nicht?«

Nervös kratzte er sich am Nacken. »Das ist was anderes.«

Ja, vielleicht war es das. Konstantin war Konstantin. Und Alexander ... Na ja, wenn man unzählige Male mit ihm das ein oder andere Mädchen gefickt hatte, vergaß man schnell, wer eigentlich vor einem stand. Sein Bruder hingegen blieb immer unter sich. Wieso, wusste keiner.

»Sei mir nicht böse, aber ich bin froh, dass es so ist, wie es ist«, sagte ich, mir übers Gesicht fahrend. Irgendeine außer Odette vögeln, kam mir nicht mal mehr in den Sinn. Fühlte sich so ...?

»Auch wenn das bedeutet, dass sie ein Teil dieser

Sache ist? Du weißt, dass Jaroslaw sie gerade vor die Entscheidung stellt, oder?«

Nickend glitten meine Augen über das Treiben, welches hinter der Bühne stattfand. Vor dem Vorhang lief alles strukturiert ab, hier aber herrschte das reinste Chaos.

»Ich will keine Geheimnisse vor ihr haben und will sie schon gar nicht klein halten. Odette wird ihre freie Entscheidung treffen. Sie weiß, auf was sie sich einlassen wird. Ihr etwas einzureden, würde sowieso nicht funktionieren.«

Die andere Hälfte des Zweisitzers senkte sich, da er endlich beschlossen hatte, nicht hilflos in der Gegend zu stehen. Die Schüler, die aus den verschiedensten Ecken der Welt stammten, beäugten ihn mit kritischem Auge. Auch sie sahen, dass er nicht hierhergehörte.

»Kann ich ihr das Schießen beibringen?«, fragte Gage und grinste in die Luft. »Das wird bestimmt lustig.«

Allein bei der Vorstellung wanderte ein Schauer über meine Haut. »Vergiss es. Am Ende landet irgendwo eine Kugel, wo sie nicht hingehört. Ich bringe ihr alles bei.«

Er hatte eine eigenartige Art, Dinge zu lehren. Meist endete es in einem Blutbad. Wie er trotzdem so gut mit den unterschiedlichsten Waffen umgehen konnte, war ein Mysterium.

»Mit euch beiden würde es überhaupt kein Ende finden, weil ihr zu sehr damit beschäftigt wärt, miteinander zu vögeln. Ihr habt nicht mal ein Essen ausgehalten, ohne euch zu befummeln.«

In seinen eigenartigen Augen stand der pure Schalk, wobei meine Augenbrauen nach oben wanderten.

»War's schön, uns dabei zuzusehen?«, knurrte ich und boxte ihm gegen den Oberarm, um sein dreckiges

Grinsen von den Lippen zu wischen. Es half kein bisschen.

»Mir wurde gesagt, dass sie ziemlich laut ist.«

»Gage, noch ein Wort darüber und ich übe mit Odette das Schießen mit dir als Zielscheibe. Dann sehen wir, wie schnell sie lernt.«

Abwehrend hielt er die Hände in die Höhe.

»Du wirst sie aber mögen«, sagte ich und sah mich erneut nach ihr um. Wieder blickte ich in Gesichter, die mir nichts bedeuteten. Alle schienen ausdruckslos. Es fehlte das Feuer, welches mich jedes Mal gefangen nahm. »Alexander und sie haben sich an einem Abend beim Schach volllaufen lassen. Beim *Schach*.«

Wenn Odette erstmal vollkommen aus ihrem selbst auferlegten Winterschlaf aufgewacht war, würden Gage, Alexander und sie sicher einmal im Monat einen Saufabend einführen. Obwohl der Mann neben mir aus Großbritannien kam, vertrug er beinahe so viel wie Alexander. Aber nur beinahe.

Sein Mund öffnete sich zu einer Antwort, doch in diesem Moment kam Odette auf uns zu. Ihr Ausdruck war unergründlich, jedoch zuckten ihre Mundwinkel, als ihre Iriden mich fixierten.

»Ich geh mal lieber, *Loverboy*. Immerhin bin ich nicht zum Spaß hier«, sagte er und nickte der Frau zu. Odette erwiderte die Geste, lief dann aber sofort auf mich zu.

Ja, wir wussten alle, dass es heute enden würde.

Endlich.

Nach all den Monaten.

»Ist alles okay?« Es war dieselbe Frage, die mir Gage gestellt hatte. Die Antwort war es allerdings nicht.

»Ja, komm her«, sagte ich und zog sie an der Hüfte auf meinen Schoß. Mir war es egal, dass unzählige Menschen uns beobachten konnten. Iwan, der angespannter denn je wirkte. Ewa, die mit eiserner Miene auf den Vorhang starrte, da ihre Chance schon vorbei war.

Selbst, dass Odettes Kostüm bei meinem besitzergreifenden Griff zerknitterte, war mir gleichgültig.

»Ich bin aufgeregt.«

Vorsichtig wanderten meine Finger über ihre schmalen Schultern, was sie ein wenig zu beruhigen schien. Ihr Wesen ließ sich vollkommen auf mich ein und vergaß jegliche Störung um uns herum.

»Du schaffst das«, flüsterte ich und drückte ihr einen Kuss auf das Haar. Ihr Duft stieg mir in die Nase, sodass ich einen kurzen Moment in der Position verweilte. Jedes Mal fühlte es sich schier überwältigend an. Dagegen anzukämpfen, hatte ich schon seit Monaten aufgegeben.

»Ich habe den Vertrag unterschrieben. Der Vertrag, der ...«

Ihre Stimme wagte es nicht, den Satz zu beenden. Nickend zog ich sie an mich und nahm ihr Gesicht in meine Hände.

»Ich weiß, was du meinst.« Sachte strichen meine Lippen über ihre. Ihr Geschmack machte mich süchtig. Meine Zunge schob ich allerdings nicht zwischen ihre Lippen. »Wir müssen mit deinen Eltern reden.«

»Wieso?«, murmelte sie mit geschlossenen Lidern an meinen Mund.

Grinsend zog ich mich zurück. »Es wird langsam Zeit, dass sie wissen, dass wir ein Paar sind.«

»Sind wir das? Also offiziell?«, fragte Odette mit geweiteten Augen.

Ein Paar ... selbst für mich war der Begriff komisch. Ich hatte noch nie in meinem Leben eine ernsthafte Beziehung gehabt. Selbst jetzt war mir nicht klar, wie die Definition davon war. Aber das mit uns ...

»Wie würdest denn du es beschreiben? Du ziehst bei

mir ein, wir lachen und schlafen miteinander. Und wir vertrauen uns gegenseitig. Wenn das nicht nach einer Beziehung schreit, dann weiß ich auch nicht.«

Unsere Umgebung war nicht mehr wichtig. Alles verschwand in der Versenkung, außer ihrer Reaktion. Tränen traten in ihre Augen, welche sie versuchte wegzublinzeln.

Meine Brust fing an zu brennen.

Hatte ich etwas Falsches gesagt?

»Odette?«

Meine Hand streifte ihren Arm, wobei sie leicht den Kopf schüttelte. Ein leichtes Lächeln setzte sich auf ihre Züge. Wieder dieser verletzliche Ausdruck ...

»Heute nach der Aufführung, nach der gesamten Sache. Kurz und schmerzlos. Ich will den Rest des Abends nämlich mit dir verbringen. Allein«, sagte Odette und schmiegte sich näher an mich.

Am liebsten würde ich sie nehmen und verschwinden. Leider ging das nicht, und das machte mir nochmals die Koordinatorin klar, welche Odette zu sich winkte.

Nur noch wenige Minuten bis zu ihrem Auftritt.

Seufzend stand ich auf, ging und wartete mit ihr. Meine Hände strichen immer wieder über ihre Schultern, über ihren steifen Rücken. Sie war bereit für den Auftritt, das wusste ich. Es war endlich an der Zeit, dass auch andere ihr Talent würdigten. Der Augenblick war gekommen, in dem Odette im Rampenlicht stand.

Mit jeder Sekunde spannten sich ihre Nerven jedoch mehr.

»Du bist alles, was ich mir je gewünscht habe, weißt du das?«, sagte ich, sie mit meinem Blick festhaltend.

Ihr Herz setzte aus, wie auch meines. Eigentlich waren es nicht die Worte, die ich sagen wollte. Bereute es aber kein bisschen.

Es entsprach der Wahrheit.

Fuck.

Das Grau ihrer Augen begann erneut zu schimmern, wobei sich ihre Lippen zu einer Erwiderung teilten. Ehe ihre Kehle eine Silbe formte, ertönte plötzlich ein Räuspern.

Die Wärme in meiner Brust schlug in Wut über. In mir regte sich schon ein Knurren, aber da erkannte ich die Person, die uns unterbrochen hatte.

»Sie ist hier«, flüsterte Chloe. Ihr Blick wanderte zu Odette, deren Ausdruck in Besorgnis umschwang. Jegliche andere Emotion war wie weggewischt. Meine Schwester hatte das beschissenste Timing der Welt. »Alexander denkt, dass sie nach der Aufführung ihr Glück versucht.«

»Dann lass es sie versuchen. Niemand von euch hält sie auf. Ich habe es angefangen, also beende ich es auch.«

»Gage kann sie leicht aus dem Verkehr ziehen. Lass ihn die Sache regeln«, versuchte sie mich mit ihrer leicht herrischen Stimme zu überzeugen, doch schüttelte ich vehement den Kopf.

»Nein, niemand wird mehr meinetwegen sterben. Keiner außer ihr.« Aus dem Augenwinkel beobachtete ich Odette, die ruhig blieb. Sie schien mit allem viel besser klarzukommen, als ich dachte. »Jetzt geh wieder zu Alexander. Bei ihm bist du sicher.«

Es war schwer sich das einzugestehen, doch stimmte es. Zu meinem Glück verschwand sie tatsächlich in der Menge.

»Ich habe eine Idee«, sagte Odette, mit Blick auf die Bühne. Es war nur noch eine Frage von Minuten, bis sie vor der Menge tanzen würde. »Lass mich die Sache regeln.«

»Nein.« Sicher nicht. »Auch du setzt dein Leben nicht für mich aufs Spiel. Odette, ich—«

Ihr Wesen fixierte mich – mit jeder Faser ihrer Selbst –, sodass meine aufkommenden Widerworte jäh ein Ende fanden. Dennoch steckten sie tief in mir und warteten darauf, frei gelassen zu werden.

»Sie würde mir nie etwas tun. Wir waren ihre Mädchen, die sie aufwachsen sehen hat. Vertrau mir, Dorian. Bitte. Wir sind jetzt ein Team, da gibt es kein dich oder mich. Sondern ein uns. Wir werden das zusammen schaffen. Ich lasse dich nicht gehen. Nie wieder.«

Und da war er. Der kleine Teil in mir, der sich hasste, Odette in diese Situation gebracht zu haben. Ihr Leben würde sich ab jetzt grundlegend verändern. Und das alles wegen mir. Alles, weil ich nicht im richtigen Moment von ihr ablassen konnte.

Gage hatte recht. Sie musste lernen, sich zu verteidigen – so schnell wie möglich. Dafür war er perfekt. Odette und ich würden Zeit verschwenden, die letztendlich über Leben und Tod entscheiden konnte.

Ich atmete tief ein.

Idiot. Idiot. Idiot.

»Okay, aber sobald sie einen falschen Handgriff macht, übernehme ich. Ist das klar?« Wir mochten ein Team sein, aber dabei zusehen, wie sie erbarmungslos abgeschlachtet wurde, würde ich sicher nicht.

Die Frau, die alles leitete, tippte sie an, signalisierte ihr, dass sie sich bereitmachen sollte.

Odette nahm sich jedoch die Freiheit, um mich nochmals zu umarmen.

»Verstanden. Danke, Dorian. Danke für alles«, flüsterte sie in mein Ohr, drückte mir einen Kuss auf die dünne Haut, drehte sich um und lief auf die Bühne.

Kapitel Neunundzwanzig

Odette

Meine Mutter hatte recht. Ballett lag mir im Blut.

Mit jeder Drehung, jeder Pose, welche mein Körper auf der Bühne vollführte, schlugen Funken über. Die Melodie des Orchesters vor mir nahm meine Nerven ein, sodass alles von selbst geschah.

Die Zuschauer folgten mir mit ihren gierigen Augen, doch ich – ich fühlte mich wie der einzige Stern an einem klaren Nachthimmel. Der Mittelpunkt war ich. Selbst Iwan, welcher wenige Meter von mir entfernt war, schien unerreichbar. In einer guten Weise.

Durch meine Adern pulsierte Strom, der alles elektrisierte. Als ich aber in das Ende meiner Aufführung fiel, zerriss das Klatschen der Menge meinen Fokus. Adrenalin durchzuckte mich, was meine Sinne schärfte. Mein

Umfeld eroberte Konturen und Farben zurück, welche mich auf den Boden zurückholten.

Schweratmend lächelte ich in das Publikum. Mutter und Vater saßen in der ersten Reihe, hatten auf eine der Privatlogen verzichtet. Er blickte ungläubig auf die Bühne, wahrscheinlich glaubte er, dass es alles nur ein Traum war.

Das war es allerdings nicht.

Nichts von alldem.

Und dann, zu früh, brachten mich meine Beine bereits wieder hinter die Kulissen, wo jegliche Magie zunichtegemacht wurde. Das hier war nicht meine erste Aufführung, aber nie war es mir derart aufgefallen.

Bevor ich mich versah, umschlossen mich zwei starke Arme und zogen mich zu sich. Natürlich wusste ich, wer es war. Dorian suchte sich einen Weg von meinem Hals zu meinen Lippen, wobei seine flinken Finger die schmuckvollen Klammern aus meinem Haar entfernten.

»Du warst großartig. Du *bist* großartig«, murmelte er zwischen den Küssen und führte uns ein wenig abseits. Es änderte jedoch rein gar nichts an der Tatsache, dass neugierige Augenpaare an uns klebten. Wie hätte es auch anders sein sollen? Er war immerhin Dorian Pécheur und ich eine einfache Schülerin.

»Das ist dein Werk.« Jetzt, mit ihm vor meinen Augen, vermisste ich die aufgesetzte Perfektion auf der anderen Seite des Vorhangs nicht. Das magische Gefühl wurde leichtfüßig von einem anderen abgelöst.

»Mir wird es eine Ehre sein, mit dir ab Herbst tanzen zu dürfen«, flüsterte er und löste sich von mir. »Lass uns in die Umkleide gehen, da kannst du dich duschen. Später wirst du vor der Presse deinen Vertrag unterschreiben und dann ... Nach diesem Abend haben wir genug Zeit für uns.«

»Sie wird uns finden, nicht wahr?« Der dunkelrote Stoff des gigantischen Vorhangs streifte leicht die Hinterseite meiner Oberschenkel und straffte somit meine Aufmerksamkeit.

Sein Haar fiel ihm leicht ins Gesicht. Am liebsten würde ich es zurückstreichen, mich vollkommen darin verlieren. Dafür war gerade aber kein Raum.

»Das hoffe ich.«

Nickend ließ ich mich von ihm mitziehen, vorbei an den Darstellern, die sich gerade nicht auf der Bühne befanden und mir argwöhnisch hinterherstarrten. Wahrscheinlich wussten sie, wie diese Nacht für sie ausgehen mochte. Abgrundtiefer Neid spiegelte sich in ihren Zügen, welcher sie von innen heraus verschlang. Langsam, bis sie sich irgendwann selbst verlieren würden.

Fast hätte ich ihnen gesagt, wie sehr ich es verstand. Wie sehr es auch an mir gezehrt hatte. Doch schob sich der Gedanke von selbst zur Seite. Besonders jetzt, wo jede Sekunde über Leben und Tod entschied.

Leben und Tod von Dorian – und somit auch von mir.

~

Das heiße Wasser wusch das Adrenalin nicht von meinem Körper – im Gegensatz zum Schweiß und dem Make-up.

Es entspannte mich nicht, nicht wie sonst immer. So fand ich mich schnell vor dem Spiegel des kleinen Badezimmers wieder und versuchte ein ordentliches Bild meiner Selbst zu kreieren.

Mein Haar fiel in Wellen über meine Schultern, sodass mein Aufzug – ausschließlich in ein Handtuch gehüllt –, als ich zurück zu Dorian ging, provokant war.

Obwohl seine Gedanken gerade bei etwas anderem liegen sollten, trat ein schelmisches Glitzern in seine Augen.

So gingen wir aber mit geballten Emotionen um. Wir wurden körperlich, das hatte sich nun schon mehrmals bewiesen. Heute war es nicht anders.

»Ich habe dir ein Kleid besorgt«, murmelte er und ging auf mich zu. Erst da bemerkte ich in seiner Hand einen dunkelblauen Fetzen. Allgemein sprang mir sein veränderter Aufzug erst jetzt ins Auge. Der legere Pulli wurde von einem Hemd, einem Jackett und einer grauen Krawatte abgelöst.

Wer es wagte zu deuten, würde erkennen, dass wir zusammengehörten.

»Du musst mir nicht immer Dinge schenken.«

»Aber ich mag es. Und dir gefallen sie doch auch, oder?« Sein Schritt wurde durch den grauen Teppichboden gedämpft, wobei seine Präsenz nicht darunter litt. Es war ein schlichtes Zimmer. Eine einfache 1-Personen-Umkleide. Keine Fenster, kein großartiger Schmuck. Ausschließlich ein Sofa, Spiegel und eine Ablage.

Als er mich erreichte, sagte ich: »Ich mag deine Geschenke.« Ein Lächeln huschte über meine Lippen. Weil ein Mann, der jede haben könnte, sich bei der Auswahl Gedanken machte. Es bewies mir, dass alles mehr war. »Aber ich habe dir noch nichts geschenkt.«

»Das hast du. Glaub mir, Odette. Warte erstmal auf Frankreich, dort kannst du dich über zu viele Geschenke beschweren. Und jetzt nimm es an.«

Das ließ ich mir nicht zweimal sagen.

Dorian streifte es bedächtig über meinen Körper. Seine großen Hände wanderten über meine Brüste, ehe er die Träger des engen Satinkleides über meine Schultern schob. Es saß wie angegossen.

Schnell schlüpfte ich in dunkle Schuhe, welche einen kleinen Absatz hatten und meine Zehen freilegten.

Plötzlich zog er noch ein dünnes, schwarzes Jäckchen hervor, welches er über meine Schultern legte. Es lenkte nicht von dem Kleid ab. Im Gegenteil, es wurde abermals unterstrichen.

»Wieso?«, fragte ich, streifte bedächtig darüber. Für das Outfit wäre es nicht notwendig gewesen und es wäre auch keines, was meine Mutter ausgesucht hätte. Wenn es um Kleidung ging, hatte sie das Motto: Mehr ist mehr. Auch ich hätte es in einem Laden keines zweiten Blickes gewürdigt. Jetzt aber gefiel es mir.

»Die Narbe.« Dorian schluckte. »Der Stoff kaschiert sie.«

Nickend schlang ich es noch enger um mich, wobei ich wortlos in seine Augen schaute.

»Gefällt dir das Kleid?«, raunte er mir zu und küsste mich auf die empfindliche Haut meines Halses. Die Finger ließen nicht von mir ab, sondern wanderten zu meinem Hintern.

»Sehr.«

»Hmm, ich kann es kaum erwarten, es dir heute Nacht vom Leib zu reißen.«

Ein katzenhaftes Lächeln umspielte meine Mundwinkel. Allein die Vorstellung wollte mich nicht aus der Umkleide gehen lassen. Dorian würde mich sofort nehmen, wenn uns die Zeit – die Freiheit – vergönnt gewesen wäre. Die Erektion, die sich immer kräftiger an meinen Bauch drückte, verdeutlichte es nochmals.

»Was wenn sie heute nicht kommt? Was machen wir dann?«, fragte ich und lehnte meinen Kopf auf seine Brust. Sein Schrecken sollte ein Ende finden. Dorian musste endlich anfangen zu heilen. Ihr Tod würde der Anfang sein.

»Mach dir darüber keine Sorgen. So oder so, heute wird es ein Ende finden, versprochen.«

»Lass mich diesen dummen Vertrag unterschreiben und dann lass uns in deine Wohnung gehen.«

Seine blauen Augen ergriffen mein Grau. »In unsere Wohnung«, sagte er, während sein Mund über meinem schwebte. Sein Geruch war von Lust geschwängert. Unsere Emotionen waren das reinste Chaos.

Es musste ihn einiges an Willenskraft kosten, nicht hier und jetzt mein Höschen beiseitezuschieben und mich gegen die Wand zu nageln. Ich wusste, wie sehr er sich gerade die Kontrolle über meinen Körper wünschte. Wie sehr es ihn drängte, mich zu beschützen.

Dorian wusste, in welche Richtung meine Gedanken abschweiften, denn plötzlich packte er mein Kinn mit zwei Fingern und drückte zu. So fest, dass der Schmerz meine nackten Vorstellungen wegblies.

»Pass auf, dass dein Lippenstift bis zur Nacht hält. Ich will ihn genauso um meinen Schwanz haben.«

Meine Brust vibrierte. Auch mir gingen die Nerven langsam verloren. »Oh Dorian, fünf Minuten haben wir noch Zeit. Das kann ich auch jetzt erledigen.«

Seine Hand griff in mein Haar und zog daran. Mein Nacken gab nach und ich sah ihn direkt an. Gott, er wollte mich so sehr. Der angespannte Kiefer, der Druck gegen den dünnen Stoff meines Kleides.

»Wenn ich erstmal anfange, dann können wir nicht mehr aufhören, das weißt du ganz genau.«

»Stimmt, das hast du mir schon oft genug gezeigt. Du kannst einfach nicht genug von meiner engen Pussy bekommen.«

Mit einem Stoß in meinem Rücken traf mein Mund auf seinen. Keinen Moment später spielten unsere Zungen miteinander, was mir ein flaues Gefühl in der

Magengegend bereitete. Die Stöße waren unerbittlich, machten überdeutlich, welche süße Qual er mich heute durchleiden lassen würde. Und ich freute mich schon darauf.

»Achte auf deine Worte, *ma bien-aimée*«, ächzte er und versuchte sich von mir zu lösen.

Ohne Erfolg.

»Von wem habe ich es wohl, *moy muzh*?«

Seine Augen glänzten bei meinem Kosenamen für ihn. Eigentlich wollte ich es mir für heute Nacht aufspa-ren, doch wir hatten nicht den Luxus, auf passende Mo-mente zu warten. Nicht, wenn es jede Sekunde beendet werden konnte.

»Mein Mann«, sagte ich nochmals. »Du gehörst mir.«

Seine Hände fuhren durch mein Haar, drapierten die goldenen Strähnen über meine Schultern und er strich mir ein letztes Mal über die Lippen.

»Ja. Ich gehöre dir. Und du mir. Unterschreib diesen verdammten Vertrag und lass uns verschwinden«, sagte er und schlang einen Arm um mich.

Ehe wir uns aber in Bewegung setzten, flog die Tür auf und eine Gestalt kam zum Vorschein.

Frau Zwetkowa. Gehüllt in ein glitzerndes Abendkleid.

Es fühlte sich an, als hätte ich sie eine Ewigkeit nicht mehr gesehen. Es waren allerdings nur wenige Monate – eine Zeit, in der ich zu meinem wahren Selbst gefunden hatte.

Ein silberner Pistolenlauf richtete sich auf Dorians Hinterkopf. Ihre Hand bebte, sodass die Kugel im rich-tigen Moment auch mich treffen könnte.

Meine Nägel schnitten in sein Jackett, während mir ihr Gesicht entgegenstarrte. Dunkle Augenringe zeichneten sich ab und ihr sonst ordentliches Haar lag wie ein Nest um ihren Kopf.

»Lass ihn los, Odette. Du weißt nicht, welches Monster in ihm steckt.«

Dorian wandte sich zu der Frau und gefror zur Salzsäule. Ihr Finger lag bereits am Abzug. Ein sanfter Druck, und alles würde ein Ende finden. Mit uns.

Meine Hand, geschützt vor ihrer Sicht, glitt an Dorians Seite entlang. Über den festen Stoff des dunklen Hemdes zu dem Bund der Anzugshose.

Ich suchte einen Gegenstand.

»Odette, komm her!«

Da ertasteten meine Fingerkuppen die eisige Kälte des Metalls. Mein Kopf wurde leer. Jetzt länger nachzudenken würde mich letztendlich bezwingen. Es musste verhindert werden.

Ohne Weiteres riss ich sein Messer an mich. Die Klinge in Richtung seiner Brust gerichtet, stieß ich mich von ihm. Ein geschockter Ausdruck spiegelte sich in seinen Zügen wider. Die einzige Waffe, die er heute Abend an seinem Körper trug, lag jetzt in meinen Händen. Ich ging mit sicherem Schritt zu meiner früheren Ballettlehrerin, wobei ich Dorian keine Sekunde aus den Augen ließ.

»Er ist ein Mörder«, sagte ich mit kalter Stimme und begab mich an Frau Zwetkowas Seite. »Danke, dass Sie hier sind, die Sache kann hier und jetzt ihr Ende finden.«

»Was hat er mit dir gemacht?«, fragte sie, ließ ihn aber nicht aus den Augen. So wie auch ich.

»Er hat mich gefesselt.« Ich blickte beschämt zu Boden. »Gebissen. Dinge mit mir gemacht, die ich niemals vergessen kann. Das Mädchen, welches Sie kannten, ist durch seine Hände gestorben. Ich werde nie wieder so sein wie früher.«

»Dieses Monster hat meinen Ehemann umgebracht.«

»Ich weiß, er hat es mir erzählt.«

Tränen traten in ihre Augen. »Er hat ihn gefoltert, all seine Gliedmaßen gebrochen. Ich will Rache für meinen Mann. Wer weiß, wen er sonst alles auf dem Gewissen hat. Sonja und Nadia sind tot, sicher hatte er dort auch seine Finger im Spiel.«

Mit versteinerter Miene blickte ich in sein wunderschönes Gesicht. Schrecken und Segen zugleich.

»Dieser Bastard hätte mehr leiden sollen. Mir hat es eine Freude gemacht, ihn schreien zu hören. Zu dumm, dass ich mich von ihnen erwischen lassen habe. Sie haben ihm einiges erspart. Ich hätte ihm zu gern die Haut vom lebendigen Leib gezogen«, knurrte Dorian. Der altbekannte Hohn zeichnete sich in ihm ab. So, wie ich ihn kennengelernt hatte.

Nun wurde ihre Hand mit der Waffe bedrohlich ruhig. Es war eine Frage von Sekunden, bis sie abdrückte.

»Nicht schießen, das wäre zu laut. Zu viel Aufmerksamkeit. Wollen Sie nicht mit alldem abschließen? Wenn Sie jemand erwischt, dann würde es Konsequenzen geben.« Ihre trägen Augen huschten zu mir. Das erste Mal glitt ihr Blick von ihm. Sofort nahm die Frau das Messer in meiner Faust in Betracht. Meine Knöchel waren schneeweiß, das einzige Anzeichen, was hinter der gefassten Fassade verweilte. Selbst mein Herz war kontrolliert und im Rhythmus. »Ja, dieses hat er benutzt. Auch das hat mir Dorian erzählt.«

Ihr unterlief ein verhängnisvoller Fehler.

Die Pistole krachte auf den Boden, ihre freien Hände streckten sich nach dem scharfen Gegenstand aus. Sie wollte den Griff ergreifen, ihn mir entreißen und auf ihn stürmen. Wer weiß, was Frau Zwetkowa alles mit ihm angestellt hätte. Hätte Sie mit ihm dasselbe gemacht, wie er mit ihrem Ehemann?

Nein, sie hätte selbst mit der Waffe keine Chance gegen seine starken Arme gehabt. Ich wusste immerhin am besten, wie es sich anfühlte, seinem rauen Körper ausgeliefert zu sein.

Wir würden es wohl niemals erfahren.

Jetzt, da sie unbewaffnet war, packte ich sie an der Schulter und rammte ihr das Messer tief in die Eingeweide. Kein merklicher Widerstand – nichts deutete daraufhin, was gerade passiert war.

»Odette«, hauchte sie und klammerte sich an mir fest. Die Fingernägel in meine Oberarme geschlagen, versuchte sie sich aufrecht zu halten. Das Leben begann bereits aus ihr zu schwinden und machte Platz für den Tod. Einen Tod, welchen ich heraufbeschworen hatte. »Wieso?«

Auf ihre Frage gab es eine einfache Antwort. Ich senkte meine Stimme, da diese Antwort fürs Erste nur für sie und mich gedacht war. Dorian wagte es nicht, einen Muskel zu rühren. »Sie haben für ihre Familie getötet. Und ich töte für meine. *Er* ist meine Familie.«

Bevor sie mein neues Kleid mit ihrem Blut befleckte, riss ich die Klinge in ihrem Inneren nach oben und ließ sie fallen. Dumpf krachte ihr spannungsloser Leib auf den Boden. Es war kein Anzeichen von Schmerz in ihren Zügen erkennbar. Ausschließlich das schwindende Leben.

Ein letztes Mal beugte ich mich zu ihr, zog mein geliebtes Messer heraus und flüsterte: »Im Internat haben Sie, und alle anderen, mir täglich Gift injiziert. Mit euren Worten, eurem Verhalten. Jeden verdammten Tag wurde ich schwächer, gebrochener. Niemanden hat es interessiert. Bis er kam. Mein altes Ich mag tot sein, aber Dorian hat mich wieder lebendig gemacht. Und ich fühle mich stärker denn je.«

Ohne die Klinge abzuwischen, legte ich das Messer auf den kleinen, goldenen Abstelltisch. Dorian schob seine Hand in meine und vergrub sein Gesicht in meinem Haar.

»Du gehörst mir«, knurrte Dorian und biss mir in die Ohrmuschel. Seine Finger allerdings legten sich herzlich auf meine Brust – um sicherzustellen, dass ich noch lebte. »Ich habe keine Sekunde an dir gezweifelt.«

Ein Stöhnen, da sein Körper an meinen gepresst war, entfloh mir, während sich das Blut in den Teppich fraß. Keine Schuld drängte sich in mein Herz, sondern allein das berauschende Gefühl, welches er in mir verursachte.

»Wir haben eine gute Show vor ihr abgezogen.«

»Odette«, stammelte Dorian und bahnte sich mit seinen Lippen einen Weg zu meinem Mund. »Dafür hast du dir heute Nacht eine Belohnung verdient.«

Meine Mundwinkel zuckten. »Das haben wir uns beide.«

Ehe einer von uns auf eine dumme Idee kam – zum Beispiel in einem Raum mit einer Leiche hemmungslos zu vögeln, wonach sich unsere Nerven eindeutig sehnten –, streifte etwas Goldenes mein Sichtfeld.

Das Haar meiner Mutter.

Sie starrte auf den leblosen Körper zu ihren Füßen und dann zu uns. Der Mann an mir drehte sich, hielt mich währenddessen aber weiterhin eng an seine Seite gedrückt.

»Was ist passiert?«, fragte sie und sah zu ihm.

Ich war diejenige, die das Sprechen übernahm. Es gelang mir perfekt, denn Dorian sprühte einen Stolz aus, der mich bereits früher angespornt hatte. Stolz auf mich. »Das ist eine lange Geschichte. Wenn du dich bitte darum kümmern würdest … Das wäre hilfreich. Ich muss jetzt nämlich nach unten.«

Dorian schlang einen Arm um mich und zog mich Richtung Tür. Darauf bedacht, dass wir nicht in das Blut traten.

Bevor wir es hinter uns ließen, hielt ich vor meiner schweigenden Mutter inne. »Die Wahrheit zu vertuschen, ist dir bei Sonja auch gut gelungen. Keine Sorge, das bleibt unser kleines Geheimnis. Ich weiß, wieso du es getan hast. Um mir eine Zukunft zu bieten. Dafür danke ich dir. Aber die«, ich warf der Leiche einen verächtlichen Blick zu, »hat es nicht anders verdient.«

Die Frau vor mir zückte ihr Handy und wählte eine Nummer. Kein Anzeichen von Ablehnung mir gegenüber. »Ich bin stolz auf dich, Odette.«

»Ich will das Messer wiederhaben«, erwiderte ich und strich Dorian leicht über die Seite.

Ohne Weiteres schob er mich aus dem Raum, welcher der Schauplatz eines Mordes geworden war. Der Schauplatz *meines* ersten Mordes.

Der Metallgeruch wurde durch seinen Duft – unseren Duft – abgelöst und trug uns mit Leichtigkeit zu denen, die auf mich warteten.

Dorian

Es war ihr Abend, und doch wussten wir beide, dass es meine Nacht werden würde. Heute würde ich sie so hart ficken, bis wir beide nicht mehr laufen konnten. Diese Bestätigung brauchten wir.

Die Angst rauschte weiterhin durch meine Adern, während ich mit verschränkten Armen neben ihr stand und in die Menge blickte.

Als Odette mir das Messer abgenommen hatte, hatte sie mir gleichzeitig jede Möglichkeit geraubt, einen Finger zu rühren. Mich einen Zentimeter zu bewegen. In diesem Moment hatte ich ja nicht ahnen können, dass sie zu meiner persönlichen Waffe geworden war.

Der Kugelschreiber kratzte über das Blatt, welches daraufhin ihre geschwungene Unterschrift zeigte. Wir waren in einem kleinen Raum, vor uns die Presse und einige des Ballett-Ensembles. Sogar Alexander und Chloe waren hier und beobachteten uns. Sie kritisch, er glücklich.

Ihm war ich eine Entschuldigung fällig. Die konnte aber bis morgen warten. Heute würde nichts und niemand meine Aufmerksamkeit von meiner Geliebten reißen.

Lächelnd hob Odette den Vertrag in die Höhe, woraufhin ein Blitzlichtgewitter entstand. Von all den Teilnehmern war sie die Einzige, die die Ehre bekam, das zu tun. Ob es wegen ihres Talents, dem Fakt, dass ihr Vater im Ensemble tanzte, oder durch unsere Beziehung war,

war egal. An diesem Abend war sie mit Abstand die Beste gewesen, das wusste jeder.

Ich stand die gesamte Zeit an ihrer Seite, doch als ihr Vater, welcher am anderen Ende des Raums in einer Ecke lehnte, mir zunickte, beugte ich mich zu ihr.

»Kann ich dich für einen Moment allein lassen?«

Als Antwort drückte sie mir ihre Lippen auf den Mund. Durch die Reihen fuhr ein Raunen, welches ich geflissentlich ignorierte. Ehe es außer Kontrolle geriet, löste ich mich von ihr. Es war gut, dass uns noch ein paar Monate allein miteinander vergönnt waren. Wir mussten uns darin üben, nicht ständig übereinander herzufallen wie ausgehungerte Tiere.

»Jetzt schon«, lächelte sie und fuhr mit einem Finger über meine Wange. Mit genug Druck, dass ich es spürte, obwohl ihre Hand schon längst wieder an ihrem Körper war. »Immerhin soll jeder wissen, dass du in festen Händen bist.«

Belustigt schüttelte ich meinen Kopf. »Viel Spaß mit den Fragen, mit denen du jetzt gelöchert wirst, *ma bien-aimée.*«

Denn die Reporter hatten durch den innigen Kuss Blut geleckt. Ehe ich aber eine Frage mitbekam, trugen mich meine Beine bereits zu Vladimir.

»Dorian.«

Seine Miene war neutral. Kein Anzeichen von Überraschung.

»Du wusstest es, nicht wahr?«, fragte ich. Es war dumm von mir zu glauben, dass das Gegenteil der Fall war. Ich kannte den Mann neben mir.

»Ich bin ihr Vater, was denkst du denn? Schon bei eurer ersten Begegnung warst du hin und weg von ihr. Und sie von dir.«

»Odette und ich wollten es dir und deiner Frau heute

sagen. Wir haben selbst erst spät herausgefunden, was das eigentlich zwischen uns ist.« Vladimir sah zu Odette, die gerade die Glückwünsche der Gäste annahm. »Du hast nichts dagegen?«, fragte ich, während mein Blick über die Menge schweifte. Ihre Mutter war noch immer nicht da – auch Chloe und Alexander waren verschwunden.

Wohin sie die Leiche brachten, war mir egal.

»Selbst wenn, es würde nichts ändern. Odette hat ihren eigenen Kopf. Sie war schon als Kind stur.«

Und diese Frau würde ab sofort an meiner Seite stehen. Es wirkte surreal, dennoch war sie nicht mehr wegzudenken. Sie war diejenige, die für mich alles tat. Selbst töten. Und ich würde es früher oder später auch für sie machen.

»Pass auf sie auf«, sagte Vladimir und trat neben mich, heraus aus den Schatten.

»Keine Sorge, das mache ich.« Bei diesen Worten kam mir etwas in den Sinn geschossen. Etwas, das mich insgeheim nie vollkommen losgelassen hatte. »Ordne bei Iwan ein Drogenscreening an. An einem Abend habe ich ihn mit Kokain erwischt.«

Mit diesem Bastard hatte ich noch eine gewaltige Rechnung offen. Denn ich hielt mich an meine Worte. Er hatte sich in dieser Nacht in der Tat sein eigenes Grab geschaufelt. Es war an der Zeit, dass er die Konsequenzen zu spüren bekam.

Die Augenbraue hochgezogen musterte mich Odettes Vater überrascht. »Er ist jung und dumm, Dorian. Besonders in seinem Lebensabschnitt macht man Fehler. Wieso ist dir das überhaupt so wichtig? Er kommt nicht in unser Ensemble, also ist es nicht unser—«

»Er hat versucht, Odette zu vergewaltigen, Vladimir. Und das ist kein Fehler, den man einfach so macht.«

Seine Augen schnellten zu seiner Tochter, die kein Anzeichen trug, was sie alles hatte durchstehen müssen. Die gesamte Körperhaltung strahlte Unschuld aus: Der Kopf schräg gelegt, die Hände zusammengefaltet.

»Wann?«

Der Ton war ruhig. Es war ein trügerischer Anschein, welcher, wenn man ihn genauer betrachtete, widerlegt wurde. Eine Ader an Vladimirs Hals zeichnete sich bedrohlich ab. Die Leute um uns herum verloren an Bedeutung, ausschließlich die unbändige Wut existierte.

Es war die richtige Entscheidung, ihm hier davon in Kenntnis zu setzen. Hier – unter all den Anwesenden – musste er sich gezwungenermaßen zurückhalten.

»Als ich von Moskau zurückkam. Keine Sorge, ich konnte es verhindern, ehe die zwei—«

»Zwei?« Sein Gesicht wandte sich wieder mir zu. Ehe die Nerven mit ihm durchgingen, fasste er sich irgendwie. So weit, wie nötig. »Jaroslaw hat erzählt, dass es einen Vorfall mit einem Jungen gegeben hat. War er der andere?«

»Ja«, sagte ich mit eiserner Miene. Andrejs heißes Blut, welches eine Pfütze auf dem Boden gebildet hatte, durchflutete mich bis heute mit Genugtuung. »Weißt du, was mit ihm passiert ist?«

»Er ist tot. Seine Verletzungen waren zu stark.«

»Gut.« Die Schar um Odette dünnte sich gemächlich aus, weshalb das Ganze schnell auf den Punkt kommen musste. »Sie will nicht, dass es für Iwan irgendwelche Konsequenzen gibt. Ich aber schon.«

»Hm ... Das sehe ich genauso wie du. Was hast du dir vorgestellt?«, fragte er leise und strich sein Jackett glatt. Er würde alles für seine Tochter machen.

»Mach ihm sein Leben zur Hölle. Nimm ihm alles, bis er nach seinem Tod bettelt.«

»Das werde ich hinbekommen. Irgendwie. Ich gehe mit meiner Frau nach Italien. Dort gibt es einige Dinge zu klären. Jetzt, da Odette alles weiß, ist es für sie noch gefährlicher. Aber bei dir ist sie gut aufgehoben.«

»Sie bedeutet mir alles«, murmelte ich, als sie auf uns zukam.

»Ich weiß.«

Es war vorbei. Zumindest diese Sache. Eigentlich war die Gefahr in meinem Leben nie vorbei. Und jetzt auch nicht für Odette.

Vladimir kam ihr einen Schritt entgegen und schloss sie in eine feste Umarmung. In ihren Zügen zeichnete sich für einen kleinen Moment Unglauben ab. Anscheinend hatte sie mit einer solchen Wucht an Emotionen nicht gerechnet.

Wieso sah Odette nicht, wie sehr sie geliebt wurde?

»Deine Mutter und ich werden für ein paar Monate nach Sizilien fahren. Vielleicht wird es auch länger dauern. Pass auf dich auf«, sagte er und löste sich von ihr.

Nickend kam Odette zu mir und griff nach meiner Hand. »Können wir euch besuchen?«

»Ja. Immer, *Schwanenhälschen*. Wir fahren übermorgen. Vielleicht können wir morgen zusammen Essen gehen, dann erkläre ich dir alles. Du, deine Mutter, Dorian und ich, wie klingt das?«

»Super!«

Kein Anzeichen dafür spiegelte sich ihn ihr, was vor nicht mal einer Stunde passiert war. Mein Griff verfestigte sich, für den Fall, dass es plötzlich über sie hereinbrach.

»Ich lasse euch dann mal allein. Vielleicht braucht deine Mutter Hilfe. Wartet nicht auf uns, wer weiß, wie lange es noch dauern wird.«

Es waren weiterhin noch Gäste anwesend, die an

ihren Champagnerflöten nippten und lachten. Mich und Odette ließen sie in Frieden. Wahrscheinlich erkannten sie, dass wir allein sein wollten.

Nachdem wir uns von ihrem Vater verabschiedet hatten, zog ich Odette in eine feste Umarmung.

»Morgen gehst du zu deiner ersten Sitzung zu Irina. Ich werde es organisieren, aber sie kann dir bestimmt ein Zeitfenster freiräumen«, sagte ich und strich über ihr Haar.

»Das ist nicht—«

»Doch, ist es. Darauf bestehe ich.« Und wenn das hieß, dass ich sie dorthin schleppen musste. Sie würde auf Irinas verfickter Couch sitzen und reden.

Nickend vergrub sie ihren Kopf an meiner Brust. »Okay. Ich werde hingehen.« Ich hörte, dass sie noch immer daran zweifelte. Irgendwann, auch wenn es erst in einigen Monaten passierte, würde sie den Sinn erkannt haben.

»Eine von unzähligen Hürden ist geschafft.«

Ich zog ihren Duft gierig in meine Nasenflügel. Es versetzte mich in einen Rausch, der mich immer wieder aufs Neue entführte.

»Wir werden sie alle schaffen. Aber fürs Erste, lass uns nach Hause gehen«, murmelte Odette, während ihre Hände über meinen Rücken fuhren.

Ein Lächeln umspielte meine Lippen, als mein Arm sich um ihre Schulter legte und ich mit ihr den Gang nach draußen in die Nacht antrat.

Nach Hause.

Kapitel Dreißig

Odette

Trotz des Faktes, dass bereits der Frühling eingezogen war, machten der tosende Fluss unter uns und die Nacht es zu kalt, um draußen zu sein.

Dennoch lagen Dorian und ich auf dem kleinen Balkon, der hinter einer Fenstertür im Arbeitszimmer versteckt lag, und blickten in den unendlichen Nachthimmel. Bald würden die Sterne allerdings von einem zarten Rosa abgelöst werden, da es nur noch eine Frage von Minuten war, bis die frühen Morgenstunden anbrachen. Bis jetzt wurden wir aber nur von den kleinen Flecken der Himmelsdecke und einer Wandleuchte in Helligkeit getaucht. Es war gelb, unterstrich Dorians goldenen Teint abermals.

Nachdem wir zurückgekommen waren, hatte es nicht lange gedauert, bis wir uns schweißgebadet im Bett herumgewälzt hatten. Die Erinnerung seines heißen, dickflüssigen Spermas in meinem Mund und zwischen meinen Beinen verursachte ein heftiges Ziehen in meiner Mitte.

Jetzt wärmten uns Decken und natürlich der jeweils andere. Über meinem Körper hing einer von seinen alten Pullovern. Er war dick, ließ aber gleichzeitig seine Körperwärme durch. Sein Herz hämmerte gegen mein Ohr, als brannte ihm etwas auf der Seele, was freigelassen werden wollte.

Er sagte nichts.

»Ich weiß nicht, wann ich endlich realisiere, dass das hier echt ist«, murmelte ich und hob meinen Kopf, infolgedessen lag mir sein Gesicht gegenüber. Es war entspannt, ließ nichts durchscheinen, wobei seine Finger wiederholt über meinen Rücken strichen.

»Wie meinst du das?«

»Du. Ich. Moskau. Wenn ich aufwache und nicht sofort deine Nähe spüre, habe ich Angst meine Augen zu öffnen. Immerhin könnte alles nur ein Traum gewesen sein.«

Der unergründliche Ausdruck in seinen Zügen wurde von Klarheit abgelöst, die mir Angst machte. Als würden seine kommenden Worte bis ans Ende seiner Tage gelten.

»Als meine Eltern gestorben sind, habe ich gedacht, ich wäre der einzige Mensch auf Erden. Es ist komisch daran zurückzudenken. Alexander, Chloe und Konstantin waren immerhin noch da, aber trotzdem war ich allein. Allein in einer dunklen, trostlosen Welt, die nichts weiter bot als Hoffnungslosigkeit.« Ich hätte schwören können, ein Brechen in seiner Stimme zu hören. Mich trafen seine Worte, folglich tastete ich unter der Decke nach seiner anderen Hand. Dorian ergriff sie und drückte zu, was ihm Sicherheit zu geben schien, denn er fuhr sogleich fort. »Ich habe ausschließlich für Rache gelebt. Alles andere ist in der Taubheit untergegangen. Freude, Gewissen, selbst die Trauer war verschwunden.«

Allein das zu wissen, trieb mir ein Messer ins Herz. Ohne ein weiteres Zögern legte ich meine Lippen auf seine. Ganz sanft – wie der leichte Windstoß, welcher uns einhüllte.

»Dorian ...«

Unbeirrt redete er weiter, nun lag aber ein zartes Lächeln auf seinen Lippen. »Als Alexander mir sagte, dass ich an einem unbedeutenden Internat den Lehrer spielen sollte, habe ich getobt. Wie hätte ich sie finden und töten sollen? Außerdem wollte ich keine Verantwortung für Schüler tragen, die mir nichts bedeuteten. Für mich war nichts mehr von Bedeutung.«

Bei seiner Erzählung starrte er in den weiten Himmel, doch bei dem, was als Nächstes kam, blickte er mir von unten entgegen.

»Bis du kamst. Du hast alles geändert.« Mir blieb der Atem in der Brust stecken. »Ich habe immer wieder Situationen gesucht, in denen ich dir begegnen konnte. Und wenn ich nicht in deiner Nähe war, spannte sich ein Band zwischen uns, durch das ich dir dennoch nah war. Wie wir beide wissen, hat es leider nicht gereicht. Nach langen Monaten habe ich wieder etwas gefühlt. Und ich würde lügen, wenn ich sagen würde, dass es mir nicht Angst gemacht hatte. Du hast mich in den Wahnsinn getrieben, Odette. Das machst du bis heute.«

Mein Herz schmerzte. So sehr, dass ich nicht klar denken konnte. Dorian warf mir Dinge entgegen, mit denen ich nicht gerechnet hatte. Unsere Verbindung war tief, das war mir bewusst, trotzdem raubte es mir schier den Atem, dass er dasselbe fühlte wie ich.

»Das ist nur fair. Wieso sollte es dir anders ergehen als mir?«, stammelte ich und fuhr mit den Fingerspitzen durch sein Haar.

Davon ließ er sich nicht beirren. »Ich habe dich und Alexander damals reden hören. Nachdem ich dir alles gezeigt habe.«

»Du hast uns belauscht?« Dorian zeigte keine Reue, sondern zuckte ausschließlich mit den Schultern. Auf meiner Stirn hingegen bildete sich eine Falte. »Wieso?«

»Weil ich die Wahrheit wissen musste. Wie du gerade sagtest, geht es dir so wie mir. Für deine Entscheidung hast du einen Moment für dich allein gebraucht. Mein Kopf hat sich aber bereits ausgemalt, wie du in dieser Nacht nicht neben mir liegst, weil du endlich begriffen hast, was ich bin.«

Stumm schüttelte ich den Kopf. »Ich werde dich nicht verlassen. Niemals.«

»Ich weiß«, flüsterte er und fuhr meine Wange nach. »Aber die Möglichkeit hatte bestanden. Und wenn du dich dazu entschieden hättest, dann hätte ich dich gehen lassen. Trotzdem wäre ich dir heimlich auf Schritt und Tritt gefolgt – um auf dich aufzupassen. Ich hätte mitangesehen, wie du glücklich wirst. Mit einem anderen Mann, mit Kindern, die nicht von mir stammen. Ich wäre niemals von deiner Seite gewichen, Odette. Dazu wäre ich nicht in der Lage gewesen.«

In unseren Augen glitzerten Tränen. Das Ziehen in meinem Herzen ebbte nicht ab, entsprechend nistete es sich jetzt sogar in Dorian ein. So vieles hätte schiefgehen können.

Dennoch waren wir hier.

Gemeinsam.

Lebend.

»Du hättest dir das nicht antun müssen.« Allein die

Vorstellung ihn mit einer anderen Frau zu sehen. Mit Kindern, einem Haus. Nein.

»Doch.« Sein Dunkelblau vermischte sich mit meinem Grau. »Und das aus einem guten Grund.« Dorians Brust hob sich schwer, bevor er fortfuhr. »Ich liebe dich. Ich liebe dich, Odette. Mehr, als ich mir jemals erträumt habe.«

Nun brach der Damm, den ich mit allen Kräften versuchte, aufrecht zu halten. Tränen strömten ungehindert über mein Gesicht, welche sogar seine Hand benetzten.

Ehe ich mich um seinen Hals warf, entflohen mir die Worte, die mir schon lange in meinem Herzen brannten.

»Du hast mein Leben gerettet, Dorian. Du bist der Einzige, der meinen Schmerz sieht. Der Einzige, der damit umgehen kann. Ohne dich hätte ich nur noch wenige Monate in meiner Haut ausgehalten.«

»Denk nicht so. Bitte.«

Kopfschüttelnd lächelte ich auf ihn hinab. »Ich liebe dich auch. Schon bevor ich es wusste.«

Wir vertieften uns in einen Kuss, der unser gegenseitiges Geständnis – unser Versprechen – besiegelte.

Liebe.

Wann genau ich ihn zu lieben begonnen hatte, wusste ich nicht. Das war auch nicht wichtig. Nichts war mehr von Belang, wenn er bei mir war.

Während die Sterne über uns ihren Tanz aufführten, erfanden wir unseren eigenen Rhythmus. Einen Rhythmus, der aus Dunkelheit gewoben und mit Licht gespickt war. Hoffnung, Liebe und alles Weitere, was wir zusammen fühlten.

Früher hatte ich gedacht, dass es nur das eine oder andere gab. Doch damit hatte ich falsch gelegen. Es war alles ein Zusammenspiel, welches zur Perfektion wurde, wenn man es freien Lauf ließ.

Keine künstliche Zurückhaltung.

Kein Schauspiel.

Das hatte mich Dorian gelehrt.

Nun waren wir eine Explosion aus Dunkelheit und Licht. Und wir würden es für immer bleiben.

Wir würden auf ewig unseren Tanz aufführen, der niemals endete.

Epilog

SOMMER; SÜDFRANKREICH

Dorian

Vorsichtig kniete ich mich auf das trockene Gras des Friedhofes und strich über die frischen Blütenblätter eines Rosenstraußes, welcher auch bald das welke Zeichen der prallen Sonne tragen würde.

Chloe musste also schon hier gewesen sein.

Wellen brandeten an den Strand, der nicht weit entfernt war. Allein dieses Geräusch ließ meine Mundwinkel nach oben schnellen. Die Landschaft sah genauso aus, wie sie mir die gesamte kalte Zeit in Russland in Erinnerung geblieben war.

Heiß.

Wunderschön.

Aber im Sommer kaum auszuhalten.

Dennoch war nicht alles so, wie ich es zurückgelassen hatte. Das bewies mir der Grund, wieso ich hier war. Auf einer baumgesäumten Klippe, die mehr Tote beherbergte als Lebende.

Die Eingravierung des Grabsteins, vor dem ich saß, wurde durch mein trübes Sichtfeld fast unleserlich.

Hier Ruhen Nouel und Lille Pécheur.
Für immer dein. Für immer mein. Für immer unser.

»*Maman*, Papa«, murmelte ich, die Tränen wegblinzelnd. »Es tut mir leid. Das solltet ihr als Erstes wissen. Dafür gibt es aber keine Entschuldigung. Für nichts. Aber ich weiß, was ihr sagen würdet: ›*Wir würden zu jeder Zeit unser Leben für dich aufgeben, mein Liebling. Wir lieben dich und nichts kann das ändern.*‹ Und trotzdem ist es alles mir zuzuschreiben. Keine Tat kann es gutmachen. Außerdem entschuldige ich mich für eine weitere Sache. Es tut mir leid, dass ich jetzt erst hier bin. Die Angst hat mich davon abgehalten. Die Angst, hier zu stehen und nie wieder fortzukommen. Aber ich verspreche, dass ich euch ab jetzt mindestens zweimal im Jahr besuche. Sommer und Winter. Ihr müsst wissen, dass ich beinahe aufgegeben hätte, aber dann hat sich alles geändert.«

Meine Stimme war steif – so, als würde ich einen Text von einem Zettel ablesen. Es war der Trieb, nicht sofort in Tränen auszubrechen. Um überhaupt einen geraden Satz herauszubringen.

Ein leichtes Lächeln zierte meine Lippen, wobei ich mir die Augen rieb.

»Ich habe dir früher nie geglaubt, Papa. Aber heute bedeuten mir deine Worte mehr, als du glauben könntest. ›*Dorian, irgendwann kommt jemand, der dein Leben für immer verändern wird. Diese Person wird das Zentrum deines Wesens sein. Glaub mir, Sohn.*‹ Kaum zu glauben, dass ich sie noch weiß. Könnt ihr euch noch daran erinnern, als euch Madame Thouvenin in die Schule geordert hat, weil ich dieses eine dumme Gedicht nicht aufsagen konnte? Wie ich diese Frau gehasst habe.«

Beinahe spürte ich den Schlag auf den Hinterkopf, den mir *Maman* damals verpasst hatte.

Lachend schüttelte ich den Kopf.

»Na ja, das ist ja jetzt egal. Immer wieder hast du es mir gesagt, Tag für Tag, weil ich nicht an die Liebe glauben wollte. Aber jetzt habe ich mein Zentrum gefunden. Das weiß ich. Sie heißt Odette. Sie ist auch der Grund, wieso ich hier stehe. Du hättest sie geliebt, *Maman.*« Allein die Vorstellung war ein einziges Chaos. Der Ton, welcher aus meiner Kehle stammte, war rau und tränengezeichnet. »Zwar wäre es deine Lebensaufgabe gewesen, ihr so viel Essen wie möglich in den Mund zu schieben, aber Odette hätte es verstanden. Und du, Papa, hättest dich stundenlang mit ihr über diese Kriminalsendungen unterhalten können – sie liebt sie abgöttisch. Was Chloe betrifft, na ja, beste Freunde werden sie wahrscheinlich nicht.«

Die Flugreise war schon die reinste Hölle gewesen. Besonders, da wir in einem von Alexanders Privatjets hierher geflogen waren, und somit die Distanz, welche die beiden zwischen sich brauchten, nicht groß genug war.

»Und ich ... Ich liebe sie. Früher habe ich Liebe als ein zu starkes Wort eingeschätzt, einen Zustand, den man niemals erreichen kann. Aber jetzt denke ich, dass es zu schwach ist. Danke. Danke, dass ihr mir dieses Leben gegeben habt.«

Abrupt drehte ich mich um, da hinter mir ein Ast zerbrach. Mein Puls schnellte nach oben, doch flaute sofort wieder ab, da es Odette war.

Ich hatte sie gebeten, mich hier abzuholen.

Ihren Körper hüllte ein weißes, luftiges Kleid mit Rosenaufdruck ein, welches sich im sachten Wind aufblähte, als sie mit langsamen Schritten auf mich zukam.

Ihre Arme schlangen sich um meine Mitte, während ich sie näher an mich zog. Mein Blick glitt dabei immer wieder zwischen ihrer Kleidungswahl und dem Blumendekor auf dem Grab hin und her.

»Hast du die Rosen gekauft?«, fragte ich und strich ihr abwesend über das offene Haar.

»Ja. Ich war heute Morgen hier, während du noch geschlafen hast.«

Kopfschüttelnd zog ich sie näher an mich und drückte ihr einen sanften Kuss auf die Lippen.

»Odette …« Ich sah auf sie hinab. Ihr Abbild strahlte heller als die Sonne im Zenit.

Mit ihrer Fingerkuppe wischte sie mir eine einsame Träne fort.

»Ich liebe dich, Dorian. Wir können noch ein bisschen hierbleiben, wenn du willst.«

»Nein. Wir sollten die anderen nicht warten lassen. Außerdem musst du schnell in den Schatten. Wenn du noch länger in der prallen Sonne stehst, geht deine Haut in Feuer auf.« Ihre sonst weiße Haut war rot. Sehr rot.

»Die Sonnencreme, die du mir gegeben hast, ist beschissen.«

Nur sie schaffte es, mir meine trüben Gedanken zu nehmen. Und das mit einer stichelnden Bemerkung. »Nein, die ist perfekt. Das Problem bist diesmal du.«

»Aber heißt das Problem nicht *le problème* auf Französisch?«

»Auf was willst du hinaus?«, fragte ich und wandte mich dem sandigen Weg zu.

Es gab Situationen, in denen es sich als eine schlechte Entscheidung herausgestellt hatte, ihr meine Sprache beizubringen. Besonders, als die Beleidigungen ins Spiel kamen. Gage und Konstantin bekamen mindestens drei davon täglich ab. Sie wusste ja nicht, dass Alexanders Bruder Französisch fließend sprach. Diesen Spaß hob ich mir allerdings auf.

»Na ja, *problème* ist männlich, wegen dem *le*. Also haben Probleme nur die Männer.« Schulterzuckend streckte sie mir die Zunge entgegen, worauf mir ein kehliges, ehrliches Lachen entfloh.

»Komm! Bevor die Sonne dir noch vollkommen das Gehirn schmilzt.«

Es war später Vormittag. Das Meer, welches am Hang des Friedhofs sichtbar war, lag in türkiser Farbe vor uns. Das war aber nicht unser Ziel.

»Hast du dich schon für bestimmte Sorten entschieden?«, fragte ich und lief mit ihr in die Richtung der Eisdiele.

»Wie wäre es, wenn wir uns etwas teilen? Zitronensorbet und Erdbeereis, wie klingt das?«

»Das klingt perfekt«, lächelte ich und verlangsamte meinen Schritt, sodass sie mit mir mithalten konnte.

So machten wir uns auf den Weg zu meiner Familie.

Zu unserer Familie.

Danksagung

Da das meine erste Danksagung ist, bitte verzeiht mir, wenn ich jemanden vergessen sollte.

Die Geschichte von Odette und Dorian hat mich lange begleitet. Selbst als ich sie fertig geschrieben und mich bereits anderen Ideen hingegeben habe, ist sie mir nicht aus dem Kopf gegangen. Es waren die Eigenarten der beiden, die mich in ruhigen Stunden oft zum Lachen gebracht haben. Es war die Liebe, die die beiden eng miteinander verbindet, welche mich nachts nicht hat schlafen lassen.

Deshalb bin ich umso glücklicher, dass ihr Leser*innen endlich diese Geschichte in den Händen halten dürft.

Zuerst will ich mich beim Federherz Verlag bedanken. Danke für das Vertrauen, das ihr in mich gesteckt habt. Danke Christina, die alles koordiniert und mir bei den Titeln unglaublich unter die Arme gegriffen hat. Danke an Kristina, die sich mein Manuskript an die Brust genommen hat und sich durch meine – oft – umständlich formulierten Sätze gekämpft hat. Danke an Anna, die mit ihren Argusaugen die letzten Rechtschreibfehler ausgemerzt hat. Danke an Nikolina für die bombastischen Cover – ich bin immer noch verliebt. Danke an Esther und das ganze Social-Media-Team, die mit ihrer Arbeit einen mega Job machen. Danke an alle, die für mich namenlos sind, die hinter den Kulissen aber alles zusammenhalten – ohne euch wäre diese Geschichte nun nicht dort, wo sie jetzt ist.

Dankbar bin ich außerdem für meine Eltern. Ihr seid es, die mich seit klein auf unterstützt habt. Auch wenn ich es manchmal nicht zum Ausdruck bringen kann, ich sehe, was ihr täglich für mich macht. Ihr gebt mir die Zeit, die ich zum Schreiben brauche. Ihr gebt mir Zeit, meine Träume zu erfüllen. Und dieses Buch ist einer davon. (Ich hoffe dennoch, dass ihr bestimmte Passagen des Buchs niemals zu Gesicht bekommt.)

Und dann geht natürlich ein dickes Danke an Euch – an die Leser*innen. Danke, dass ihr Interesse an meinem Debüt gezeigt habt. Ihr könnt mir jederzeit auf Instagram (kylie.bellerose) eine Nachricht schreiben. Ich beantworte alles, so schnell ich kann.

Wir sehen uns bald wieder. Das nächste Mal entführe ich euch in die Geschichte von Chloe und Alexander.

Eure Kylie

Ausführliche Triggerwarnung

Das Buch / die Reihe enthält folgende explizite Triggerthemen:

Gewalt, Mord, Blut, Essstörungen

Du liebst das Scheinwerferlicht.
Aber glaube mir, kleiner Schmetterling,
es offenbart auch deine dunkelsten Geheimnisse.

Zwei Jahre ist es her, dass Detective Walkers kleine Schwester einen grausamen Drogentod starb. Dieser Verlust treibt ihn an, härter als jeder andere daran zu arbeiten, die Verantwortlichen zur Strecke zu bringen. Dafür braucht er ausgerechnet sie: Vivien Sweeney, Schwester eines berüchtigten Drogenkochs. Die verführerische Poletänzerin steht nicht nur im Rampenlicht auf der Bühne, sondern auch auf der Blacklist der Kriminalpolizei. Doch Neros Herz sieht in ihr viel mehr als nur eine Verdächtige.

Weil die Vergangenheit ihr gefährlich wird, muss er sich zwischen dem Gesetz und seinen Gefühlen entscheiden. Ungeachtet der Folgen flüchtet er mit ihr in die schottischen Highlands, um sie zu beschützen. Es folgt eine prickelnde Zeit zwischen Leidenschaft und Gefahr. Nur ist Viviens Vergangenheit noch schwerwiegender, als Nero zunächst vermutet hat. Wird er so noch seinen Gefühlen folgen können?

Erlebt mit dem spannenden Debütroman von Martha Mae eine Geschichte, die die Grenzen zwischen Verbrechen und Gesetz zu Fall bringt.